МИХАЭЛЬ ЛАЙТМАН

«ТАЙНЫ ВЕЧНОЙ КНИГИ»

КАББАЛИСТИЧЕСКИЙ КОММЕНТАРИЙ К ТОРЕ

ТОМ 1

«В НАЧАЛЕ»
«НОАХ»
«ИДИ СЕБЕ»

УДК 130.122
ББК 87.3

Лайтман Михаэль
Л18 ТАЙНЫ ВЕЧНОЙ КНИГИ. Том 1 / Михаэль Лайтман. – LKPublishers, 2023. – 384 с.

ISBN 978-965-7065-82-2

Когда снималась серия телепередач «Тайны вечной Книги», мы, участвующие в съемках, все время ловили себя на мысли: «лишь бы не прекращалось это чудо»…
Чудо, когда ты получаешь ответы на все свои вопросы. Когда, становится ясно, для чего живешь. Для чего создан весь этот мир…
Когда раскрывается тебе инструкция, четкая, предельно ясная, о том, как стать счастливым.
И вот сегодня мы рады представить вам книгу, которая включает в себя эти передачи.
То, что требуется от вас, – только «отпустить весла» и начать сплавляться по этой великой реке жизни, которая называется каббалистический комментарий к главам Торы.
Вы можете быть уверены, у вас надежный проводник. Он чувствует эту реку, как свою, она для него – родная. Это автор книги, Михаэль Лайтман.

Редакторы: Э. Сотникова, А. Постернак, Ф. Ашлаг. Технические редакторы: П. Календарев, Н. Серикова. Выпускающий редактор: С. Добродуб.
Оформление обложки: А. Мохин

МЕЖДУНАРОДНАЯ
АКАДЕМИЯ
КАББАЛЫ

© Лайтман М., 2023.
© Laitman Kabbalah Publishers, 2023.

ОГЛАВЛЕНИЕ

НЕОБХОДИМОЕ ПРЕДИСЛОВИЕ	7
ВВОДНАЯ БЕСЕДА ВЕДУЩЕГО С. ВИНОКУРА С ПРОФЕССОРОМ М. ЛАЙТМАНОМ	9
ЭТО НЕ СБОРНИК ИСТОРИЙ	13
КОМУ ТАЙНОЕ СТАНОВИТСЯ ЯВНЫМ?	16
ИЗМЕНИТЬ СЕБЯ, ЧТОБЫ РАСКРЫТЬ ВЫСШИЙ МИР	18

ГЛАВА «В НАЧАЛЕ»   21

ДЕНЬ ПЕРВЫЙ	22
ДЕНЬ ВТОРОЙ	26
ДЕНЬ ТРЕТИЙ	28
ДЕНЬ ЧЕТВЕРТЫЙ	31
ДЕНЬ ПЯТЫЙ	36
ДЕНЬ ШЕСТОЙ	39
В КОНЦЕ ДНЯ ШЕСТОГО	41
ЧЕЛОВЕК: МУЖЧИНА И ЖЕНЩИНА	44
ДЕНЬ СЕДЬМОЙ	46
«ОБРАЗОВАЛ ЧЕЛОВЕКА ИЗ ПРАХА ЗЕМНОГО»	48
РАЙСКИЙ САД	50
САД И ДЕРЕВЬЯ В НЕМ	53
ЧЕТЫРЕ РЕКИ – ЧЕТЫРЕ СВОЙСТВА	56
ПОВТОРИМ: ЗАЧЕМ ОН ЭТО СДЕЛАЛ?!	57
ЖЕНА – МУЖ. КТО КЕМ УПРАВЛЯЕТ?	60
«СОЗДАНА ИЗ РЕБРА?» – КАКАЯ ЕРУНДА!	63
ЗМЕЙ. РОЖДЕНИЕ	71
ГРЕХ – НЕ ГРЕХ	73
КАМЕННОЕ СЕРДЦЕ И МАЛЕНЬКАЯ ТОЧКА В НЕМ	75
И СНОВА О «РЕБРЕ»	77
«И НАВЕЛ ОН СОН НА ЧЕЛОВЕКА»	79
ОСТАВЛЯЕТ ЧЕЛОВЕК ОТЦА СВОЕГО И МАТЬ СВОЮ	84
БОРЬБА ПРОДОЛЖАЕТСЯ	90
ОСОЗНАНИЕ ДОБРА И ЗЛА	95
КТО ЖЕ СОЗДАЛ ЗЛО ВО МНЕ?	97
И ОН БУДЕТ ВЛАСТВОВАТЬ НАД ТОБОЮ	102
РОЖДЕНИЕ КАИНА И ЭВЕЛЯ	110
МЫ СТАНОВИМСЯ КАИНАМИ	114
КАЖДОЕ СЛОВО – СОСТОЯНИЕ	117
«ВЕЧНЫМ СКИТАЛЬЦЕМ БУДЕШЬ ТЫ НА ЗЕМЛЕ»	119
КОГДА ПРИХОДИТ АНГЕЛ СМЕРТИ	120
СВОЙСТВА ОТДАЧИ В ЭТОМ МИРЕ НЕТ	123

ГЛАВА «НОАХ»   129

ВОЗМОЖЕН ЛИ НАШ ДИАЛОГ С ТВОРЦОМ?	132
«И НАПОЛНИЛАСЬ ЗЕМЛЯ ЗЛОДЕЯНИЕМ»	134
ЗАРОДЫШ В УТРОБЕ МАТЕРИ	136
ПРИДИ И УВИДЬ	139

Я СКАЖУ СПАСИБО СТРАДАНИЯМ?	142
ВОСПРИЯТИЕ МИРА СО СТОРОНЫ ЛЮБВИ	144
ПЕРВОЕ ЧУВСТВО К ТВОРЦУ	146
СПАСЕНИЕ В ВОДАХ	147
КАЖДОЙ ТВАРИ ПО ПАРЕ	151
ДУХОВНОЕ ДОРОЖНО-ТРАНСПОРТНОЕ ПРОИСШЕСТВИЕ	152
СЛЕДСТВИЕ КОМАНДУЕТ ПРИЧИНОЙ	154
ГЛОБАЛЬНОЕ ОЧИЩЕНИЕ ВОДОЙ	156
ВЫШЕ ЗЕМЛИ И ВЫШЕ ВОДЫ	160
В ПРЕДДВЕРИИ ДУХОВНОГО РОЖДЕНИЯ	162
РОДЫ	164
ГОЛУБЬ И ОЛИВА	165
ВЫХОД НА СУШУ	166
КОСМОС ВНУТРИ ЧЕЛОВЕКА	168
НАШЕ ДОМАШНЕЕ ЖИВОТНОЕ	170
ВЫШЕ СКОРОСТИ СВЕТА	172
ПРИОТКРОЙ ОКНО	175
ПЛОДИТЕСЬ И РАЗМНОЖАЙТЕСЬ	177
НАКАЗАНИЯ НЕТ, ЕСТЬ ИСПРАВЛЕНИЕ	182
ЛЮБОВЬ В НАШЕМ МИРЕ	185
ТРЕВОЖНЫЕ ЦВЕТА РАДУГИ	187
ПОДЪЕМ НА ДУХОВНОМ ЛИФТЕ	188
ПОТОМКИ ХАМА	194
В ПОТЕМКАХ СОБСТВЕННЫХ ЖЕЛАНИЙ	195
ПУТЬ К СВЕТУ ЧЕРЕЗ ТЬМУ	197
ВЫХОД НА СУШУ ИЛИ ВЫСАДКА НА ЛУНУ	197
РЕЧЬ ИДЕТ О НАЧАЛЕ ЧЕЛОВЕЧЕСТВА?	199
ТЕАТР КАБУКИ	200
ЭГОИЗМ СТРОИТ БАШНЮ	203
ЖЕЛАНИЕ РУКОВОДИТ ЧЕЛОВЕКОМ	205
КИРПИЧИ ВМЕСТО КАМНЕЙ	207
ВАВИЛОНСКИЕ БАШНИ МАНХЭТТЕНА	209
СТРОИТЕЛЬНЫЙ МАТЕРИАЛ – КИРПИЧИ ЭГОИЗМА	211
АВРААМ И ЕГО КОНФЛИКТ С МИРОМ СТРОИТЕЛЕЙ БАШНИ	214
АВРААМ ПРОТИВ ЭГОИСТИЧЕСКОЙ ДУХОВНОСТИ	219
ПРИЧИНА РАЗРУШЕНИЯ ВАВИЛОНСКОЙ БАШНИ	221
«РАЗБИЕНИЕ» – РАЗОБЩЕНИЕ КАК СРЕДСТВО РАЗВИТИЯ	224
ПРАВИЛЬНОЕ НАМЕРЕНИЕ	226

ГЛАВА «ИДИ СЕБЕ» — 229

ДОЛЖЕН РОДИТЬСЯ ВЕЛИКИЙ МАЛЬЧИК	233
ТРИ СТУПЕНИ ПОДЪЕМА	237
РАБОТА С ИДОЛАМИ	239
О ДУШЕ	241
ПРОЗРЕНИЕ АВРАМА	243
ИСПЫТАНИЯ АВРАМА	244
«УХОДИ ИЗ СТРАНЫ ТВОЕЙ»	245
«И Я СДЕЛАЮ ТЕБЯ НАРОДОМ ВЕЛИКИМ…»	248
О ПОМЕХАХ, КОТОРЫХ НЕТ	251

ТОЛЬКО ЕСЛИ ТЫ СВЯЗАН С ЦЕЛЬЮ	254
САРАЙ – АВРАМ	257
ОБ ИМЕНАХ	259
ПОСТИГАЕМ НАШЕ «Я»	261
«СКАЖИ, ЧТО ТЫ МНЕ СЕСТРА…»	276
КАК СЕБЯ НАПОЛНИТЬ?	278
РАБОТА С НОВЫМИ ЖЕЛАНИЯМИ	280
И ПОРАЗИЛ ТВОРЕЦ ФАРАОНА	282
И ПОЧУВСТВОВАЛ ФАРАОН	285
ФАРАОН ПРИБЛИЖАЕТ К ТВОРЦУ	287
ФАРАОН ОБИДЕЛСЯ	288
ПЕРЕХОД ЧЕРЕЗ ПУСТЫНЮ	290
ПУСТАЯ ЧАСТЬ СТАКАНА	293
СТАДА И ПАСТУХИ ВНУТРИ НАС	296
ОДЕЯНИЯ НА ИСТИННОЕ ЛИЦО ЭГОИЗМА	299
ПРАВДА ЛОТА?	301
«ЛЮДИ ЖЕ СДОМА БЫЛИ ЗЛЫ…»	304
ЗА СВОЙСТВОМ «АВРААМ»	306
ИСПРАВЛЕНИЕ	307
КАЖДОЕ СЛОВО ТОРЫ – СОСТОЯНИЕ	309
СКАЧОК ЭГОИЗМА	311
ПРЕСЛЕДОВАНИЕ	313
СИЛА, КОТОРАЯ ПОМОГАЕТ	314
ЖИВОТНЫЕ ВНУТРИ ТЕБЯ	316
НЕТ МИРА СНАРУЖИ	317
ВОЗВРАЩЕНИЕ ИЗ ЕГИПТА	319
ПРЕДВИДЕНИЕ	321
ДВЕ СИЛЫ В ЧЕЛОВЕКЕ	323
СОЮЗ ТВОРЦА С АВРААМОМ	324
КАКОЙ-ТО ОЧЕНЬ УЖНЕПОНЯТНЫЙ ШАГ…	328
АГАРЬ И САРАЙ – ДВЕ СТУПЕНИ ПОДЪЕМА	329
КРИТИЧЕСКАЯ СИТУАЦИЯ	330
ЧТО ПРОИСХОДИТ ПОСЛЕ РАЗОЧАРОВАНИЯ	332
«И НАШЕЛ ЕЕ ПОСЛАННИК ТВОРЦА…»	333
РОЖДЕНИЕ ИШМАЭЛЯ	335
ОНИ ОБЪЕДИНЯТСЯ ПРОТИВ ИЗРАИЛЯ	338
ИЗРАИЛЬ МЕШАЕТ	340
«…ХОДИ ПЕРЕДО МНОЙ И БУДЬ НЕПОРОЧЕН»	343
НЕМНОГО О КНИГЕ ЗОАР	346
ИДТИ ЗА МОШЕ	347
«ПАСТЬ НИЦ»	349
ЧТО ОЗНАЧАЮТ ЭТИ ЦИФРЫ	351
СОЮЗ С ТВОРЦОМ	352
ЛЮБОЕ ЖЕЛАНИЕ ИСПОЛЬЗОВАТЬ НА ОТДАЧУ	353
ДУХОВНАЯ АДАПТАЦИЯ	355
О «ГРЕШНОЙ ЗЕМЛЕ»	356
НОВОЕ ИМЯ – НОВЫЙ УРОВЕНЬ	357
ПРАОТЦЫ И ПРАМАТЕРИ	358
ВСЕ НАЧИНАЕТСЯ С ТОЧКИ	359

РОЖДЕНИЕ ИЦХАКА	360
СМЕХ, ДА И ТОЛЬКО!	362
БЕЗ ОКРУЖЕНИЯ – НИКУДА!	364
ИШМАЭЛЬ – КРАЙНЕ ПРАВЫЙ!	368
«ДВЕНАДЦАТЬ КНЯЗЕЙ ПРОИЗОЙУТ ОТ НЕГО»	370
ПОТОМКИ ИШМАЭЛЯ	371
ВОЙНА ЗА ИЕРУСАЛИМ	374
ОПРЕДЕЛЕНИЕ ГРАНИЦ	377
МЕЖДУНАРОДНАЯ АКАДЕМИЯ КАББАЛЫ	38 2

НЕОБХОДИМОЕ ПРЕДИСЛОВИЕ

Я очень стремился сохранить в книге то волшебное ощущение, которое испытывал каждый раз, когда записывал телевизионные беседы с профессором Михаэлем Лайтманом.

Передача называлась «Тайны Вечной Книги».

И это было действительно раскрытием тайн, которые тысячелетиями передавались из уст в уста, хранились от посторонних глаз и ушей и вдруг сейчас раскрываются нам, потому что пришло время.

В этих беседах раскрывалась огромная мудрость. И, вместе с тем, все происходило просто и чувственно.

Именно потому, что мне не хотелось потерять это ощущение, я и решил оставить все, как было в передачах.

В книге иногда встречаются повторы, возвращение к предыдущему материалу.

И, по-моему, это замечательно! Это только помогает читателю еще больше почувствовать происходящее и явно ощутить, что речь идет о нем самом.

Михаэль Лайтман – мой Учитель вот уже 17 лет.

И все это время он поражает меня.

Казалось бы, уже так много пройдено вместе, так много я слышал от него. Слушаю все его лекции, уроки. Но каждый раз искренне поражаюсь новизне и чувственности материала, который в объяснении Учителя проникает прямо в сердце и согревает человека надеждой и любовью…

Подобного раскрытия Торы до сих пор не было.

Дайте себе немного времени, войдите в материал, и, уверяю вас, вы не оторветесь от этой книги. Потому что почувствуете, что она – о вас. И она нужна вам, как близкий друг, который всегда поможет, придет на помощь, будет рядом и в горе, и в радости.

Я уверен, что почти сразу же вам станет понятно, что перед вами настоящий ученый-каббалист, и он дает истинное объяснение духовной информации, которая вложена в эту Книгу.

Вспоминаю, как снимались передачи, как я сидел напротив Учителя, спрашивал его, зачитывал отрывки из Торы – он их пояснял… И я не замечал, как исчезают стены студии – все-все вокруг, и начинается великое путешествие в настоящий мир, полный радости и добра…

Но вдруг я вспоминал, что я еще и режиссер, и сценарист этой передачи и замечал ошибки, которые делает съемочная группа, оглядывался на ребят, ведущих съемку, операторов, продюсера…

И видел, почему это происходит.

Они просто замирали, слушая Лайтмана.

Забывали, что они на работе…

Да, это что-то редкое – эти передачи о Вечной Книге.

И вы тоже обязательно ощутите это.

Уверен, вы растворитесь в книге и тогда почувствуете, что она, как путеводитель, ведет вас в точно назначенное место. Туда, где вы будете счастливы.

Эта книга для всех нас – великий подарок.

Семен Винокур,
автор и ведущий серии передач
с профессором Михаэлем Лайтманом
«Тайны Вечной Книги»

ВВОДНАЯ БЕСЕДА С ПРОФЕССОРОМ М. ЛАЙТМАНОМ

– Когда я пришел к моему учителю РАБАШу, то самым главным для меня был один-единственный вопрос: в чем смысл моей жизни?

Этот вопрос проистекал из ощущения пустоты. Именно это я ощущал – пустоту. Притом, что все, вроде, есть: и работа, и семья, и деньги, но – пустота!.. Она подгоняла к поиску.

Мой Учитель сумел ответить на мой вопрос.

Вот уже 33 года я занимаюсь наукой каббала.

Она стала моей жизнью.

Я помню, что это начиналось с восторга. Новые знания – вот, что вызывало восторг.

Знания о духовных мирах, схема творения – все это восхищало, наполняло, но больше умозрительно. Я соотносился с материалом рассудком. Я не чувствовал его в себе.

Помню, как впервые я начал задумываться над всем, что есть в Торе. Начал спрашивать моего учителя РАБАШа: «Здесь говорится о Египте или о человеке? Что значит – "выход народа из Египта"? Что значит – "получил Тору" (какую Тору)? Вообще, что такое Тора?!». Я помню, как получил ответ, что Египет – это эгоизм, сосредоточение зла в человеке. Что погружение в Египет, в эгоизм – это основа всего…

Но мне было очень трудно ощутить его ответ. Тексты первоисточников такие запутанные, что не ложатся сразу на чувства.

Потом я понял, что это происходит потому, что мы не понимаем, не можем соединить в себе два мира: мир духовных чувств и наш физический мир.

Ведь говорится о внешнем физическом мире, а ты должен переложить сказанное на мир чувств внутри себя.

– У вас не совпадало то, что написано и то, как это должен читать человек?

– Не совпадало.

Если ты рассказываешь мне обо мне, то рассказывай, как в психологии: это – такие-то твои свойства, вот это – такие-то чувства, ты мыслишь так – потому-то и потому-то...

А тут получается: с одной стороны, история, с другой – внутренняя психология, с третьей стороны, какая-то схема мира или мироздания.

Непонятно.

Откуда берется такой язык? Говорится про ангелов, про чертей, про Авраама, Моше, про фараона, Египет, а подразумевается нечто совсем другое.

И сколько я ни пытался говорить с моим Учителем, я чувствовал, что не могу задать точный вопрос. И так было в течение многих месяцев, даже, может быть, нескольких лет, – отсутствие возможности сформулировать, что на самом деле ты хочешь спросить.

Когда я, наконец, спрашивал, что хотел, он давал мне такой ответ, который ошарашивал меня.

Ощущение своих собственных «родовых мук» рождало желание каким-то образом попытаться выразить это для других, чтобы им было понятно, чтобы сократить для них этот путь. Чтобы сразу же – оп! – и все на тарелке. Чтобы не разглядывать овощи на грядках и коров на лугах. А чтобы видеть перед собой уже готовое для употребления блюдо – стейк с гарниром.

То есть, ты всё видишь и понимаешь, что перед тобой находится. Тогда ты идешь по этой книге, по этой инструкции.

– И сразу же ощущаются ее вкусы?

– Да. Тебе раскрываются все вкусы, и это – накрытый стол. С одной стороны, у тебя внутренний голод, а с другой – ты не знаешь, что же с ним делать, ты даже не понимаешь, что хочешь.

И поэтому я начал писать – первую книжку, вторую, третью… Просто выплескивать из себя, чтобы выдать все, что узнал, чтобы осталось пустое место, и чтобы дальше можно было наполняться.

Вот так все и началось: книги, потом группы учеников… – все сегодняшнее распространение науки каббала.

Что бы я хотел сейчас от этой книги?

Написать ее как бы в несколько слоев, как пишут партитуру для оркестра: партия скрипки, партия виолончели, партия ударных, духовых и так далее. И чтобы человек читал ее так, как дирижер читает одновременно все партии и руководит оркестром.

Чтобы человек читал на всех уровнях.

Он еще ими не владеет. А если уже владеет, то чтобы читал любой отрывок и чувствовал внутри себя огромный многослойный мир и сквозь него – многогранную силу, которая действует на него.

– Чтобы получил все «вкусы» Торы?

– Да. И это вело бы его дальше.

Поэтому в своих беседах мы хотим развернуть многослойное объяснение: немного истории, немного географии, немного психологии. Каббала как схема мироздания. Работа человека (работа Творцу – так это называется), внутренняя его работа – в постижении всего мироздания. Правильное неискаженное восприятие реальности. Свобода выбора. Построение нового общества. Связать все воедино.

Конечно, эта первая попытка методически еще несовершенна.

– Потому что такой еще не было в истории?

– Да. Но, в принципе, такая книга и не должна быть другой. Она должна лишь направлять человека, давать ему точки контакта. А дальше он сам будет это наполнять.

Самое главное, что может дать книга, – подвести человека к раскрытому столу, развернутому и накрытому. Я еще раз повторюсь: это не просто накрытый стол, он – раскрытый, то есть состояние, когда в тебе раскрывается параллельно несколько вкусов (на иврите *таамúм*). Такой подход должен быть. И ты видишь, что эти вкусы параллельны, одинаковы и дополняют друг друга, как блюдо с гарниром и со всеми приправами.

– Что раскрывается за всеми историями Торы и других каббалистических книг?

– За этими историями должно раскрыться иное ощущение мира – ощущение, что весь мир внутри: нет географии, нет истории, нет времени, перемещения, пространства, – всё вокруг представляет собой лишь компоненты нашего желания, всё находится внутри нашего желания.

Каббала объясняет, что время, перемещение и место существуют в нашем мире. Так мы ощущаем. Но это – кажущиеся нам явления, потому что они происходят внутри нас, в нашем желании.

Эта книга должна дать человеку возможность перейти от внешних ощущений: истории, географии, психологии, логики, морали – всего, что он видит в рассказах Торы, к внутренним ощущениям, когда он будет воспринимать всё внутри себя, как свои чисто внутренние переживания, кроме которых ничего нет.

Это поставит его в истинное состояние по отношению к тем действующим лицам, которые он видит в Торе – Пятикнижии.

И тогда он начнет захватывающее путешествие в свой внутренний мир, который раскроется ему как мир, полный счастливых открытий.

ЭТО НЕ СБОРНИК ИСТОРИЙ

– Мы берем в руки Тору и что в ней находим? – Сборник исторических повествований. Да, захватывающих, да, интересных. Тут же задаемся вопросом, как могло случиться, что эта книга историй пережила и, похоже, переживет все когда-либо написанное и изданное. Как случилось, что триллионы экземпляров Торы переиздают, раскупают, читают на протяжении веков, и этот процесс не останавливается? Эта книга стала основой многих философских учений. Она является неиссякаемым источником вдохновения для художников, музыкантов, поэтов. Она настолько универсальна, что её цитирует весь мир.

Что это? Как книга историй смогла победить время и стать практически вечной?

– Тора – это не книга историй. Это – особая книга. В чем ее особенность, вы спрашиваете? Я думаю, люди не очень-то понимают это. Догадываются, может быть, потому что её автор – особенный.

– У этой книги был автор?
– Творец.

– Она написана Творцом?
– Её написал Моше. Он написал о том, как раскрылся ему Творец. Это, конечно, уникальное событие в истории человечества. Хотя и до Моше были люди, которые раскрывали Творца и описывали постигнутое ими. Например, Адам – с него мы начинаем наше летоисчисление.

Адам – это первый человек, постигший Творца. Он не первый человек на земле. До него было много поколений людей. Но он стал первым, постигшим Творца. Поэтому он называется Адам, от слова *домэ́* (*ивр.*) – «подобен» Творцу, потому что постижение Творца может быть достигнуто только в мере подобия Ему. Адам постиг Творца. И есть книга, которую он написал как впечатление об этом. Она называется «Тайный Ангел» – «Малах Разиэль»[1]. Высшая сила, которая скрыта от нас, называется тайной. Он её раскрыл и о ней написал. Эта книга сохранилась, можно её найти и прочитать.

– Почему высшая сила называется тайной?
– Мы её не ощущаем, поэтому называем тайной. Тот, кто ощущает её, говорит «явный ангел», «раскрытый ангел». Это просто сила.

---

[1] *Мала́х* (*ивр.*) – переводится на русский как «ангел», это просто сила. *Разиэ́ль* (*ивр.*) – скрытое, тайное.

– О раскрытии тайной высшей силы говорится и в этой книге – в Торе?

– Да. Только об этом и говорится. Все, что написали каббалисты, раскрывающие Творца, – все эти книги называются святыми, потому что рассказывают о том, что скрыто от нас. Святость – на (*ивр. кадо́ш*), от слова «отделенный, обособленный», как бы находящийся в скрытой от нас части мироздания. Многие каббалисты, которые постигали эту скрытую часть, описывали ее в своих книгах. То, что они описывали, находится вне восприятия наших органов чувств.

– Почему же Тора записана Моше в виде историй? Для чего было путать людей? Человек начинает читать и воспринимает ее как историческое повествование.

– Тора – это последовательное причинно-следственное раскрытие мира человеку. Это и есть история – только не история народа, который бродит по пустыне, как там описывается. Это аллегорическое повествование о раскрытии человеком высшей силы, путь, который в наше время может пройти каждый. Если человек действительно захочет раскрыть то, что находится за пределами нашего мира, то он пройдет свои состояния точно по тому же пути, как это описал Моше.

– Вы сейчас сказали, что любой человек, правильно читающий эту книгу, сможет пройти те же ступени, которые прошел Моше. И он достигнет Творца? Познает, увидит, почувствует Его?

– Да. В этом и заключается причина существования человека в нашем мире. Как сказано: «И все познают Меня – от мала до велика». Имеются ввиду все: и самый маленький, и самый большой, младенец и взрослый. Сегодня каждый ощущает наш мир по-разному. Постигнув Творца, вместе с нашим миром они будут ощущать еще и раскрывшуюся каждому дополнительную часть мироздания, называемую Высшим миром.

– **Что означает – «постичь Творца»? Это звучит немного мистически.**

– Постичь – звучит не мистически, это звучит научно, явно. Постичь – это значит ощутить в своих органах чувств: пощупать, попробовать, вкусить, увидеть.

– **Я могу увидеть Его так же как, например, вижу Вас?**

– Намного более явно, внутри себя, в более сильном контакте, сквозном, заполняющем целиком наши чувства. Так объясняет каббала, и об этом говорится во всех книгах каббалистов.

Первую каббалистическую книгу написал Адам. Были и ещё книги, ведь от Адама до Авраама прошло двадцать поколений: десять – от Адама до Ноаха и десять – от Ноаха до Авраама. Все эти поколения были каббалистами, т.е. ощущающими, постигающими Творца. Но мы о них знаем только то, что с ними происходило. А об их произведениях нам ничего не известно.

КОМУ ТАЙНОЕ СТАНОВИТСЯ ЯВНЫМ?

– **Вы говорите: «каббалисты...». Каббалист – это человек, который постиг Творца? Можно так сказать?**

– Да. Каббала – от слова «получать». Получать высшую информацию, раскрывать её для себя.

– **Творец – это что? Высшая информация, мысль?**

– Творец – это высшая сила, которая управляет всем нашим миром.

Все каббалистические книги говорят только о постижении скрытой силы, о развитии человека, о постепенном раскрытии им этой силы. Каждый каббалист дополняет, оттачивает эту методику постижения.

Каббалисты раскрывают ее все больше, все шире, все детальней. Делают более доступной для новых поколений, ибо от поколения к поколению мы меняемся. Наука каббала развивается подобно любой другой науке. Разница в том, что все науки основаны на постижении мира нашими пятью органами чувств, а наука каббала берет за основу то, что не ощущается в пяти органах чувств.

– **Многие, изучающие Тору, утверждают, что это закодированная книга. Они говорят о кодах, тайнах Торы, о том, например, что из нее можно узнать будущее человека. Так ли это?**

– Я повторяю: «Тайное называется тайным, пока скрыто от нас». Но оно раскрывается абсолютно всем, кто желает раскрыть, и тогда становится явным. Любое явление в нашем мире может быть от меня скрыто, и я с помощью определенных усилий, работы над собой, обретаю навыки, знания, приспосабливаю для познания особые инструменты, то есть начинаю раскрывать тайное. Все тайное сегодня может стать явным завтра.

– **То есть каббала, как любая другая наука, раскрывается постепенно?**

– В этом смысле каббала, практически, не отличается от других наук. Но если наши науки раскрывают наш мир в мере технического совершенствования, то есть вспомогательных инструментов, математического аппарата, то наука каббала требует от исследователя еще и изменить самого себя. Ему надо обрести такой орган чувств, который ощущает Высший мир. Это невозможно сделать, не изменившись. Затем, с помощью этого органа чувств, человек исследует Высший мир так же, как с помощью своих пяти чувств и приборов исследует наш мир.

ИЗМЕНИТЬ СЕБЯ, ЧТОБЫ РАСКРЫТЬ ВЫСШИЙ МИР

– **Вы сейчас сказали нечто, что для многих, особенно ученых, является совершенно неожиданным и новым. Вы сказали, что человек должен изменить себя, чтобы открыть, почувствовать Творца.**

– Есть такой анекдот: профессор математики не должен быть треугольником. А вот каббалист должен стать именно таким духовным треугольником.

– **Каббалист и вообще любой человек, который по-настоящему хочет постичь все, о чем говорится в Торе, сам должен измениться по ходу изучения?**

– Да. Этого требования обычные науки, которые изучают физический материальный внешний мир, нам не предъявляют. Окружающий нас мир изучается в сфере наших чувств и свойств, с которыми мы родились. Высшую силу, которая его создала, человек изучает через себя, через изменение себя.

– **Человек изменяется по ходу простого чтения этой книги или нужен какой-то особый подход?**

– В этическом смысле он может и измениться. Эта книга является источником для создания общественных, государственных, судебных, семейных законов, формирования теории воспитания и прочее. Всё это используется в рамках нашего человеческого общества и не вызывает в человеке необходимости изменить себя.

Но если он изучает каббалу, то там ему четко указывается, что он должен сделать, чтобы начать раскрывать высшую силу. Сама учеба ведет его к изменению себя.

Если человек думает серьезно войти вглубь Торы, проникнуть в ее внутренние пласты, пробраться сквозь этот рассказ, исторический, приключенческий, романтический. Если он хочет пробиться через внешний слой, тогда ему необходим особый словарь, особые понятия. Он должен знать, что именно подразумевается под каждым словом. Ведь мы видим только поверхностные значения этих слов – то, что нам известно из нашего мира.

– **Поэтому все изложенные в Торе события напоминают нам исторический роман?**

– Когда мы просто читаем эту книгу, то под каждым словом понимаем то, что оно обозначает в этом мире. Все изложенные в ней события напоминают нам исторический роман. Если же я придаю этим словам внутреннее наполнение, то мне уже рисуется картина сил, их расстановка. Я вижу сетку сил, которая управляет нашим миром, и начинаю сквозь внешнюю картину, которую рисует книга, видеть внутреннюю.

Происходит, как в театре кукол: я начинаю видеть руки, которые управляют куклами. Далее идет более глубокое постижение, когда я начинаю видеть замысел, программу работы этих рук (этих сил), пока не добираюсь до самого Первоисточника, которого я и называю Творец. Таких слоев четыре, каббала говорит обо всех этих четырех слоях.

– **Четыре слоя погружения?**
– Да, именно погружения. Через обычный поверхностный слой книги мы можем пройти постепенно все глубже и глубже.

Причем, давать не просто перевод, словарь, а трактовку понятий, их каббалистический смысл, более глубокий уровень. В процессе чтения и нашего разговора сквозь внешнюю картину, которая возникает при простом чтении, постепенно начнет проявляться более внутренние картины. Эти внутренние картины многоплановы: часто они говорят об изменении человека, об управлении изнутри Творцом и так далее. Начнут проявляться внутренние состояния, а не внешние события, происходящие с людьми в нашем мире, которые, якобы, путешествуют по пустыням, странствуют по земле.

Если бы эта книга просто рассказывала историю древнего народа, то, разумеется, она не была бы такой особенной.

Глава «В НАЧАЛЕ»

ДЕНЬ ПЕРВЫЙ

– **Начнем понемногу читать.**
1. /1/ В НАЧАЛЕ СОЗДАЛ ВСЕСИЛЬНЫЙ[2] НЕБО И ЗЕМЛЮ. /2/ ЗЕМЛЯ ЖЕ БЫЛА БЕЗВИДНА И ПУСТА, И ТЬМА НАД БЕЗДНОЮ, И ДУХ ВСЕСИЛЬНОГО НОСИЛСЯ НАД ВОДОЮ. /3./ И СКАЗАЛ ВСЕСИЛЬНЫЙ: «ДА БУДЕТ СВЕТ». И СТАЛ СВЕТ. /4/ И УВИДЕЛ ВСЕСИЛЬНЫЙ СВЕТ, ЧТО ОН ХОРОШ, И ОТДЕЛИЛ ВСЕСИЛЬНЫЙ СВЕТ ОТ ТЬМЫ. /5/ И НАЗВАЛ ВСЕСИЛЬНЫЙ СВЕТ ДНЕМ, А ТЬМУ НАЗВАЛ НОЧЬЮ. И БЫЛ ВЕЧЕР, И БЫЛО УТРО: ДЕНЬ ОДИН.

В этом отрывке говорится о каком-то свете, который вдруг разделил день и ночь.

– Еще не было светил – не было ни Луны, ни Солнца. Так что же это было? Что такое: «И был вечер, и было утро…»?

– **Возникает много вопросов. Что за тьма над бездной? И что это за «Дух Всесильного носился»?**

– Тут мы сталкиваемся уже с некоторым парадоксом. О чем говорится на самом деле? Говорится о высшем свете, о высшей силе, свойство которой – отдача и любовь, абсолютная отдача и абсолютная любовь. Эта сила, сама по себе, абсолютна. Её свойство – давать, наполнять, влиять. Эта сила – как следствие своего свойства любить, отдавать, наполнять – и создала творение. Что это – творение?

---

[2] Всесильный, на иврите *Элоки́м*, – высшая сила. Имена этой силы – это постижение человеком её воздействия: Создатель – *Боре́*, Творец – *Авая́*.

Если это сила отдачи, то она создала противоположную ей силу получения, желание получать.

– **Что получать? Эту любовь?**

– **Да.** Существуют два желания: желание отдавать – оно называется «Творец», и желание получать – «творение». Эти два желания, из которых одно создало другое, существуют вместе: одна сила существует в другой силе. Сила света, Творца, создает как бы оболочку вокруг себя, силу получения, то есть творение, желание получать, желание наслаждаться тем, что исходит от Творца. Эта конструкция, практически, и есть творение. И все, что потом говорится, говорится о связи между ними, о том, какие отношения существуют между Творцом и творением. Это и есть картина всего мироздания. Ничего больше нет – только эти две силы.

– **Тогда получается, что на этом отрывке можно и остановиться?**

– **Да.** Можно было бы остановиться. Но дело в том, что когда высшая сила создает нас, то есть желание получать, у нее есть программа – для чего она создает это. Изначальный замысел – создание творения с целью его насладить. Таково свойство высшей силы – свойство отдачи и любви. Но не достаточно просто создать творение, как желающее наслаждаться, надо довести его до состояния абсолютного наслаждения, абсолютного наполнения – совершенства, как и сам Творец.

– **Как это можно сделать?**

– Надо дать творению, этому желанию получать, возможность развиться самому: самому захотеть быть таким как Творец и самому этого достичь. Когда первоначальное желание, самостоятельно развившись, достигнет совершенства, тогда лишь оно сможет его и ощутить.

Вот это и является программой творения и Его окончательным замыслом. Все, что происходит затем во всех Высших мирах и в нашем мире вместе с нами, – исполнение этого замысла.

– **А что во мне происходит? Мы говорили, что человек, читая эту книгу, как бы проводит работу над собой. О чем здесь говорится? Можно ли объяснить, что такое «день и ночь» внутри человека?**

– Да. Мы говорим, что «вся жизнь для меня – сплошная тьма». Может солнце светить – тысячи солнц. А мне внутри меня недостает внутреннего света, внутреннего наполнения. Или, наоборот, «я почувствовал в своей жизни свет, луч света». То есть какое-то раскрытие, наслаждение, наполнение приходит к человеку. Вот это и имеется в виду, конечно, а не свет и тьма в обычном понимании.

– **«И был вечер, и было утро: день один». Что имеется в виду?**

– Когда у человека возникает ощущение недостатка, это вечер, ночь. Вечер – на иврите *эрэ́в*, от слова *леарэ́в*, то есть «смешиваться». Когда в человеке смешиваются состояния: понимание – непонимание, хорошее – плохое, он не ориентируется. Из-за этой спутанности он входит во тьму, в ночь. И когда человек проходит спутанность и тьму, в нем постепенно рождаются новые ощущения по отношению к свету. Поэтому: «И был вечер, и было утро». После вечера, после тьмы появляется озарение, наполнение, понимание. И этим заканчивается один из циклов – день один. Таких циклов будет еще много в каждом человеке, который развивается.

ГЛАВА «В НАЧАЛЕ»

Так и в нашем мире, мы всегда развиваемся от непонимания к какому-то пониманию; потом опять что-то не понимаем, стараемся разобраться и снова приходим к пониманию. Так, раз за разом, мы продвигаемся. Но в нашем мире это происходит не так ярко, как в каббале, потому что в каббале эти состояния спутанности, непонимания, смущения и возмущения ты ощущаешь внутри себя. И затем, наконец-то, приходит свет, как бы озарение, раскрытие. Это намного более сильное ощущение, чем в нашем обычном существовании.

– **Когда здесь говорится: «день один», – о чем это?**

– Говорится о ступеньке постижения Творца, когда под влиянием внутренней работы в человеке произошла смена внутренних состояний: сначала были вечер, тьма, появилось чувство беспросветности, – возникли вопросы: «Для чего я? Зачем я? Почему я?». Именно через эти вопросы человек приходит к свету, раскрывает его, получает ответ. Только так происходит определенное познание, которое и называется «день один».

– **Значит, когда говорится «день один», имеется в виду как бы первая ступенька постижения свойства любви, о котором Вы сказали, абсолютного свойства любви? Это первая ступенька?**

– Да. Но это уже раскрытие света в себе.

– **Я думаю, читателям становится понятно, о чем мы говорим. Для меня это очень чувственно. Свет и тьма – состояния, которые я прохожу, они складываются в день один, в некую ступеньку постижения, раскрытия света в себе... Красиво!**

ДЕНЬ ВТОРОЙ

– **Читаем дальше.**

/6/ И СКАЗАЛ ВСЕСИЛЬНЫЙ: «ДА БУДЕТ СВОД[3] ПОСРЕДИ ВОДЫ, И ДА ОТДЕЛЯЕТ ОН ВОДУ ОТ ВОДЫ».
/7/ И СОЗДАЛ ВСЕСИЛЬНЫЙ СВОД, И ОТДЕЛИЛ ВОДУ, КОТОРАЯ ПОД СВОДОМ, ОТ ВОДЫ, КОТОРАЯ НАД СВОДОМ. И СТАЛО ТАК.
/8/ И НАЗВАЛ ВСЕСИЛЬНЫЙ СВОД НЕБОМ. И БЫЛ ВЕЧЕР, И БЫЛО УТРО: ДЕНЬ ВТОРОЙ.

Пока не говорится о земле, пока говорится о небе. Создается небо. Что это означает: пространство, небосвод, небеса, – небо? Это же говорится не о нашем небе?

– Говорится о двух силах, которые находятся друг против друга, разделены как бы сводом, пространством, пустотой, где не действует ни одна, ни другая сила. Эти две силы находятся в человеке, внутри человека, и он должен их обнаружить в себе. Как Моше обнаружил в себе это состояние, так он его и описал.

– **Он описывает свое состояние?**

– Ну, а как же? Человек не может описать что-то, происходящее вне самого себя. В нас рисуется картина воспринимаемого нами мира. Все, что мы ощущаем, мы ощущаем внутри себя.

И когда Моше пишет о явлении высшего мира, высших сил – Творца, он пишет о том, что ощущает внутри себя.

---

[3] В тексте на иврите употребляется понятие *ра́кия* – пространство (от слова простираться, свод).

В этом и заключается суть науки каббала – науки получения: абсорбирование в себе высших сил. Они проявляются в данный момент, и каббалист, в меру своего развития, начинает их описывать.

– **С чего начинается постижение высшего мира человеком?**

– С того, что человек начинает определять для себя, что существует сила тьмы и сила света. И между этими двумя силами: силой тьмы и силой света, – есть свободное пространство. В этом свободном пространстве он себя и ощущает. Оно пустое, еще не заполнено ничем. И человек как бы подвешен между этими двумя силами.

Это уже второй день, то есть следующее, более глубокое определение первого дня, когда на фоне первого дня он проникает дальше в то, что ему раскрылось. Именно это означает «день второй».

– **В первый день он познал первую ступень: что такое день и ночь – эти состояния.**

– Да, в грубом виде.

– **А вторая ступень?**

– Это уже более внутреннее, точное познание.

– **Ощущение некоего пространства, затем неба, воды...**

– Но он уже дает и определения: воды высшие, воды низшие. Это разные виды отдачи: свойство отдачи, которое существует наверху и существует внизу, а между ними – небосвод, пустое пространство. Появляется небо – имеется в виду определенный свет, который состоит из двух свойств: высшего и низшего, высшей воды и низшей воды, – и представляет собой их общее свойство.

– **Вообще воде придается огромное значение...**
– Вода – это та среда, в которой может развиваться жизнь, подобно тому, как ребенок развивается в утробе матери.

Мы все вышли из воды, из океана. И все живое состоит в основном из воды.

Вода – это особая субстанция. О ней в каббале говорится очень много. Мы еще подойдем к этому.

ДЕНЬ ТРЕТИЙ

– **Итак, мы говорили о дне втором, то есть о второй ступени. Давайте поговорим о третьем дне.**

/9/ И СКАЗАЛ ВСЕСИЛЬНЫЙ: «ПУСТЬ СОБЕРЕТСЯ ВОДА, КОТОРАЯ ПОД НЕБОМ, В ОДНО МЕСТО, И ДА ЯВИТСЯ СУША». И СТАЛО ТАК. /10/ И НАЗВАЛ ВСЕСИЛЬНЫЙ СУШУ ЗЕМЛЕЮ, А СКОПЛЕНИЕ ВОД НАЗВАЛ МОРЯМИ. И УВИДЕЛ ВСЕСИЛЬНЫЙ, ЧТО ЭТО ХОРОШО.

– Это уже следующее определение, следующее, более глубокое, постижение. Оно сводится к тому, что четко концентрируется и определяется высшая сила, отдающая, которая является водой, и низшая сила, получающая, которая называется сушей. И разделяются они перед человеком на две категории – высшая и низшая сила. Человек находится пока лишь на уровне исследователя, наблюдателя за этими двумя основными силами творения.

– **Что такое суша и что такое вода?**

— Желание получать называется суша. Земля на иврите – *эрéц*, от слова *рацóн* – желание. Эрец и рацон означают одно и то же – желание получать. Вода – это свойство отдачи. Поэтому дальше эти два состояния – вода и суша – определяются как разделяющиеся. Не говорится уже о том, что и наверху вода, и внизу вода, и всё вместе смешано. На третий день происходит полное разделение воды и суши, то есть силы отдачи и силы получения. Они стоят друг против друга, как бы собираются в два различных силовых полюса. И это является следующим постижением человека.

– Можно сказать, что в человеке появляется ощущение, что в нем есть эти две силы?

— Я так и сказал. Человек постигает это ощущение, исходя из своих внутренних свойств. Непрерывно изменяя себя, он проходит первый день, второй и третий день творения. Это не дни нашего мира. Могут уйти месяцы, пока человек переходит из одного состояния в другое. Постепенное углубление в систему творения происходит в человеке только в мере его внутреннего изменения.

– Все-таки как оживает прочитанное, когда начинаешь понимать этот принцип и в соответствии с ним стараешься читать!

— Если вместе с этим ты еще не только понимаешь, но и сам реально изменяешься, тогда внутри себя начинаешь видеть все, как огромное вселенское явление.

– Начинаешь ощущать бесконечную глубину.

— Бесконечно – это не значит неограниченно в пространстве. Потому что здесь еще говорится об отсутствии пространства. Хотя, вроде, есть и небо, и земля, и между ними что-то, но это ещё и не небо, и не земля. Бесконечность – имеется в виду без границы, когда постижение не имеет границ. Я постигаю абсолютно всё. Не остаётся никакого объёма с белыми или черными пятнами – это я называю бесконечным, безграничным постижением.

/11/ И СКАЗАЛ ВСЕВЫШНИЙ: «ДА ПРОИЗРАСТИТ ЗЕМЛЯ ЗЕЛЕНЬ, ТРАВУ, СЕЮЩУЮ СЕМЯ ПО РОДУ ЕЕ, И ДЕРЕВО ПЛОДОВИТОЕ, ПРИНОСЯЩЕЕ ПО РОДУ СВОЕМУ ПЛОД, В КОТОРОМ СЕМЯ ЕГО НА ЗЕМЛЕ». И СТАЛО ТАК. /12/ И ПРОИЗВЕЛА ЗЕМЛЯ ЗЕЛЕНЬ, ТРАВУ, СЕЮЩУЮ СЕМЯ ПО РОДУ ЕЕ, И ДЕРЕВО, ПРИНОСЯЩЕЕ ПЛОД, В КОТОРОМ СЕМЯ ЕГО ПО РОДУ ЕГО. И УВИДЕЛ ВСЕСИЛЬНЫЙ, ЧТО ЭТО ХОРОШО.
/13/ И БЫЛ ВЕЧЕР, И БЫЛО УТРО: ДЕНЬ ТРЕТИЙ.

– **Мы говорим о третьей ступени?..**

– Да, и обрати внимание, написано: «И увидел, что *это* хорошо».

– **Вот это интересно. «И увидел, что *это* хорошо». Что это значит?**

– Это четкая ступень, которая заканчивается следующим постижением. Человек, который идет по этой ступени, независимо от того, темно ему или светло, в итоге определяет связь каждой ступени с целью своего развития. И поэтому, как бы он себя ни чувствовал, поскольку он знает, что все эти состояния ведут его к цели, то он определяет их, как «хорошо». В этом состоянии человек сливается с Творцом, с Его планом развития, с теми метаморфозами, которые он проходит. И так заканчивается каждая ступень.

– **Человек видит, что это хорошо?**

– Конечно. А если бы Моше не видел, не чувствовал это, он бы так не написал.

– **Но он пишет: «И увидел Всесильный…».**

– Он же в себе так ощущает, потому что раскрывает это в себе.

– **Значит, когда говорится: «И увидел Всесильный, что это хорошо», – он говорит о постижении человека?**

– Говорит о том, что постигает, когда ощущает Творца. Если сливается, соединяется с Ним, он ощущает, какое наслаждение испытывает Творец, когда видит, что человек проходит все эти состояния, приближаясь к Нему, становясь таким, как Он.

– **Надеюсь, что это «хорошо» похоже на состояние в нашем мире, когда я говорю: «Мне хорошо»?**

– Есть такое выражение, очень известное: «И познают Меня все от мала до велика». Да, так будет. И раскроется, что постижение Творца – это самое большое наслаждение. Великое наслаждение, с которым ничто не может сравниться. Такими мы созданы в нашем желании, чтобы, постигая Его, наполняться самим.

ДЕНЬ ЧЕТВЕРТЫЙ

– **Продолжаем.**

/14/ И СКАЗАЛ ВСЕСИЛЬНЫЙ: «ДА БУДУТ СВЕТИЛА НА СВОДЕ НЕБЕСНОМ ДЛЯ ОТДЕЛЕНИЯ ДНЯ

ОТ НОЧИ И ДЛЯ ЗНАМЕНИЙ, И ВРЕМЕН, И ДНЕЙ, И ГОДОВ. /15/ И ДА БУДУТ ОНИ СВЕТИЛЬНИКАМИ НА СВОДЕ НЕБЕСНОМ, ЧТОБЫ СВЕТИТЬ НА ЗЕМЛЮ». И СТАЛО ТАК.

– Есть один свет, одно желание со стороны Творца – отдать, наполнить, любить. Это желание может проявляться по-разному. Мать любит ребенка, но иногда она бывает к нему строга, иногда балует, относится мягко или чуть-чуть жестче – по-разному. Отношение матери зависит от того, какие свойства ребенка она желает привести в порядок: развить эти, подавить немножко те. И поэтому своей неизменной любовью она по-разному проявляется относительно него.

И высший свет, который исходит от Творца, по-разному проявляется относительно творения. Поэтому вместо одного огромного света есть «светила».

– **Мать всегда остается любящей? Она по-разному проявляется по отношению к ребенку, но всегда остается любящей?**

– Да. Так и Творец. Мы чувствуем на себе очень большие изменения в отношении Творца к нам. Вся наша история – это отношение Творца к людям. История человечества, мы знаем, не была простой. Но если б мы сами поднялись до уровня Творца, то увидели бы Его абсолютно добрым и абсолютно любящим. Тогда в соответствии с этим мы и чувствовали бы себя по-другому. Его сокрытие от нас является источником всех наших проблем.

– **Сегодня человечество чувствует себя страдающим все больше и больше.**

– Это устроено специально для того, чтобы вынудить нас раскрыть Его.

– И Он вынудит нас?

– Обязательно.

/16/ И СОЗДАЛ ВСЕВЫШНИЙ ДВА СВЕТИЛА ВЕЛИКИЕ: СВЕТИЛО БОЛЬШЕЕ ДЛЯ УПРАЛЕНИЯ ДНЕМ, И СВЕТИЛО МЕНЬШЕЕ ДЛЯ УПРАЛЕНИЯ НОЧЬЮ, И ЗВЕЗДЫ.
/17/ И ПОМЕСТИЛ ИХ ВСЕВЫШНИЙ НА ТВЕРДИ НЕБЕСНОЙ, ЧТОБЫ СВЕТИТЬ НА ЗЕМЛЮ.

– Они, как здесь написано, светят на Землю. Это значит – они светят на наше желание получать?

– Для того чтобы развить желание. Это уже не просто состояние – один против другого, а влияние на желание с помощью различных аспектов, чтобы сделать его многогранным. Творец воздействует по-разному, разными свойствами: милосердия, добра, скрытия, раскрытия и так далее. В результате в желании постепенно вырисовываются всевозможные реакции на это воздействие, и желание начинает развиваться.

– Как?

– Как развивается ребенок? Если мы поместим его в какое-то место, где он совершенно не будет ощущать никакого влияния на себя извне, он не разовьется. Мы даем ему картинки, рисунки, музыку, заставляем двигаться... Почему? Воздействуя на него через все возможные средства и способы, мы вызываем его многогранное развитие.

Так же и со светилами... Каждое из них влияет по-разному, особо светит, поэтому и называется *сфира́* – светящийся. Светил всего шесть: хэсэд, гвура, тифэрэт, нэцах, ход, есод…

— Это на иврите. В русском переводе: милосердие, сила, слава, вечность, великолепие, основа. Без пояснения это мало что говорит мне.

— Это шесть видов свечения, которые светят на землю – на желание получать, развивают ее, делают многогранной, многослойной, сложной конструкцией. И тогда земля, то есть желание, получая от них всевозможные воздействия, начинает поневоле меняться. Из земли появляются ростки, развивается животный мир, и затем – человек.

Мы говорим сейчас о первоначальном желании – желании получать, из которого развилось постепенно все остальное.

— **Дальше говорится о светилах.**

/18/ И УПРАВЛЯТЬ ДНЕМ И НОЧЬЮ, И ОТДЕЛЯТЬ СВЕТ ОТ ТЬМЫ. И УВИДЕЛ ВСЕВЫШНИЙ, ЧТО ЭТО ХОРОШО.
/19/ И БЫЛ ВЕЧЕР, И БЫЛО УТРО: ДЕНЬ ЧЕТВЕРТЫЙ.

— Да. Уже не просто шесть источников света воздействуют на желание, а своими всевозможными свечениями, своим особым влиянием, в особой последовательности они вызывают в этом желании определенные реакции. Желание начинает понимать, что хорошо, а что плохо, что называется светом, а что – тьмой.

Желание надо запрограммировать, как компьютер. Оно ничего не понимает – в него надо внести данные. И когда светила светят на желание, они вызывают в нем всевозможные состояния, как бы заполняют память. Эти воздействия так и называются *решимо́т* (мн.ч., окончание -от). *Решимо́* (ед.ч.) – «запись». То есть в желании появляются записи информации, и, исходя из этого, желание начинает понимать. Так же как ребенок с помощью уже имеющейся в нем информации начинает исследовать мир.

— **Таким образом, и происходит воспитание желания?**

— Да. Шесть светил, шесть *сфиро́т* (мн.ч. от «*сфира́*»), которые светят на желание, подстраивают, программируют желание под себя. Согласно им, их свечению, желание начинает определять, что хорошо и что плохо.

— **Это и есть «день и ночь»? Управлять «днем и ночью»?**

— Да. Желание уже само определяет, что такое день и что такое ночь в соответствии с тем, как светила задали ему это определение.

— **Другими словами, у этого желания есть эталон — свечение? И без ощущения этого света, свечения, я не могу сказать, что значит хорошее и плохое?**

— Никак. Откуда? На основании чего? Конечно, не можешь.

— **Свечение — это что? Свойство любви? Та самая абсолютная любовь, о которой мы говорим?**

— Это абсолютная любовь, абсолютная отдача, которая светит и программирует нас именно таким образом. И в этом тексте говорится о каббалисте, взрослом человеке, который находится на четвертой стадии своего развития...

— **«Четвертый день творения» — это четвертая ступень?**

— Как мы говорили, каждая ступень состоит из ночи и дня. После ночи, то есть непонимания того, что в нем происходит, на человека воздействуют различные светила, свойства Высшего, и после этого приходит понимание, что такое хорошо и что такое плохо.

И на этом заканчивается четвертый день.

– **Говорится о человеке: хорошо – плохо, правда – ложь, – все относительно конечной цели его развития, подобия Творцу?**

– Здесь говорится о некоем объекте, который внутри себя анализирует, определяет добро и зло, что делать, а что – нет, куда двигаться. То есть он уже подобно растению, поварачивающемуся навстречу солнцу, устремляется к свойству отдачи – к Творцу, он уже поглощает то, что хорошо, и выделяет, отбрасывает то, что плохо.

В нем есть определения добра и зла, и поэтому он уже сам в чем-то сознательно продолжает расти. Каббалист, когда входит в это состояние, уже приобретает свой самостоятельный растительный путь. Но еще только растительный.

ДЕНЬ ПЯТЫЙ

– **Далее сказано так:**

/20/ И СКАЗАЛ ВСЕСИЛЬНЫЙ: «ДА ПРОИЗВЕДЕТ ВОДА ПРЕСМЫКАЮЩИХСЯ, ДУШУ ЖИВУЮ; И ПТИЦЫ ДА ПОЛЕТЯТ НАД ЗЕМЛЕЮ, ПО СВОДУ НЕБЕСНОМУ». /21/ И СОТВОРИЛ ВСЕСИЛЬНЫЙ РЫБ И ВСЯКУЮ ДУШУ ЖИВОТНЫХ ПРЕСМЫКАЮЩИХСЯ, КОТОРЫХ ПРОИЗВЕЛА ВОДА, ПО РОДУ ИХ, И ВСЯКУЮ ПТИЦУ ПЕРНАТУЮ ПО РОДУ ЕЕ. И УВИДЕЛ ВСЕСИЛЬНЫЙ, ЧТО ЭТО ХОРОШО.

– Происходит дальнейшее развитие – желание начинает приобретать всевозможные формы как бы самостоятельной жизни. Еще не совсем самостоятельной – животной. Но это уже жизнь.

Чем отличаются животные состояния от человеческого? Они подневольные, природа так их развивает, толкает на дальнейшее развитие. В них отсутствует свобода воли. Каббалист знает, что на таком уровне у него нет свободы воли, что он находится в полном подчинении высшей силе. Он сам состоит из желания, на которое свыше воздействует сила, разделенная на шесть сфирот, руководящая, полностью управляющая им.

А все желания, которые есть в нем, уже начинают делиться между собой. Это называется: «Воскишела живыми существами». Начали возникать свои особые определенные ощущения на воздействие света свыше, уже осознанные, но еще абсолютно не свободные.

– У меня возникают какие-то «животные» желания?

– Нет. Говорится о постижении Творца и взаимодействии с Ним, когда человек понимает, что он полностью зависит от высшей силы. И состояние его связи с Творцом похоже на связь домашнего животного с хозяином.

– **Но если я нахожусь на уровне «животное», то я уже могу двигаться к Творцу?**

– Да. Но ты ещё только вынужденно подчиняешься Его законам.

– **И никакой свободы воли?**

– Нет. Как у животного.

— **Интересно, что все начинается снова с воды. Живые существа появляются в воде…**

— Всё живое начинается только с воды. Вода олицетворяет собой желание отдавать. Если человек движется к желанию отдавать и в себе генерирует это желание, то, естественно, что он развивается только лишь из воды. Все происходит из воды.

Но не только вода, земля необходима тоже. Земля обозначает желание получать, а вода – свойство отдачи – дает земле возможность ожить… Земля сама по себе не может дать ничего, она может только поглощать. Но когда вода соединяется с землей, то уже возможно появление другого желания – отдавать. Именно здесь это и происходит.

— **Дальше написано так:**

/22/ И БЛАГОСЛОВИЛ ВСЕСИЛЬНЫЙ ИХ, ГОВОРЯ: «ПЛОДИТЕСЬ И РАЗМНОЖАЙТЕСЬ, И НАПОЛНЯЙТЕ ВОДЫ В МОРЯХ, И ПТИЦЫ ДА РАЗМНОЖАЮТСЯ НА ЗЕМЛЕ».

/23/ И БЫЛ ВЕЧЕР, И БЫЛО УТРО: ДЕНЬ ПЯТЫЙ.

— На этом уровне человек уже начинает осознавать, что в нем появляются всевозможные желания. Каждое из них существует вроде бы самостоятельно. И в процессе своего развития, хотя еще и на животном уровне, он должен размножаться, он должен постигать, он должен идти вперед.

— **По направлению к Творцу?**

— По направлению к Творцу. Потому что любое существо, о котором говорится: змеи, пресмыкающиеся, птицы – все эти формы жизни являются подобием земли Творцу. Земля называется желанием. Это желание получать, которое надевает на себя оболочку – форму отдачи.

И тогда оно приобретает некий образ – птичек или морских животных, или сухопутных зверей...

– **Все это – части желания, направленного к Творцу?**
– Да. Это – внешняя форма, форма отдачи. Поэтому уже и обозначается определенным названием, как бы определенным животным, а не бесформенной землей, бесформенным желанием. Внутри – это желание получать, наслаждаться. Но оно уже устремлено к отдаче на уровне, который называется животным.

– **Прошел день пятый. И мы переходим к дню шестому. Похоже, он судьбоносный.**

ДЕНЬ ШЕСТОЙ

/24/ И СКАЗАЛ ВСЕСИЛЬНЫЙ: «ДА ПРОИЗВЕДЕТ ЗЕМЛЯ ДУШУ ЖИВУЮ ПО РОДУ ЕЕ, СКОТОВ И ГАДОВ, И ЗВЕРЕЙ ЗЕМНЫХ ПО РОДУ ИХ». И СТАЛО ТАК. /25/ И СОЗДАЛ ВСЕСИЛЬНЫЙ ЗВЕРЕЙ ЗЕМНЫХ ПО РОДУ ИХ И СКОТ ПО РОДУ ЕГО, И ВСЕХ ГАДОВ ЗЕМНЫХ ПО РОДУ ИХ. И УВИДЕЛ ВСЕСИЛЬНЫЙ, ЧТО ЭТО ХОРОШО.

– Здесь ничего сложного нет. Мы говорим о том, что вода – это источник жизни. Когда вода находится в земле (что называется океанами, морями), она производит сначала всех морских животных. А потом наступает следующий этап – изменение желания. Земля не просто производит творение включением себя в воду – желание получать включается в желание отдавать. Само желание, сама земля, настолько пропитывается воздействием желания отдавать – воздействием воды, что начинает создавать из себя сухопутные, то есть земные существа, которые опираются о землю, ходят по земле.

– **Как сказать это в каббалистических терминах? Потом мы станем их употреблять, и они уже будут понятны.**

– Есть свойства высшие: отдача, вода – будем называть их «Гальгальта Эйнаим». И есть свойства низшие: это желание получать, земля, они называются «АХАП».

– **В переводе с иврита: «Гальгáльта Эйнáим» – голова, глаза, «АХАП» – ухо, нос, рот. Тут используется «язык ветвей», когда словом внешнего мира обозначается духовное свойство или явление.**

– Итак, Гальгальта Эйнаим и АХАП. Высшие свойства могут находиться отдельно, низшие – отдельно: вода и земля. Свойства воды могут быть включены в свойства земли. Свойства земли могут быть включены в свойства воды.

– **Первое – понятно. Второе не очень.**

– Когда вода падает на землю?

– **Это понятно. Дожди, например. Это человек может представить себе.**

– Хорошо. Вода падает на землю и образует моря, океаны. Внутри воды возникает жизнь.

– **Это понятно.**

– Но жизнь возникает не просто в воде, она возникает потому, что вода находится в земле.

Это – высшее свойство, когда оно спустилось на уровень низшего свойства, и здесь развивает свои формы. Это называется «морские животные».

Затем, из-за нахождения воды в земле, сама земля пропитывается свойствами воды, то есть желание получить пропитывается свойствами Творца – желанием отдавать и любить. Тогда земля начинает производить. Возникают земноводные, а затем сухопутные, земные творения, твари.

– **Они не могут оторваться от земли, они все время связаны с землей.**

– Да, то есть происходит определенное смешение свойств отдачи и свойств получения – включение Гальгальта Эйнаим в АХАП и включение АХАП в Гальгальта Эйнаим. Об этом мы еще будем говорить.

– **Я поэтому и сказал о дне шестом, что этот судьбоносный отрывок очень важен.**

– Надо понять, что это – следующий этап развития. Вначале вода подействовала на землю и породила в земле всяких земноводных «гадов». А затем земля пропиталась водой и породила уже сама из себя земные творения.

– **«Зверей земных», сказано, «по роду их».**

– Да, зверей земных.

В КОНЦЕ ДНЯ ШЕСТОГО

– **Дальше говорится так:**

/26/ И СКАЗАЛ ВСЕСИЛЬНЫЙ: «СОЗДАДИМ ЧЕЛОВЕКА ПО ОБРАЗУ НАШЕМУ, ПО ПОДОБИЮ НАШЕМУ, И ДА ВЛАДЫЧЕСТВУЮТ ОНИ НАД РЫБОЮ МОРСКОЮ И НАД ПТИЦАМИ НЕБЕСНЫМИ, И НАД СКОТОМ, И

НАД ВСЕЮ ЗЕМЛЕЮ, И НАД ВСЕМИ ГАДАМИ, ПРЕСМЫКАЮЩИМИСЯ ПО ЗЕМЛЕ».

– Во-первых, «создадим по образу и подобию». Какой образ есть у Творца? Желание отдавать.

– **Об этом говорится: «по образу и подобию» – «цéлем и дмут» на иврите?**

– Да. Таким мы должны создать его.

– **Не говорится ни о каких внешних формах?**

– Нет-нет, естественно, тут нет никаких форм. Говорится только о силе отдавать и получать, и как они между собой комбинируются, как одна сила уподобляется другой.

Говорится о том, как каббалист, находясь физически в мире материи, начинает постигать эти высшие силы. И о том, как постигая их, он обретает эти силы в себе самом. Он начинает знать, понимать, чувствовать, то есть в нем начинает создаваться духовный уровень, называемый «человек». Ведь свойства, которые он в себе раскрывает, олицетворяют первую ступень, вторую, третью, четвертую, пятую. И сейчас он находится на шестой ступени познания, раскрытия Творца, высшей силы в себе.

Как любые картины окружающего мира мы ощущаем в себе, так и это познание он ощущает в себе. Развивая себя, уподобляя себя Творцу на данном уровне, он уподобляется Творцу уже как человек.

– **Он в себе ощущает Творца?**

– Конечно. Он и раньше Его ощущал.

– **Но сейчас он ощущает Его уже на уровне «человек»?**

– Ощущает на уровне «человек». Это называется, что он создает в себе человека.

– **То есть прежде он, скажем так, ощущал Творца на уровне земноводных, животных…**

– Он начинал с простого, примитивного желания. Затем желание постепенно развивалось в сторону отдачи и любви. И написано, как оно постепенно уподоблялось в чем-то Творцу в виде растений, морских животных, земных животных и так далее. Сейчас его собственное желание достигло того, что уже находится в подобии Творцу в виде человека. А человек – Адам, от слова *домэ́* – «подобен». Здесь первый раз возникает подобие между исследователем, или каббалистом, и Творцом.

– **Ступень очень серьезная.**

– Это ступень очень серьезная, очень сильная. Она означает практически последнюю ступень развития. После этого уже ничего нет. Есть шесть дней творения. Но эти шесть дней сейчас вдруг трагически обрываются.

– **Хотелось бы замереть на этом, и – все.**

– Не надо замирать. Человек только создан, он еще не сделал ничего из себя, он сам дошел только до раскрытия: есть я – и есть Творец. А что из того, что это – я, а это – Творец, дальше-то что? Где же в том, что я сейчас раскрывал, мое личное участие? И вообще есть ли оно? Или его нет?

– **Как узнать?**

– Хотя человек тяжело работает над собой, исследует, изменяет себя, но именно тут он обнаруживает, что только сейчас он дошел до места, где действительно может начинать свободно действовать подобно Творцу. Поэтому он называется Адам – человек. До этого все его действия были, в общем-то, несвободными. Только сейчас он начинает подниматься на уровень Творца, становиться подобным Ему. Он начинает видеть все творение, все этапы его развития от начала и до конца, абсолютно все души, ощущать все миры. Он начинает смотреть на все с новой точки зрения, так же, как и Творец.

И здесь у него появляются новые возможности, свойства, которые и называются «человек» – подобный Творцу. До этого не было подобия.

ЧЕЛОВЕК: МУЖЧИНА И ЖЕНЩИНА

– **Говорится дальше:**

/27/ И СОЗДАЛ ВСЕСИЛЬНЫЙ ЧЕЛОВЕКА В ОБРАЗЕ СВОЕМ. В ОБРАЗЕ ВСЕСИЛЬНОГО СОТВОРИЛ ЕГО, МУЖЧИНУ И ЖЕНЩИНУ СОЗДАЛ ИХ.

– В человеке одновременно существует два свойства: свойство получать – женское, свойство отдавать – мужское. Эти два свойства находятся как бы в противодействии, в противоборстве, в противостоянии друг другу. Об этом мы еще будем много говорить.

/28/ И БЛАГОСЛОВИЛ ИХ ВСЕСИЛЬНЫЙ, И СКАЗАЛ ИМ ВСЕСИЛЬНЫЙ: «ПЛОДИТЕСЬ И РАЗМНОЖАЙТЕСЬ И НАПОЛНЯЙТЕ ЗЕМЛЮ И ОВЛАДЕЙТЕ ЕЮ, И ВЛАДЫЧЕСТВУЙТЕ НАД РЫБАМИ МОРСКИМИ И НАД ПТИЦАМИ НЕБЕСНЫМИ И НАД ВСЯКИМ ЖИВОТНЫМ, ПРЕСМЫКАЮЩИМСЯ ПО ЗЕМЛЕ». /29/ И СКАЗАЛ ВСЕСИЛЬНЫЙ: «ВОТ Я ДАЮ ВАМ ВСЯКУЮ ТРАВУ СЕМЕНОСНУЮ, КОТОРАЯ НА ВСЕЙ ЗЕМЛЕ…»

– Здесь возникает интересный парадокс. Растения являются более продвинутыми в духовном, чем животные.

– Почему?

– Потому что именно растения берут в себя все из земли, они «сосут» все минералы, все их свойства – из земли, а животные рождаются на земле. С одной стороны, животные более развиты, более совершенны, они сложнее по своему устройству и ближе к человеку. С другой стороны, в растениях есть нечто особенное, потому что они состоят именно из соединения этих свойств: земли, воды, воздуха, устремления к солнцу и так далее. Когда мы о растениях заговорили?

– Только сейчас. Действительно, мы до этого о них не говорили! Да, это удивительно!

– И человек уподобляется в каббале не обезьяне и не корове, не собаке и не какому-то другому животному, а дереву. Растение, дерево находится корнями в земле, а его крона, которая подобна корню, устремляется к небу. То есть оно как бы соединяет в себе две силы. И поэтому человек подобен дереву.

Это, прежде всего, рост, развитие, когда вбираешь от земли, от своих желаний самое необходимое для своего роста.

– Вбираешь от своих эгоистических желаний?

– Да, эгоистических. Земля – это желание получать, эгоистические желания получать. Вбираешь от них все, что ты можешь, для того, чтобы духовно расти к небу. Это олицетворяет собой растение.

– Ты должен получить немножко воды, чтобы из тебя вышло растение? Из этого желания?

– Да, естественно. Должны быть определенные условия: вода, воздух, солнце.

– И воды должно быть в меру?

– Существует очень много условий для того, чтобы из зерна, из семени появился росток и дерево.

– Читаем следующий отрывок:

/31/ И УВИДЕЛ ВСЕСИЛЬНЫЙ ВСЕ, ЧТО ОН СОЗДАЛ, И ВОТ, ХОРОШО ВЕСЬМА. И БЫЛ ВЕЧЕР, И БЫЛО УТРО: ДЕНЬ ШЕСТОЙ.

ДЕНЬ СЕДЬМОЙ

2. /1/ И ЗАВЕРШЕНЫ БЫЛИ НЕБО И ЗЕМЛЯ И ВСЕ ИХ ВОИНСТВО. /2/ И ЗАВЕРШИЛ ВСЕСИЛЬНЫЙ В СЕДЬМОЙ РАБОТУ СВОЮ, КОТОРУЮ ОН ДЕЛАЛ, И ПОЧИЛ В ДЕНЬ СЕДЬМОЙ ОТ ВСЕЙ РАБОТЫ, КОТОРУЮ ОН СДЕЛАЛ. /3/ И БЛАГОСЛОВИЛ ВСЕСИЛЬНЫЙ ДЕНЬ СЕДЬМОЙ И ОСВЯТИЛ ЕГО, ИБО В ЭТОТ ДЕНЬ ПОЧИЛ ОТ ВСЕЙ СВОЕЙ РАБОТЫ, КОТОРУЮ СОЗДАЛ ВСЕСИЛЬНЫЙ ДЕЛАТЬ…

– Что «делать»? Как это понять: ведь в день седьмой Творец как бы отдыхает… Шабба́т (рус. суббота).

– Со стороны Творца на этом всё закончено.

Это нам надо знать. Есть шесть дней творения, в течение которых свет, желание отдавать, желание любить, положительное влияние от Творца создавало желание получать, накачивало желание получать своими свойствами, вызывало в нем определенные реакции. И в итоге все, что Творец хотел передать, Он передал. И на этом закончил Свой труд и почил. С Его стороны выполнена полная программа – относительно Творца творение находится в абсолютном совершенстве.

– **Сейчас Он как бы говорит творению: «Дальше двигайся сам, Я своё завершил»?**
– Даже не говорит об этом. С Его стороны, человек, творение, находится в полностью исправленном состоянии. А то, что происходит дальше, – это уже свобода воли самого человека.

– **«Есть созданные Мною шесть ступеней. Твоя задача сейчас – подниматься». Это Он говорит человеку?**
– Да.

– **Захочешь подниматься – будешь подниматься, а не захочешь... Я не знаю, может ли человек не подниматься?**
– Нет, такой возможности нет. Обязан человек подняться. Когда человек раскрывает для себя высший путь, то он уже не может остановиться. Он видит последовательную причинно-следственную систему развития себя самого, человечества. Для него остановиться – подобно смерти, это означает просто исчезнуть.

– **Избежать подъема к Творцу невозможно?**
– Нет, никому. Никому.

– **А мы все время пытаемся избежать этого.**
– Я имею в виду, что и неживая, и растительная, и животная, и человеческая природа обязаны подняться до Его

уровня. И этот подъем должен произойти буквально в течение ближайших нескольких лет.

– Скажите, пожалуйста, эта запись существует в каждом человеке? Эта дорожка, этот путь подъема?

– Да, конечно, потому что мы все спустились от того состояния до уровня нашего мира и из нашего мира обязаны подняться обратно.

– Человек должен пройти все эти стадии в обратном направлении? Как я себе это представляю, он будет как бы обратно «закатывать» за собой эту дорожку?

– Да. Образ очень точный.

«ОБРАЗОВАЛ ЧЕЛОВЕКА ИЗ ПРАХА ЗЕМНОГО»

– Далее написано:
/7/ И СОТВОРИЛ ТВОРЕЦ ВСЕСИЛЬНЫЙ ЧЕЛОВЕКА ИЗ ПРАХА ЗЕМНОГО И ВДОХНУЛ В НОЗДРИ ЕГО ДЫХАНИЕ ЖИЗНИ, И СТАЛ ЧЕЛОВЕК ДУШОЙ ЖИВОЙ.

– Живым, то есть состоящим из двух сил: из силы отдачи и силы получения, которые вместе находятся в нем. Что такое «человек»? Человек – это конструкция, которая существует между двумя силами. Эгоистическая сила получения и альтруистическая сила отдачи приходят к нам от Творца. Желание отдавать – это Его желание, а желание получать является как бы отпечатком, копией желания отдавать.

Обе силы находятся внутри нас. Человек состоит из двух сил: положительной и отрицательной. Это приходит к нему сверху. Наши свойства, которые существуют в нас, изначально не наши, они – от Творца. Поэтому человек не должен себя укорять за то, что у него присутствуют какие-то задатки, побуждения – даже самые низкие. Это не его, это – от Творца.

— **А что самому-то человеку делать?**

— Находясь между этими свойствами, положительными и отрицательными, необходимо отобрать, что значит положительное и что значит отрицательное, что является светом и что является тенью – разделить их между собой, как день и ночь. Далее поставить себя между ними и начать развиваться с помощью этих двух свойств, правильно их используя. В этом заключается свобода воли и, практически, вся реализация человека.

— **Человек не просто движется к свету, он еще использует эту теневую часть?**

— Он обязан использовать оба свойства для того, чтобы двигаться к свету. Это как две вожжи в упряжи коня. Иначе невозможно управлять собой и своим продвижением.

— **Человеку даже нельзя сказать, что он плохой?**

— Ни в коем случае, никому это говорить нельзя. Потому что эти свойства не от человека.

— **И человек сам себе не может сказать: «Я плох»?**

— Нет. Про изначальные свойства – нет. А вот про те свойства, которые он вовремя не приобрел, когда даны были условия, и он ими не воспользовался, – вот здесь он виноват.

— **Человек может обрести новые свойства? Это в его силах?**

– Это в его силах, в его желании выбрать среду, в которой он будет изменяться.

– Об этом сказал каббалист раби Акива: «Все известно, но свобода дана».

– Да.

РАЙСКИЙ САД

– Мы незаметно оказались у ворот райского сада. Я зачитаю:

/8/ И НАСАДИЛ ТВОРЕЦ ВСЕСИЛЬНЫЙ САД В ЭДЕНЕ[4] С ВОСТОКА, И ПОМЕСТИЛ ТАМ ЧЕЛОВЕКА, КОТОРОГО СОТВОРИЛ.

Я прочитал эти строчки и остановился, потому что сразу же возникает масса вопросов. Что такое «сад в Эдене»? Что значит «поместил там человека»? Но для начала, что такое сад с духовной точки зрения?

– Это непростые для объяснения каббалистические понятия.

«Райский сад» – то состояние, которое Творец изначально создал для нас. В нем мы находились в своем зачаточном состоянии, как семя в утробе матери. Затем мы низошли из этого «райского сада» до нашего мира. Теперь уже при нашем участии, при нашем выборе, нашими усилиями мы должны подняться обратно к тому же состоянию.

---

[4] Эден (ивр.) – соответствует русскому Эдем – в Библии (книга Бытия) сад, место первоначального обитания людей

Глава «В начале»

— **Вы говорите: «Мы находились в райском саду». Что Вы имеете в виду?**

— Мы — имеются в виду абсолютно все люди в зачаточном состоянии нашей души.

У нас есть духовный ген. В начале творения мы находились в состоянии «райский сад». Затем из этого состояния мы должны были спуститься вниз до нашего мира. Для чего? Чтобы удалиться от этого райского сада — от мира Бесконечности, мира постижения. Этот мир ощущался нами непосредственно, мы были его частью, не понимая того.

— **Зачем нас удалили оттуда?**

— Быть частью Высшего мира заложено в наших духовных генах. Теперь мы обязаны возвратиться туда. Поэтому мы и ощущаем, особенно в последних поколениях, недостаток чего-то, депрессию, никчемность, пустоту нашего мира. Эти ощущения как бы выталкивают нас из этого мира, тем самым заставляя вернуться в состояние «райский сад».

— **Что означает райский сад?**

— Рай — это абсолютно полное духовное постижение, наполнение, наслаждение, связь с Творцом, связь с Абсолютом, когда мы становимся подобными Ему по свойствам. Отдача и любовь — это и есть основные свойства Творца. И мы, приобретая свойства отдачи и любви, начинаем постепенно-постепенно возвышаться из нашего мира до уровня, обозначаемого как сад в Эдене — райский сад.

— **В этом и заключается вся наша работа?**

– Практически Творец создал только начало творения и его окончательное состояние. А далее мы сами должны реализовать всю программу – своим желанием, своим выбором, своими усилиями поднять себя до такого состояния.

Это, конечно, очень сложная задача. Сегодня нас, все человечество, как бы выталкивают из нашего мира. Для этого участились и заострились проблемы абсолютно во всех сферах жизни.

Это проявляется, чтобы вызвать в нас осознание необходимости духовного подъема, изменений в себе. В ближайшее время мы убедимся, что все, якобы, отрицательные силы, которые сейчас влияют на нас со стороны природы, на самом деле и есть силы нашего развития.

– **Могу ли я оказаться в состоянии «райский сад» сейчас, в это мгновение?**

– Представить себе это состояние, наверное, можно в виде фантазий. Но на самом деле ощутить себя в райском саду человек не может, потому что все свойства, которые олицетворяет собой райский сад, противоположны нам, они противны нам, отталкиваются нами.

– **Все-таки, каковы ощущения райского сада?**

– Райский сад – это свойство абсолютной отдачи и любви. Это свойство, когда человек поднимается над своим эгоизмом, когда он не желает быть поглощен лишь тем, как бы получше обустроиться в нашем мире. Поначалу он думает, что невозможно достичь райского сада. А потом вдруг видит, что на самом деле для него уготовано совершенно другое ощущение. Не умирая и никуда не перемещаясь физически, он может создать абсолютно комфортное состояние, начать ощущать себя бесконечным, пребывая еще в нашем мире.

– Это состояние называется «пребывать в райском саду»?

– Да. Но такое состояние невозможно ощутить, оставаясь в эгоизме.

Ведь эгоизм устроен таким образом, что как только я пытаюсь его наполнить, само желание к наполнению и наполнение аннулируют друг друга.

Это так же, как я, например, испытываю жажду. Пью глоток воды и уже хочу пить меньше, два глотка – еще меньше, пью-пью – и в результате, наслаждение вообще исчезает. В итоге человек как будто бы наполняется, но при этом опустошается.

– Рай – это состояние, которое не исчезает?

– Нет, не исчезает. Это состояние ощущается нами как совершенство. Но оно не может быть принято человеком в эгоизме, это состояние выше эгоизма, как бы вне тела, эгоистически направленных желаний.

– Как это?

– Когда человек начинает осваивать свойство отдачи, любви, он осваивает это не в себе, но в других, в ощущении наполнения других. Если он может настроить себя таким образом, тогда действительно чувствует, что наслаждения не исчезают. Это состояние и обозначается понятием «райский сад».

САД И ДЕРЕВЬЯ В НЕМ

– Продолжим чтение. Дальше нас ждет, наверное, еще много таких сюрпризов, где говорится совсем не о том, что кажется ясным при простом чтении:

9. И ПРОИЗРАСТИЛ ТВОРЕЦ ВСЕСИЛЬНЫЙ ИЗ ЗЕМЛИ ВСЯКОЕ ДЕРЕВО, ПРИЯТНОЕ НА ВИД И ХОРОШЕЕ ДЛЯ ЕДЫ, И ДЕРЕВО ЖИЗНИ ПОСРЕДИ САДА, И ДЕРЕВО ПОЗНАНИЯ ДОБРА И ЗЛА. 10. А РЕКА ВЫХОДИТ ИЗ ЭДЕНА, ДЛЯ ОРОШЕНИЯ САДА, И ОТТУДА РАЗДЕЛЯЕТСЯ И ОБРАЗУЕТ ЧЕТЫРЕ ГЛАВНЫЕ РЕКИ.

Что такое состояние «райский сад» внутри меня, внутри человека?

– Это мои свойства отдачи и любви к другим, когда я наполняю остальных и этим живу.

– **Они есть во мне?**

– Изначально они есть во мне. Это и называется, что я «вкушаю все плоды со всего райского сада». Райский сад – это сложная система сил, свойств и их взаимодействий друг с другом. Есть в нем деревья с прекрасными плодами. Плоды всех деревьев райского сада человек может есть, кроме плода от Древа познания добра и зла.

– **Вот тут вдруг посреди сада стоит странное дерево…**

– Да, оно странное. Почему? Потому что плоды Древа познания мы не можем попробовать.

– **Почему не можем?**

– Для этого мы должны развить в себе эгоизм. Ведь когда изначально был создан человек, то его душа создавалась со свойствами отдачи. По-другому быть не могло. Душа создана Творцом, она является его частью. И вот сейчас необходимо к этой части, к абсолютной отдаче и любви, добавить эгоистическое свойство.

Пока мы не развили его, мы пользуемся плодами других деревьев. Но как только мы его разовьем в себе, вкусив плоды именно такого вида наслаждения – от Древа познания, ради себя, в тот же момент ощущение райского сада исчезает.

– Какой-то замкнутый круг получается.

– Еще раз. Если я вкушаю плоды всех деревьев, кроме Древа познания добра и зла, то эти плоды я вкушаю в своем альтруистическом свойстве. Я соединяюсь с другими, ощущаю любовь, нахожусь в отдаче другим. И тогда эти плоды – для моего блага.

– Я совсем не использую эгоизм, свои желания?

– Нет, я использую их, чтобы отдавать другим. И тогда получается, что все мои наслаждения становятся бесконечными, совершенными. Такое состояние называется райским садом.

– То есть я не думаю о себе?

– Я как бы поднят над собой.

– А если я пытаюсь вкусить от Древа познания добра и зла?

– Напоминаю, добро – это отдача! И когда я пытаюсь вкусить от Древа познания добра и зла и пытаюсь это добро взять себе, в своё эгоистическое зло, сразу же начинает исчезать райский сад. Я как бы изгоняюсь из него – именно самим своим действием я теряю это состояние.

– Это трагедия?

– Нет, это действие желательное. Потому что человек должен понять, что такое – свойство «райский сад». Пока он этого не понимает. Почему?

Потому что он не знает противоположного свойства. Все познается только в сравнении. Он должен почувствовать противоположное свойство. И поэтому изгоняется в этот мир, то есть в состояние «вкушения для себя», когда он желает все познать, все использовать и все получить как добро, так и зло. Добро, якобы для себя, зло – для других. Так вот, когда мы пытаемся использовать всех и вся для своего наполнения, то это состояние и называется изгнанием из райского сада в наш мир.

– Для чего? Ведь было так хорошо!..

– Для того чтобы человек смог самостоятельно, будучи в состоянии, противоположном Творцу, постигнуть Его величие. Самостоятельно! Это очень важный момент. Чтобы человек захотел стать равным Ему по свойствам. И чтобы это было заработано им, достигнуто лично им, человеком, а не стало бы «подачкой» Творца. Человек при этом ощутит огромные наслаждения и огромные познания. И так достигнет статуса Творца и станет как бы властителем всего мироздания

Это и есть изначальный замысел и цель творения – сделать человека равным Творцу.

ЧЕТЫРЕ РЕКИ – ЧЕТЫРЕ СВОЙСТВА

...А РЕКА ВЫХОДИТ ИЗ ЭДЕНА, ДЛЯ ОРОШЕНИЯ САДА, И ОТТУДА РАЗДЕЛЯЕТСЯ И ОБРАЗУЕТ ЧЕТЫРЕ ГЛАВНЫЕ РЕКИ.

– Что это за четыре главные реки, которые выходят из Эдена для орошения сада?

– Это четыре свойства, с помощью которых человек затем начинает развивать себя: *хохмá, бинá, тифэ́рэт и мáлхут*.

Это свойства получения и свойства отдачи во всевозможных вариациях в своем воздействии на человека.

И соответственно, свет – сила, которую человек получает, чтобы исправить себя, тоже меняется в соответствии с этими четырьмя качествами. Творец воздействует на нас с помощью своих четырех сил, которые называются «четыре реки». Они нисходят с вершины, проходят через весь райский сад и, в итоге, питают нас в дальнейшем. Но именно в том случае, если мы сами желаем обратно подняться до их же уровня.

– *Если говорить о человеке, то это как бы четыре свойства милосердия, если речь идет о реке, воде?*

– Да, можно так сказать. Это четыре свойства высшей силы, которые при их правильном употреблении сверху вниз или снизу вверх питают душу. Эти четыре свойства обозначаются четырехбуквенным именем Творца. Так они проявляют себя относительно нас.

Все наши внутренние свойства тоже состоят из этих четырех исконных желаний: хохма, бина, тифэрэт, малхут. И если мы правильно используем четыре реки – четыре воздействия на наши четыре свойства, то мы гармонично развиваемся вплоть до того состояния, когда снова входим в райский сад. Но уже с исправленным свойством Древа познания добра и зла.

ПОВТОРИМ: ЗАЧЕМ ОН ЭТО СДЕЛАЛ?!

– *Знаете, любимой поговоркой моей бабушки было: «Повторение – мать учения». И я вижу, что в нашем случае это тоже дело не лишнее, поэтому хотел бы подытожить то, что мы прошли с Вами.*
Читаем:

15. И ВЗЯЛ ТВОРЕЦ ВСЕСИЛЬНЫЙ ЧЕЛОВЕКА И ПОМЕСТИЛ ЕГО В САДУ ЭДЕНА, ЧТОБЫ ВОЗДЕЛЫВАТЬ ЕГО И ХРАНИТЬ ЕГО. 16. И ЗАПОВЕДАЛ ТВОРЕЦ ВСЕСИЛЬНЫЙ ЧЕЛОВЕКУ, СКАЗАВ: «ОТ ВСЯКОГО ДЕРЕВА САДА МОЖЕШЬ ЕСТЬ. 17. ОТ ДЕРЕВА ЖЕ ПОЗНАНИЯ ДОБРА И ЗЛА, ОТ НЕГО НЕ ЕШЬ, ИБО КАК ТОЛЬКО ВКУСИШЬ ОТ НЕГО, ДОЛЖЕН ТЫ УМЕРЕТЬ.

Зачем Он это сделал? Это все равно, что посадить человека рядом с чем-то вкусным, яблоком, например, и не дать его попробовать.

– Изначально в человеке не было абсолютно никакого желания к возможности получать, самонаслаждаться, использовать других для себя, то есть он совершенно не понимал, что значит быть в свойствах, противоположных Творцу. Человек был создан только в свойствах отдачи и любви. Творец его создал таким образом – как Себя. И называется человек сыном Творца по своему изначальному состоянию и по своему конечному состоянию.

– И ему было хорошо жить по указанию Творца в этом саду?

– Да. Но это хорошее состояние не ощущается как хорошее, потому что против него нет ничего плохого, с чем можно было бы сравнить его. Это состояние не было достигнуто самим человеком. Он был подобен младенцу, который находится на руках матери.

– Иногда ведь хорошо просто не думать ни о чем.

– Но это неосознанное хорошее состояние. Как у какой-то букашки, например, которая находится в хорошем окружении. Это противоречит замыслу Творца – довести человека до самого совершенного состояния: быть как Он, как Творец.

– Так какие проблемы – пусть доведет?!

– У Творца есть проблема – как создать творение, то есть что-то, не находящееся в Нем, но которое было бы таким же, как Он. Как можно соединить два противоречия – быть противоположным Ему и одновременно быть таким, как Он? Изначально человек, Адам, создан как абсолютное подобие Творцу, но у него не хватает эгоистического желания, которое позволило бы ему быть отделенным от Творца для того, чтобы потом стать подобным Ему.

– Прежде чем спросить, что за эгоистическое желание будет добавлено человеку, я хотел бы выяснить другое. Здесь сказано, что Творец поместил человека в райский сад для того, чтобы он его возделывал. Что такое я, «возделывающий сад»?

– Это я, разрабатывающий райский сад для того, чтобы использовать себя на отдачу и на связь с другими. Но в таком состоянии человек не является свободным. Он действует так, потому что создан таким образом и поставлен в такие условия. Здесь мы не можем говорить о личности. Мы говорим о какой-то маленькой «машинке», которая создана для чего-то и действует в соответствии с инструкцией.

– Марионетка, которая целиком и полностью управляется?

– Да, абсолютно верно. И потому, естественно, что это состояние нежелательно в глазах Творца и является временным.

— Выходит, что Творцу нежелательно управлять человеком?

— Конечно, нежелательно.

— Творец хочет, чтобы человек стал равен Ему, смог взять управление в свои руки?

— Да. Абсолютно свободным, всезнающим, всепонимающим, всем управляющим. Совершенство Творца заключается в том, что Он может создать человека, способным стать равным Ему.

— Наверное, только каббала так говорит? Для многих звучит, может быть, слишком резко: человек должен стать как Творец.

— Так говорится и в Торе, и в Талмуде, и в других книгах каббалы: «Вы обязаны возвратиться прямо к Творцу. И все познают Меня – от мала до велика», и так далее, через свое развитие абсолютно все творения должны подняться из нашего мира до уровня Творца.

ЖЕНА – МУЖ. КТО КЕМ УПРАВЛЯЕТ?

— Вернемся к тексту. Что происходит после того как создан человек – Адам, мужчина и женщина – по образу Всесильного (ивр. – це́лем Элоки́м)? Творец Всесильный выделяет одно из свойств Адама, одну сторону (це́ла), чтобы через свою противоположность она помогала ему расти (эзэр ки негдо́). Адам называет её жена (иша́), взята от мужа (иш). Затем жена получает имя – Хава[5].

---

[5] *Хава́* (ивр.) – соответствует русскому Ева – в Библии жена первого человека Адама.

Вот как об этом написано:

18. И СКАЗАЛ ТВОРЕЦ ВСЕСИЛЬНЫЙ: «НЕХОРОШО ЧЕЛОВЕКУ БЫТЬ ОДНОМУ, СДЕЛАЮ ЕМУ ПОМОЩНИКА.

– Почему нехорошо? Чем ему было плохо в райском саду? Здесь все было для него.

Именно потому, что человек при этом еще не создание, еще не творение, он просто как маленький ребенок.

И действительно, возьми мужчину в нашем мире: если у него нет жены и детей, он как маленький ребенок, всю жизнь играл бы.

Поэтому появляется второй персонаж – Хава. Она и добавляет Адаму это огромное эгоистическое желание. Причем заранее не известно, что оно эгоистическое. Потом подключится змей, добавится яблоко с познания добра и зла. Так Адам получит огромный эгоистический довесок к своим прежним альтруистическим свойствам отдачи и любви и станет абсолютнейшим эгоистом. И все то, что получил раньше от Творца, все те свойства – правильные, альтруистические, добрые, использует во зло другим.

– Вот-вот мы дойдем до этого – до Хавы. Но прежде я задам вопрос, который всех очень интересует: Вы считаете, что жена управляет мужем, мужчиной?

– Я считаю, что без жены и семьи – это не мужчина, это что-то такое… Взрослый ребенок, как я уже сказал.

– Пока он не станет мужем – дающим – он еще не взрослый, не мужчина, он получеловека, получается так?

– Да. И мы видим на самом деле, что мужская природа проявляется в игре: футбол, другие спортивные игры, всевозможные занятия на досуге, такие как рыбалка, охота, путешествия. Не заниматься же ему серьезно домом, рожать детей, воспитывать их. Добровольно мужчина на это никогда бы не пошел, если бы не был вынужден под воздействием природы, которая его создала так, что он должен жениться, помогать растить детей и так далее.

— Должен?

— Он обязан это сделать. Поэтому на мужчине лежит обязанность жениться, содержать семью, иметь детей. Обязанность!

— У женщины есть эта обязанность, заповедь?

— Нет. Женщина может оставаться всю жизнь без семьи, и при этом она все равно исправляет себя до определенного уровня.

Мужчина вообще не движется к исправлению, если не находится в семье, с детьми, не заботится о них, о своем доме. Хотя, в принципе, это для него очень большая нагрузка.

Я думаю, что если бы не природа, которая нас к этому вынуждает, то, конечно, мужчины бесконечно играли бы в разные игры.

— А мужчины-женоненавистники, которых сегодня немало? Это, получается, неправильно, не соответствует природе?

— Сегодня мы находимся в таком периоде развития человечества, когда эгоизм настолько вырос, что переходит все границы, как тесто, которое подошло и лезет из кастрюли, в которой его замесили. Тесто, уже готовое, чтобы печь из него, допустим, хлеб.

– **Эгоизм вылезает?**

– Вылезает и еще как! Мы уже не можем управлять им. Он управляет нами, даже вопреки природе. Причем нам это уже понятно, а все равно мы ничего не можем сделать.

Поэтому в наше время и мужчинам, и женщинам очень трудно быть вместе, им очень трудно создать семью. Взвалить на себя такую ношу – это кажется им непосильным.

Для наших предков было естественным жениться, выходить замуж в 13, в 14, в 15 лет. Сегодня человек и в 30 лет думает, стоит ли ему заводить семью, а уж детей и подавно. Он думает: «Надо бы подождать до 35-40».

Мы видим, как эгоизм работает с нами. Он олицетворяет это Древо познания добра и зла и вынуждает нас так мыслить и так действовать.

«СОЗДАНА ИЗ РЕБРА?» – КАКАЯ ЕРУНДА!

– **Ну, а пока что создается семья:**

21. И НАВЕЛ ТВОРЕЦ ВСЕСИЛЬНЫЙ СОН НА ЧЕЛОВЕКА, И КОГДА УСНУЛ ОН, ВЗЯЛ ОН ОДНО ИЗ РЕБЕР ЕГО И ЗАКРЫЛ ПЛОТЬЮ МЕСТО ЕГО.

22. И ПЕРЕУСТРОИЛ ТВОРЕЦ ВСЕСИЛЬНЫЙ РЕБРО, КОТОРОЕ ОН ВЗЯЛ У ЧЕЛОВЕКА, В ЖЕНУ И ПРИВЕЛ ЕЕ К ЧЕЛОВЕКУ.

– Это – неправильный перевод. Имеется в виду не ребро.

– **На иврите** *цéла* – **ребро, но есть и другое значение – сторона, свойство.**

– Есть много слов, которые при одинаковом написании имеют совершенно разный смысл. Например, в русском языке слово «брак». Это и некачественный товар, и союз между мужчиной и женщиной. И на иврите, допустим, *кéшэт* – это радуга и *кéшэт* – это тетива в луке.

Во всех языках есть много слов, которые пишутся и произносятся одинаково, но имеют совершенно разный смысл, который мы угадываем из контекста. Например, сказано про Моше, что у него якобы выросли рога: *карнаúм* – рога. Но *карнаúм* – это также лучи света, от слова *кéрэн* – луч. Перевели же это слово неправильно, как рога. И на многих средневековых рисунках мы видим Моше, изображенного с рогами.

– **Выходит, не было никакой хирургической операции, ребро не удалено, из него не была слеплена женщина?**

– По-моему, у мужчин все ребра на месте.

Хава, которая создана из ребра Адама, означает, что она создана как бы обратной копией Адама. Адам – абсолютно отдающий, Хава – абсолютно получающая от него. Таким образом, они и могут работать в паре.

– **Женщина изначально была эгоистична?**

– Нет, это еще не эгоизм. Получающая от него – это еще не эгоизм. Тут-то и возникает необходимость в змее, Древе познания добра и зла, в плодах этого дерева и так далее.

Адам и Хава могут работать только вместе и находиться при этом в райском саду.

Хава – это определенное желание получать, но желание получать относительно Адама. Хава поддерживает его, и он – ее. Таким образом, они вместе могут продолжать жить в этом райском саду.

Но проблема в том, что им надо все-таки спуститься вниз, выйти из райского сада. Ничего не поделаешь, как бы хорошо им ни было, но надо. Спуститься они могут только через женскую получающую часть.

– **Что это такое в работе человека? До того было состояние, в котором человек как бы ощущал только отдающие свойства, да?**

– Женская получающая часть – это эгоистические свойства, но которые ещё не приобрели своё эгоистическое выражение.

– **Проявление эгоизма в желаниях человека называется появлением женщины?!**

– Нет, имеется в виду лишь девять первых сфирот от малхут – общего желания. Это уже желание получать, но оно еще неэгоистическое, оно еще не ради себя. Но уже приближение, так сказать, к следующему этапу.

– **Женщина – слабое звено?**

– Женщина – необходимое звено. Надо понимать смысл создания женщины для дальнейшего развития, чего еще не чувствует человек. Адам – это просто свойство отдачи. Это еще не прообраз человека нашего мира. Это – свойство отдачи, которое создано как часть Творца, как Его копия.

Но это свойство отдачи абсолютно не имеет никакой своей аппликации. Значит, надо к нему добавить свойство получения, обратное Творцу. Но это свойство получения – Хава – создано в виде обратной стороны Адама, оно абсолютно подобно ему, действует с ним в унисон. И поэтому оба они находятся в состоянии полной отдачи, которое называется райским садом. Свойство Адама отдавать и свойство Хавы получать работают с намерением отдачи, в них еще не произошло никакого эгоистического развития.

— **Такое счастливое состояние...**

— Оно счастливое, но неполноценное. Это не тот полноценный человек, желающий много, переживший много, понимающий много, который достигает чего-то, и у него накапливается знание и разум, и понимание, желание действительно ощутить и оценить, что же он постигает, что же он получает и для чего. Их же состояние – это пока состояние маленького ребенка. Поэтому нужна очень серьёзная добавка – необходимо отдалить их от высшей силы.

— **Поясните, как это надо понимать.**

— Надо понимать, что здесь говорится о силах, которые еще не материализовались в нашем мире взрывом, прорывом в нашу область вселенной. Они еще не создали наш мир, еще не начали образовываться материальные частицы, из которых затем созданы звезды, планеты и так далее.

Мы находимся еще за пределами системы всей нашей вселенной, когда эти силы только приближаются к тому, чтобы образовать материальный мир. Здесь ещё абсолютно не участвует человек.

Это еще не работа человека из нашего мира по достижению Высшего мира. Это только нисхождение всех высших сил, образование нашего мира. Это – процесс творения.

— **Но можно сказать, что сейчас создается среда, в которой...**

— ... в которой мы будем существовать. Здесь без каббалы не обойтись. Никто не может объяснить творение, если не обратится к каббале, потому что возникают всевозможные неувязки. Без серьёзного каббалистического языка и научной каббалистической трактовки ничего не объяснишь.

Мы имеем дело с силами, которые создали нас, которые рисуют нам картину этого мира, которые помогают нам выйти из постижения этого мира, из существования в нем, из ощущений этого мира в качественно другой мир, в иное мироздание, в иное измерение.

Каббала – это физика Высшего мира. Каббала – это физика тех сил, которые стоят за материей. Возьми вселенную – снаружи силы пронизывают нашу вселенную как сетка, они управляют всем: неживой, растительной, животной, человеческой природой.

– **Но мы этого не видим?**

– Мы этого не воспринимаем. Эти силы абсолютно нами не ощущаются, но каббала говорит о них. И говорит о том, что мы можем ощутить их. Хотя они и не такие, как наши.

Все то, что мы видим вокруг себя, это силы эгоистические: отталкивание или получение ради себя. Так устроена вся наша природа: притягивает к себе все полезное, отталкивает от себя все вредное.

– **А духовная, антиэгоистическая природа?**

– Внешняя природа скрыта от нас и проходит сквозь нас. Она нами не ощущается, потому что построена на принципе отдачи, а не на принципе получения. Вместе с нами здесь, в одном и том же пространстве, существует совместно огромное количество всевозможных сил, свойств, объектов. Но мы их не видим, они прозрачны для нас: мы проходим сквозь них, а они – сквозь нас.

Мы их не замечаем, потому что у нас не те свойства. Как только мы обнаружим в себе свойства, подобные свойствам духовного мира, – свойство любви сразу же и проявится. Вдруг я увижу, почувствую множество духовных объектов, работающих на отдачу.

– Я должен ощутить это состояние, которое разлито вокруг меня?
– Да.

– Что это за состояние?
– Состояние любви.

– Мне сейчас вспомнился случай, о котором Вы когда-то рассказывали. Вы познакомились с человеком, который в России сидел в лагере, в карцере. И, как он Вам говорил, вдруг в какой-то момент, в своих сумасшедших страданиях, он ощутил тепло, любовь, состояние покоя. Это и было проявление этих сил?

– Да. Это случилось именно потому, что он очень страдал и очень хотел подняться из нашего мира, каким-то образом выйти из него. И на время ему это удалось. В течение суток, двух, трех… Это проявляется, приходит даже на несколько суток.

– То есть показывают человеку это счастливое состояние?
– Не показывают. Он просто ощущает вокруг себя пространство, целиком заполненное любовью относительно него.

– Почему потом все это вдруг исчезает?
– Потому что он должен начать постигать это сам. Потом я встретил его в Израиле, он приезжал ко мне один раз. Но он абсолютно все забыл.

– **Неужели можно забыть это состояние?**

– Я привел его к моему Учителю и тот сказал ему, что можно достичь в миллиарды раз большего ощущения и находиться в нем постоянно, и для этого надо приложить не так много сил. То есть уже не страданиями достичь его, а работой.

Но человек этот уже остыл. Уже не мог сделать усилие.

– **А летаргический сон, в который впадает человек? Человек рассказывает, что свет видел...**

– Со светом, со смертью – это всё эгоистическое восприятие. Мы сегодня можем в виде опыта воздействовать определенным образом на мозг и промоделировать это состояние. Оно не имеет ничего общего с отрывом от нашего тела.

– **Возвращаясь к Торе, можно сказать, что она ведет нас к тому же, то есть, чтоб мы стали свободными, счастливыми. Двигались бы к этому состоянию самостоятельно и достигли бы его сами?**

– Да, чтобы прошли путь из самого низкого состояния до наивысшего.

Они оба наги!

– **Пойдем дальше. Написано:**

«...И БЫЛИ ОНИ ОБА НАГИ, ЧЕЛОВЕК И ЖЕНА ЕГО, И НЕ СТЫДИЛИСЬ».

– «Были наги» – имеется в виду, что их желания были направлены на отдачу, что они не должны были их скрывать. Когда человек работает на полной отдаче, у него нет никаких эгоистических желаний для себя, в ущерб другим.

Желание выпить стакан воды не является эгоистическим, также как и желание кушать, иметь свой дом, семью. Эгоизм – это когда я пытаюсь наполнить себя за счет другого. Эгоизм измеряется всегда относительно других.

Я просто живу нормальной жизнью, как животное. Животные не стесняются. Почему? Почему у них нет стыда? Потому что они не делают ничего, кроме того, что природа в них вложила.

– **Действуют согласно инстинкту?**

– Да. У человека выше своих естественных потребностей стоят эгоистические запросы, которые он решает за счет того, что унижает другого, подавляет другого, использует другого. Поэтому он и стесняется. Поэтому мы одеваемся.

Все, что называется человеком, это именно тот эгоизм, то, что в нас выше животного. Этим мы отличаемся от животных.

– **Хотелось бы все-таки стать Человеком…**

– Вся наша работа заключается не в том, чтобы исправить свои животные качества, с которыми мы родились, а исправить наше отношение к другим. Только в нем проявляется эгоизм человека.

Поэтому Адам и Хава в том их состоянии были абсолютно нагими. Им не надо было ничего скрывать от других, как бы прикрываться одеждой, что, дескать, мы не такие, какими являемся. Мы скрываемся, потому что не можем проявлять откровенно наш эгоизм относительно других.

– **В них не было злых эгоистических желаний использовать другого?**

ГЛАВА «В НАЧАЛЕ»

– Абсолютно никаких.

– **И тут появляется змей.**

– Вот именно, с этого все и начнется.

ЗМЕЙ. РОЖДЕНИЕ

– **Читаем дальше:**

/1/ ЗМЕЙ ЖЕ БЫЛ ХИТРЕЕ ВСЕХ ЗВЕРЕЙ ПОЛЕВЫХ, КОТОРЫХ СОЗДАЛ ТВОРЕЦ ВСЕСИЛЬНЫЙ; И СКАЗАЛ ОН ЖЕНЕ: «ХОТЯ И СКАЗАЛ ВСЕСИЛЬНЫЙ: НЕ ЕШЬТЕ НИ ОТ КАКОГО ДЕРЕВА ЭТОГО САДА...». /2/ И СКАЗАЛА ЖЕНА ЗМЕЮ: «ПЛОДЫ ВСЕХ ДЕРЕВЬЕВ САДА МОЖЕМ ЕСТЬ; /3/ НО О ПЛОДАХ ДЕРЕВА, КОТОРОЕ В СЕРЕДИНЕ САДА, СКАЗАЛ ВСЕСИЛЬНЫЙ: "НЕ ЕШЬТЕ ОТ НЕГО И НЕ ПРИКАСАЙТЕСЬ К НЕМУ, ВДРУГ УМРЕТЕ."». /4/ И СКАЗАЛ ЗМЕЙ ЖЕНЕ: «УМЕРЕТЬ ВЫ НЕ УМРЕТЕ. /5/ НО ЗНАЕТ ВСЕСИЛЬНЫЙ, ЧТО, КОГДА ВКУСИТЕ ОТ НЕГО, ОТКРОЮТСЯ ГЛАЗА ВАШИ И ВЫ СТАНЕТЕ, ПОДОБНО ВСЕСИЛЬНОМУ, ЗНАЮЩИМИ ДОБРО И ЗЛО».

– Потому что в том своем состоянии они совершенно не понимали: добро, зло, что и как проявляется. Действовали согласно вложенной в них внутренней природе, вся их работа сводилась к явному выбору между горьким и сладким, поэтому даже не считались еще творениями. Творение (*ивр. брия*) находится вне духовной ступени – *бар ми-мадригá* – и происходит от слова «внешнее, выделенное». Выходит ребенок из матери – и он уже человечек. Так и здесь. Они еще не оторвались от Творца, потому что состояние «райский сад» находится внутри Творца.

И поэтому к ним необходимо добавить эгоистический довесок, который олицетворяет собой змей.

– На самом деле, это рождение?

– На самом деле, это рождение нового эгоистического желания, которое станет основным для человека и которое приведет человека к подобию Творцу. Для того чтобы стать подобным Творцу, сначала надо достичь состояния, противоположного Творцу, быть во всем против Него, желать использовать Его, Творца, эгоистически, ради себя, и потом постепенно начинать сближаться с Ним в альтруистическом подобии Ему.

– Можно сказать, это, практически, поворотный, революционный этап в развитии души?

– Да. Если бы не появилась такая сила, как змей, то вся природа остановилась бы на недоразвитом уровне. И в ней не было бы никакого сравнительного ощущения: кто есть я и кто есть Творец.

Чем отличается семя от человечка? Когда мы начинаем понимать, что это уже человек, а не просто маленький зародыш в теле матери, у которого нет еще никакой собственной жизни?

Здесь происходит то же самое. Без эгоистического довеска, который называется змеем, вообще не существовало бы Природы.

Нам необходимо понять, что отрыв от Творца необходим! Заранее, изначально обусловлено, что так произойдет.

– И снова я хочу задать Вам тот основной вопрос, который возникает практически у всех. «Мы не хотим

никакого змея, – говорят, – почему нельзя было поместить человека в совершенное состояние, и чтобы в нем он и оставался всегда?»

– Я уже не раз отвечал, что понимаю желание людей просто жить в райском саду, и чтобы их никто не трогал. Но тогда бы нас не было, и никого бы не было. Это был бы не человек. Это было бы не творение. Это был бы какой-то винтик: Творец создал – и я существую. Существую, потому что я таким создан. И всё. У человека не было бы никаких своих ощущений, поиска правды, лжи, вознаграждения, наказания. Он бы не смог познать, Кто его создал.

Творец желает, чтобы человек познал Его, чтобы, исходя из себя, из своих чувств, начал бы ощущать свое отношение к Творцу. Это необходимо Творцу.

Я об этом пишу в своей «Сказке о волшебнике». Создав камень или растение, или собачку, Творец не может ощутить от них никакого знака благодарности или обратной связи, потому что на всех этих уровнях: неживом, растительном и животном – природа управляется автоматически. Человек же выходит из этого состояния после изгнания его из райского сада.

ГРЕХ – НЕ ГРЕХ

– **Начинается выход человека из райского сада.**

/6/ И УВИДЕЛА ЖЕНА, ЧТО ДЕРЕВО ЭТО ХОРОШО ДЛЯ ЕДЫ, И ЧТО УСЛАДА ОНО ДЛЯ ГЛАЗ, И ВОЖДЕЛЕННО ЭТО ДЕРЕВО ДЛЯ РАЗВИТИЯ УМА, И ВЗЯЛА ПЛОДОВ ЕГО И ЕЛА, И ДАЛА ТАКЖЕ МУЖУ СВОЕМУ С СОБОЮ, И ОН ЕЛ. /7/ И ОТКРЫЛИСЬ ГЛАЗА ИХ ОБОИХ, И УЗНАЛИ, ЧТО НАГИ ОНИ, И

СШИЛИ СМОКОВНЫЕ ЛИСТЬЯ, И СДЕЛАЛИ СЕБЕ ОПОЯСАНИЯ.

– **Нарушили распоряжение свыше – совершили, как говорят, грех.**

– Да, но это не грех. Потому что грех – это, если я знаю, что грешу, знаю, на что я иду, если я эгоист и осознанно пользуюсь своим эгоизмом. Здесь же еще не было изначального эгоизма, не было никакой попытки его использовать вопреки Творцу. Наоборот, все то, что ими сделано, было сделано из их абсолютных свойств. И желание их было – достичь свойства отдачи. Скорее это можно назвать ошибкой.

– **Они поели этих плодов и наконец-то обратили внимание…**

– Поели, то есть начали получать ради себя.

– **Начали использовать друг друга для наслаждения своего.**

– Друг друга и вообще все, что вокруг.

– **И вдруг увидели, что они наги, и укрылись «фиговым листком»?**

– Они увидели, что все их поступки эгоистичны, и устыдились. И оделись. Что значит – они оделись? Взяли такую форму общения, когда за мыслями скрывается действие, а за действиями скрываются мысли.

– **Они предстают друг перед другом уже законченными эгоистами или еще нет? Они используют всё ради себя?**

– Нет. Друг против друга – нет. Надо понимать, что Адам и Хава – это одно целое, это одна цельная конструкция общей души. Здесь еще нет разложения на части, на отдельные души. Это все произойдет потом.

– **То есть они используют Творца для себя?**

– Да. И этим они отдаляются полностью от того состояния связи, слияния с Творцом, которое называется райским садом.

КАМЕННОЕ СЕРДЦЕ И МАЛЕНЬКАЯ ТОЧКА В НЕМ

– **Нарастает конфликт с Творцом:**
/8/ И УСЛЫШАЛИ ГОЛОС ТВОРЦА ВСЕСИЛЬНОГО, ПРОХОДЯЩЕГО ПО САДУ... И СКРЫЛСЯ ЧЕЛОВЕК С ЖЕНОЮ СВОЕЮ ОТ ЛИЦА ТВОРЦА ВСЕСИЛЬНОГО СРЕДИ ДЕРЕВЬЕВ САДА. /9/ И ВОЗЗВАЛ ТВОРЕЦ ВСЕСИЛЬНЫЙ К ЧЕЛОВЕКУ И СКАЗАЛ: «ГДЕ ТЫ?». /10/ И СКАЗАЛ: «ГОЛОС ТВОЙ УСЛЫШАЛ Я В САДУ И УБОЯЛСЯ, ТАК КАК Я НАГ, И СКРЫЛСЯ». /11/ И СКАЗАЛ: «КТО ПОВЕДАЛ ТЕБЕ, ЧТО ТЫ НАГ? НЕ ОТ ДЕРЕВА ЛИ, О КОТОРОМ Я ЗАПОВЕДАЛ ТЕБЕ НЕ ЕСТЬ ОТ НЕГО, ЕЛ ТЫ?». /12/ И СКАЗАЛ ЧЕЛОВЕК: «ЖЕНА, КОТОРУЮ ТЫ ДАЛ МНЕ, ОНА ДАЛА МНЕ ОТ ЭТОГО ДЕРЕВА И Я ЕЛ». /13/ И СКАЗАЛ ТВОРЕЦ ВСЕСИЛЬНЫЙ ЖЕНЕ: «ЧТО ЭТО СДЕЛАЛА ТЫ?». И СКАЗАЛА ЖЕНА: «ЗМЕЙ ОБОЛЬСТИЛ МЕНЯ, И Я ЕЛА». /14/ И СКАЗАЛ ТВОРЕЦ ВСЕСИЛЬНЫЙ ЗМЕЮ: «ЗА ТО, ЧТО ТЫ СДЕЛАЛ ЭТО, ПРОКЛЯТ ТЫ БОЛЕЕ ВСЯКОГО СКОТА И ВСЯКОГО ЗВЕРЯ ПОЛЕВОГО! НА ЧРЕВЕ ТВОЕМ ХОДИТЬ БУДЕШЬ И ПРАХ БУДЕШЬ ЕСТЬ ВСЕ ДНИ ЖИЗНИ ТВОЕЙ».

– Я добавлю: «во все дни жизни твоей» – до полного исправления. Змей ведь исправляется. В змее мы обнаруживаем огромное эгоистическое желание, которое он как бы добавил к Адаму и Хаве, оно называется «*лев а-э́вен*». В переводе с иврита – «сердце из камня». Это 32 особых эгоистических желания, которые невозможно исправить. И поэтому змей, естественно, до конца всего существования нашего мира, до тех пор, пока мы не исправим его, олицетворяет собой эгоизм нашего мира. По мере нашего исправления змей становится все тоньше и слабее, пока полностью не перейдет на службу отдачи и любви.

– Мы живем сейчас с каменным сердцем в нас?

– Конечно.

– Со змеем внутри?

– Да. Это все упало вниз. Все состояния, в которых мы находились в райском саду, существуют в нас и сегодня, только в своей абсолютно эгоистической интерпретации.

– Можно сказать, что все время в нас есть этот змей? В сердце каждого – змей?

– Конечно. Мы желаем лишь насладиться властью над другими, подавлением другого.

– Почему нам не страшно от этого?

– Нам не с чем сравнивать.

– Почему мы не хотим от этого избавиться?

– Мы к этому привыкли. Это наша природа.

– Как человеку захотеть избавиться от этого?

– Возникает в человеке точка в сердце, и он начинает искать. И не может остановиться, потому что точка в сердце – это ощущение дикой пустоты, бессмысленности жизни.

– **Вы говорите, что у человека каменное сердце. И Вы говорите, что в нем есть точка, одна маленькая точка. Кто обратит внимание на эту точку, если сердце каменное?**

– Это неважно. Маленькая точка отравляет тебе всю жизнь. Она лишает тебя покоя. Тебя мучает, что ты никчемно живешь, зря существуешь.

– **Вы имеете в виду, не ощущаю цель этой жизни?**

– Да, этой жизни. Цель – она одна. Из этой жизни сейчас я хочу увидеть эту цель. Я должен знать, что для чего-то живу. А в итоге, благодаря этому каменному сердцу, благодаря змею, который живет во мне, я начинаю ощущать, что у меня нет ничего. Это хорошее подспорье для того, чтобы идти вперед!

– **Так это хорошо, когда человек вдруг ощущает пустоту?**

– Укус змея, его присоединение к Адаму и Хаве, означает включение в эту сферу, часть которой – Адам, часть – Хава, а змей – между ними. И тут начинаются уже настоящие проблемы.

И СНОВА О «РЕБРЕ»

– Здесь мы снова возвращаемся к некоторым главам, которые уже обсуждали. Нам важно ещё раз вернуться к теме: женщина – мужчина. Мы уже читали описание разделения Адама на две половины: мужа и жену.

/22/ И ПЕРЕУСТРОИЛ ТВОРЕЦ ВСЕСИЛЬНЫЙ РЕБРО, КОТОРОЕ ОН ВЗЯЛ У ЧЕЛОВЕКА, В ЖЕНУ, И ПРИВЕЛ ЕЕ К ЧЕЛОВЕКУ.

– Да, из человека эгоизм выделяется в отдельно существующее явление, которое называется жена.

Мы не говорим вообще о жене, о мужчине и женщине. В каббале мы говорим об одном человеке, который состоит из всех свойств нашего мира.

И Творец, в том числе, находится в нем. Что же такое – Творец? Это то, что я ощущаю как высшего «Творящего меня» – мой Творец.

То, что выше меня, я не ощущаю, оно не попадает в мои органы чувств, об этом я говорить не могу, я не знаю. Я говорю о том, что ощущаю. Во мне существуешь ты, окружающий мир, животные, растения, космос. И мое ощущение себя – это все во мне.

– **Обо всем этом рассказывает Тора?**

– Тора, Пятикнижие, и говорит нам об этом общем устройстве человека: что я ощущаю, что я воспринимаю. То, что я воспринимаю в себе, называется мирозданием – это мое внутреннее здание. Если я буду меняться, то буду по-другому ощущать мир. Если я буду расширяться, углубляться в своих чувствах, в мыслях, в ощущениях, в своих осознаниях, то и мир, естественно, будет казаться мне иным.

Когда человек начинает развиваться, он начинает ощущать, что сила, которая его создала, им управляет, как бы разделяет его на две части: на мужскую и женскую.

– **То есть во мне появляются мужчина и женщина?**

– Да, две противоположные части: отдающая называется мужской, а получающая – женской. Это не положительная и не отрицательная характеристики. Мы говорим о природе, о творении. В нашем мире мужчина даже более эгоистичен, чем женщина. Каббала говорит совсем не об этом.

Каббала говорит о двух основных, базисных свойствах человека: свойстве отдачи и свойстве получения. Они находились в человеке вместе. По мере своего развития он начинает разделять их между собой. И поэтому сотворение второй части называется «из ребра».

«И НАВЕЛ ОН СОН НА ЧЕЛОВЕКА»

– **Для того чтобы их разделить, Творец навел сон на человека. Зачем это?**

– Сон – это значит, что сначала человек входит в такое состояние, когда он точно не понимает: «Что на самом деле происходит с моим эгоизмом?». Он входит в некое полусумрачное состояние. Это – преддверье, необходимое состояние перед осознанием. Всегда и в нашем мире, если мы что-то не понимаем, в нас возникает сумбурность, отключение от действительности, мы входим в состояние непонимания. А потом неясное состояние проясняется. Так от полусознательного к сознательному и идет наше постижение.

– **Это состояние называется сном?**

– Да, это состояние называется сном. Сон – это, практически, исчезновение прошлого состояния, прошлой ступени познания. Так и в нашем мире: прошел день – мы засыпаем, проходим состояние подготовки к следующему дню, то есть к следующему осознанию, к следующему пониманию.

— **Что означает: «навел сон»?**

— «Навел сон» — это значит, что исчезает предыдущее понимание моего состояния, что я простой нормальный человек, немножко эгоистичный. Вдруг во мне проявляется четкое понимание своего устройства, как разделенного на две части.

— **О чем говорится – «жена из ребра»?**

— Мы уже говорили о неточностях перевода и вообще несовпадении понятий.

Итак, создана копия человека. Мы изучаем в каббале: малхут появляется из свойства *тифэ́рэт* – срединной части парцуфа *Зэи́р Анпи́н* («малое лицо»). В духовном строении эта часть называется *це́ла* – сторона или ребро. Это свойство отражает всю суть человека. Отображение его в эгоистическом, получающем виде называется женской частью. Сейчас она отделяется от человека, и он начинает воспринимать ее отдельно.

— **Что это значит для нас?**

— Я начинаю воспринимать себя, чувствовать себя разделенным на две части. Одна часть во мне имеет явные свойства Творца: отдача, постижение, расширение и так далее. А вторая часть – женская – получающая, зависимая, и одновременно это часть, с помощью которой я тоже иду вперед и исследую. Это моя серьезная эгоистическая часть, без нее невозможно продвигаться.

Именно на двух этих силах мы и продвигаемся: на левой и на правой, как бы на положительной и отрицательной. Когда я начинаю четко разделять их в себе, это и называется «создание женщины».

— **Это разделение является как бы отражением земных мужчины и женщины?**

— И в нашем земном виде тоже так отражается, потому что женщина является вспомогательной частью в отношении мужчины. Но мужчина без женщины не в состоянии существовать, продвигаться дальше. Мы видим, что и Адам не может без помощи жены.

Он продвигается с помощью женской части, выделенной от него. Благодаря тому, что она отделяется от него, и происходит все его развитие дальше. Развитие человечества, развитие всех ступеней постижения, пока мы не достигаем своего самого высшего состояния, происходит именно потому, что отделилась женская часть, и она против него. Как говорится: «Создал тебе помощь против тебя». То есть вроде бы она противоположна тебе, обратна по своим свойствам, но в этом-то и заключается ее помощь. Продвигаться без нее невозможно.

— **Для чего всё это задумано?**

— Чтобы продвигаться дальше, к совершенству.

Без жены невозможно достичь следующей ступени, которая называется рождением. Рождение детей, потомства является развитием новой ступени. Также как и в нашем мире, воплощением следующей ступени развития человека являются его дети.

— **Поэтому мужчина обязан жениться?**

— Конечно. Без этого он не будет продвигаться. Души исправляются только в нашем мире. Из поколения в поколение одни и те же души возвращаются, воплощаются в тела. И так происходит снова и снова.

Без женщины этот процесс невозможен. Все поколения расширяются, дробятся на большее количество мужских и женских тел. И соответственно этому одна душа, разделившаяся на две части, дробится на большое количество мужских и женских душ. Так они продвигаются вперед.

– **Но ведь Адам как духовный объект составлял одну душу. Душа одна?**

– Вначале одна. Затем она разделяется на две составные: мужскую и женскую. Каждая из этих частей делится еще на много-много своих частей. В мире семь миллиардов людей: примерно 60 процентов – женщины и 40 процентов – мужчины.

Человек обязан жениться. Адам – мужское свойство, которое не может развиваться без женского. Женское свойство, с одной стороны, привязано и полностью зависит от мужского, потому что оно – свойство получения и может получить наполнение свыше и вообще жизнь только через мужскую часть. Но, с другой стороны, мужская часть, какой бы она ни казалась независимой и самодостаточной, без женской части не может существовать. В нашем мире мы видим, что мужчина без женщины не может себя обустроить, никак не может продвинуться.

– **Мы даже видим, что мужчина управляем женщиной.**

– Он управляем женщиной. Он достигает чего-то в нашем мире только потому, что женщина его подталкивает, понукает, как бы выталкивая из дома. И ему приходится идти вперед. Если бы этого не было, он так бы и играл в свои игрушки всю жизнь и не продвигался вперед.

– **А женщина?**

— Поскольку она как бы выделена из человека, то любая женская часть мироздания, человечества получает своё питание от мужской части.

Девять десятых из всего, что у нее есть, женщина готова отдать мужчине, чтобы принадлежать ему. И только одну десятую часть оставить себе, — настолько она наполняется тем, что соединяется с мужчиной. А мужская часть при соединении с женской наполняет только одну десятую часть. Таким образом, женщина наполняется на 90 процентов, а мужчина – всего лишь на 10. Это, к сожалению, и создаёт такой перекос в отношениях мужчин и женщин в нашем мире.

Если мы понимаем и используем это состояние, то на самом деле раскрываем правильную зависимость между нами. И видим, что здесь со стороны природы – Творца (это одно и то же) – нет никакого неравновесия. Ведь именно благодаря этому кажущемуся неравновесию мы можем правильно дополнять друг друга и идти вперед.

Если бы они остались в райском саду, то остались бы двумя недорослями, даже не понимающими, что они подобны маленьким детям, ничего собой не представляющими. Рвали бы яблочки да груши…

— **Ни о чем не заботились бы, не страдали...**

— У тебя проблема – главное, чтобы страданий не было. А о развитии мы не говорим?

Если бы женщина не раскрыла эгоизм, то Адам так и остался бы маленьким и находился бы как во сне, он даже не проснулся бы.

— **Разве это плохо? Сейчас масса людей желает находиться во сне! Просто спать, не чувствовать страданий, которые наваливаются.**

– Нет пути обратно. Мы находимся в программе, которая запущена природой и обязаны прийти к своему совершенному состоянию. Все действия природы целенаправленны, обязательны, они заранее заданы и просчитаны – все находится внутри нас.

Нам сегодня говорят, что человек крадет, потому что у него ген такой. Он наркоман или алкоголик, убийца или, наоборот, праведник – это все проявление нашей внутренней предрасположенности. Точно также наше движение вперед, все наше развитие предначертано заранее, в нас заложено, и мы только выполняем программу.

Причем, мы не только должны понять, осознать эту программу, но и наилучшим легким, быстрым способом ее реализовать.

– То есть пойти перед страданиями? Не ждать, пока они нас подгонят?

– Нет, не ждать.

ОСТАВЛЯЕТ ЧЕЛОВЕК ОТЦА СВОЕГО И МАТЬ СВОЮ

– **Продолжаем читать:**

/23/ И СКАЗАЛ ЧЕЛОВЕК: «НА ЭТОТ РАЗ – ЭТО СУТЬ ОТ СУТИ МОЕЙ И ПЛОТЬ ОТ ПЛОТИ МОЕЙ; ОНА НАРЕЧЕНА БУДЕТ ЖЕНОЮ, ИБО ОТ МУЖА ВЗЯТА ОНА». /24/ ПОЭТОМУ ОСТАВИТ ЧЕЛОВЕК ОТЦА СВОЕГО И МАТЬ СВОЮ...

– То есть высшие силы, которые его создали, они и разделили человека на две части: на Адама и Хаву.

Глава «В начале»

/24/ …И ПРИЛЕПИТСЯ К ЖЕНЕ СВОЕЙ, И ОНИ СТАНОВЯТСЯ ОДНОЙ ПЛОТЬЮ.

Тут уже зависит от человека, как он это сделает: может ли он в нашем мире создать в себе правильный союз между своим эгоизмом, с одной стороны, и устремлением вперед – с другой, чтобы в итоге получилось единое целое.

Когда все его эгоистические свойства начинают работать на отдачу, он устремляется вперед и поднимается над нашим миром.

– Получается, эгоизм – это как бензин для машины: ты его используешь, и машина движется, да?

– Конечно. Даже и в нашем мире, если женщина не создавала бы дом, уют, не рожала бы детей, не готовила, не стирала, не убирала, мы до сих пор оставались бы в пещерах.

– Итак, я, читающий Пятикнижие, начинаю ощущать, что во мне есть две силы: мужчина и женщина.

– Да. Ты их разделяешь.

– Я разделяю эти силы?

– Если ты занимаешься внутренней работой, внутренним самоанализом, то начинаешь разделять себя на разные силы, на две четкие части.

– Но пока это одна плоть?

– Нет, это уже две части. Правильно комбинируя их между собой, ты начинаешь создавать свое следующее состояние – рожаешь детей.

– Мы уже говорили, что они обнаружили себя нагими и не стыдились до поры.

– Еще не раскрылся эгоизм, они еще не сравнивают себя с высшей силой, которой должны уподобиться. Скрытие от высшей силы еще не возбуждает в них свойство отличия от высшей силы, которое называется стыд. Стыд не от того, что мы нагие, а стыд от того, что мой эгоизм работает во мне в абсолютно раскрытом виде, и я этого даже не ощущаю.

Следующая ступень – я обнаруживаю свой эгоизм и начинаю ощущать его как зло. Но для этого мне надо иметь какой-то эталон – добро.

– Отсюда появляется относительность: человек относительно Творца. И если нет совпадения, то испытывает стыд, как некий ущерб, недостаточность?

– Стыд – это осознание нашего эгоистического ничтожества, осознание того, насколько мы эгоисты, насколько мы желаем подмять под себя весь мир, использовать его ради своих мелких маленьких наполнений. Человек вообще ничего не стыдится. Дай Бог, чтобы мы сами и все человечество ощутило стыд.

– Ощутило, что в нем есть эгоизм?

– Да, ощутило, что ради своего мимолетного наслаждения я готов пожертвовать всем миром. Причем, для меня это даже не пожертвование, более того, я наслаждаюсь, если использую других. В моем естестве ничего больше нет.

– Почему у животных нет стыда?

– Они не подходят к миру с намерением насладиться им. Они выполняют программу творения. Любое животное использует мир ровно настолько, сколько ему необходимо для существования. В то время как человеку этого недостаточно, ему надо больше и больше, пока он не поглотит весь мир.

– **Животное берет лишь то, что ему нужно для поддержания жизни. А человек использует других ради услаждения своего эгоизма?**

– Да. Например, подавляя других, чувствует себя комфортно, ощущает свое превосходство. Лев, съедая газель, не думает о том, что делает плохо или хорошо. Он должен получить свои двадцать килограммов белковой пищи.

– **А человек, используя другого?**

– Он внутренне его использует, ему необходимо подчинение, ему надо извлечь это более высокое наслаждение.

– **Мы уже говорили о змее. И все-таки, змей действует через женщину?**

– Да, через какое-то минимальное желание наслаждаться, получать, воспринимать, двигаться, расширяться и так далее. Человеку, Адаму, было достаточно райского сада. А она желает развиваться дальше. И к этому началу в человеке – желанию развития – возникает и начинает прибавляться эгоистическое желание.

Допустим, я хочу устроиться в нашем мире, делаю что-то хорошо. И сразу же начинаю в себе обнаруживать: этого я могу использовать, другого – подавить, третьего могу обмануть или заставить, а у четвертого я лучше украду, и так далее.

– **Когда говорится о Древе познания добра и зла, к чему змей подталкивает нас?**

– Есть отношение к миру, когда ты можешь «есть любые плоды» – наслаждаться плодами действий своих, когда ты вместе со всеми людьми участвуешь в нормальной человеческой жизни: вы общаетесь, обмениваетесь продуктами своего труда. Так, как это было в древнем человеческом, примитивном обществе.

– **Это значит – я ем от всех деревьев?**

– Да, все живут одной коммуной, всё общее, все помогают друг другу. Когда развивается эгоизм, проявляется змей, начинается борьба за власть, за средства к существованию, за использование всех остальных, когда человек хочет большего, чем ему необходимо для жизни.

«Со всех деревьев вам можно вкушать» означает: нормально существуйте на животном уровне. «Только с этого дерева нельзя». А почему нельзя?

– **Змей говорит?**

– Да. Потому что, наоборот, когда вы вкусите это, вы поймете, вы будете на уровне Творца. И, на самом деле, он прав. Огромное наслаждение, полученное от этого эгоизма, именуемого Змеем, возбуждает человека, «заводит» его. Он начинает испытывать огромное наслаждение от того, чтобы руководить, управлять, понукать, подавлять и так далее.

– **Жить в соответствии со змеем?**

– Да. Если у меня просто есть желание, но я еще не знаю, что это такое, то его можно считать начальным желанием к какому-то наслаждению. И поэтому здесь еще нет ничего запретного. И первый раз, когда я вкушаю с Древа познания добра и зла, то я только начинаю развивать в себе это желание.

Допустим, ты мне даешь какой-то вкусный кусочек, а я даже не знаю, что это. Я смотрю на него, а ты говоришь:

«Просто умопомрачительно вкусно». Я пробую, потому что знаю, что по аналогии с твоим наслаждением, и я получу удовольствие.

Вкушение первый раз не является нарушением, но оно дает мне ощущение наслаждения. Я хочу только после того, как первый раз попробовал. Вот теперь я действительно хочу! Второй раз это действие уже считается грехом. Я поймал вкус этого. Теперь я могу или удержать себя, или нет – это уже моя борьба. А первый раз – нет.

– Это очень важно.
– Это всегда так в нашей жизни.

– **Он вкушает это потрясающее наслаждение. После первого раза человек может остановиться?**
– Если заранее подготовлена и лежит рядом с ним «палка» – общество в виде порицания, наказания или чего-то другого.

– **Удар по рукам?**
– Нет, удар по рукам, как правило, не помогает. Вместо этого наслаждения – эгоистического получения – человеку надо показать, что он выиграет намного больше в ином применении того эгоизма, который в нем сейчас зародился.

– **Если он стремится к отдаче и к любви?**
– Да. Но это надо показать ему. Иначе как он взвесит одно против другого? Иначе он удержать себя не сможет.

– **Собственно, об этом и говорится в Пятикнижии, в Торе?**
– Да.

– Как отдачу предпочесть получению?

– Во внутренней борьбе с самим собой человек продвигается вперед, пока не достигает уровня Творца.

Поэтому Тора так и называется. Слово Тора происходит от слова *ораа* – руководство. Инструкция.

– Еще *ораá* – это свет, от слова *ор*.

– Свет, потому что движение происходит посредством света – свойства, несущего наслаждение.

– И снова вопрос о змее: как змей действует в обществе?

– Эгоизм, этот змей, начинает наполняться действительно огромным наслаждением, выше животного, то есть человеческим, общественным. И при этом, конечно, возникают в человеке огромные возможности развиваться самому и развивать свою цивилизацию. Тут происходит выход из древнего общества на уровень, когда начинаются всевозможные сравнения, разделение людей, подавление одних другими. В общем, начинается борьба.

– Это начало борьбы?

– Это начало развития человека, когда он вступает в борьбу.

БОРЬБА ПРОДОЛЖАЕТСЯ

– Мы по-прежнему в райском саду. Уже появился змей. И женщина соблазнила мужчину. И они поели плодов Древа в центре сада – согрешили. Обнаружили свой эгоизм – обнажились?

— В человеке существует просто эгоизм. Это свойство сначала работает на отдачу и называется Адам. От него отделяется вторая часть эгоизма, которая называется Хава.

— Это я начинаю ощущать, читая эту книгу?

— Да. Изучение внутреннего содержания Торы – каббалы – приводит к ощущению, что я состою из двух частей. Во мне эти две части начинают сталкиваться друг с другом. Я должен научиться правильно соединять их между собой, как свои две основные базисные силы, с помощью которых могу двигаться вперед.

— Одна без другой не может существовать?

— В нашем мире все построено на двух силах: плюс – минус, север – юг, свет – тьма и так далее. Одно не может без другого, как в атоме, как в любой материи все построено на валентности, на сопоставлении противоположностей.

— Когда человек начинает ощущать змея в сердце?

— Змей появляется по мере развития в человеке этих двух частей. Вдруг в эгоистической части начинает ощущаться следующая ее развивающаяся часть, которая говорит о том, что есть еще более высокий эгоизм. Он толкает человека на то, чтобы использовать других для своей пользы. Не просто использовать окружающих для своего минимального, прожиточного минимума и этим удовлетвориться и жить в согласии с остальными, а для того, чтобы использовать их: подавлять, потому что мне это приятно; обманывать, потому что у меня от этого может быть больше денег; и так далее. То есть использовать окружающих, ставить себя выше их.

– Это во мне говорит змей?

– Это во мне говорит змей. Но это еще только начало. В человеке появляется такое свойство, и он должен его осознать, увидеть, как оно работает. Об этом и говорится во вкушении плода райского сада. Не просто плодов, а именно плода Древа познания добра и зла.

До этого момента человек даже не знает, что такое добро и что такое зло. Он не может оценить свой эгоизм как зло, он думает о нем, что это – хорошо. Чем больший я эгоист, тем большего я достигаю: я могу быть большим ученым, я могу быть большим руководителем, я могу быть богатым и так далее. А человек с малым эгоизмом удовлетворяется маленьким и остается таким же маленьким. Эгоизм может быть оценен как добро, а может быть оценен как зло. Если я возвышаюсь над эгоизмом и смотрю на него с другой стороны: что при этом я давлю других, получаю от других, использую других, обманываю других. Хорошо это или плохо? Как оценить?

С нашей общечеловеческой точки зрения, эгоизм – это хорошо.

– Прогресс.

– Весь прогресс, все люди, которые руководят: банкиры, руководители, бизнесмены, политики – все они дошли до больших постов благодаря своему большому эгоизму. Значит, эгоизм – это хорошо, с одной стороны.

С другой стороны, можно сопоставить себя с высшей силой природы, которая построена только на отдаче и любви. Все существует только благодаря соединению, взаимному влиянию, взаимной поддержке, как части нашего тела: сердце работает на все тело, легкие, печень, селезенка, мозг – каждый орган работает в тесном взаимодействии с другими на пользу всего организма.

Никто не делает ничего ради себя, все действуют только на благо всего организма. Даже не так, что один служит другому, допустим, сердце – печени, печень – легким и так далее – все работают на весь организм, на всю систему.

– **На гармонию.**

– На гармонию, да. Если я начинаю думать об общечеловеческой гармонии, о вселенской гармонии, об общей силе природы (назови ее Творец или Природа – не имеет значения), тогда я начинаю оценивать свой эгоизм как зло.

– **А что предсказывает змей?**

– Древо познания добра и зла мне показывает, почему раньше я ощущал себя хорошим с самым большим эгоизмом, а сегодня я должен ощутить себя плохим с тем же самым большим эгоизмом.

Древо познания добра и зла – это на самом деле то, что и предсказывает змей. Он говорит: «Раскроются ваши глаза. Вы увидите, что значит добро и зло на самом деле». Потому что до сих пор вы существовали, может быть, в том же эгоизме, но вы не ощущали, что он плох. А сейчас вы входите на следующую ступень. И поэтому Древо называется Древом знания, познания добра и зла.

– **И снова тот же вопрос: что такое змей? Это добро или зло?**

– Змей – это огромная эгоистическая сила, которая приводит человека к своему отрицанию. О чем говорит материалистический закон «отрицания отрицания»? Что мы не можем двигаться вперед, если не стоим на данной ступени, не отрицаем ее. Именно благодаря тому, что мы ее отрицаем, мы начинаем строить следующую ступень.

Предыдущее, благодаря своему отрицанию, становится как бы трамплином к следующей ступени. Это – змей. И этот змей помогает нам все время подниматься до уровня Творца. Поэтому и говорится, что «создал Я женщину, как помощь против тебя». С одной стороны, помощь, но с другой – она как бы против. Все зависит от того, как мы будем это использовать.

– **Этому есть аналогия в физическом мире?**

– Так же и в нашем мире мужчина и женщина. В нашем мире мы не можем правильно восполнять друг друга. Всегда все построено на подавлении. Женщина готова отдать за связь с мужчиной 9/10 частей, мужчина – только 1/10 часть. Так заложено в нашей природе.

Но если они связаны между собой общей целью, то не важно, сколько частей они отдают друг другу. Они не могут друг без друга! Они обязаны стать единым целым, чтобы рожать – строить следующую ступень, подниматься на нее. В гармонии, то есть в использовании 9/10 и 1/10 части, они обязаны строить следующую ступень – десять десятых.

– **Когда крепкий брак получается? Он крепок, когда есть эта цель?**

– Мы входим в общий кризис. Когда мы начнем правильно его использовать, реализовывать, то я уверен, что все сломанные браки, все разводы, расколы в семьях, что, кстати, является одним из показателей кризиса, начнут соединяться между собой уже в правильном соединении.

Потому что появится высшая сила, ради которой можно действовать и которая будет их скреплять.

– Это ощущение должно быть между мужем и женой?

– Не только в браке, но и между всеми людьми в мире. Мы находимся в состоянии, когда понимаем, что обязаны быть связанными. А кто нас свяжет? Кто приподнимет нас над нашим эгоизмом, чтобы связать? Я не доверяю тебе, он не доверяет ему, и так далее. Банки не доверяют друг другу, люди не доверяют один другому. Мы ощутили свою разобщенность. И раньше она была, но она была на животном уровне, и поэтому мы могли что-то сделать. А теперь мы приподнялись на следующий уровень, раскрыли змея между собой и уже не можем соединиться. Здесь нам нужна, необходима высшая сила.

ОСОЗНАНИЕ ДОБРА И ЗЛА

– **Ощущение, что есть закон любви, нас соединяющий, – это и есть та сила?**

– Да. Это и есть осознание добра и зла.

– **Как же человеку понять, что есть закон любви?**

– Он должен дальше развивать свой эгоизм, но уже во вкушении запретного плода. Этот запретный плод и содержится в каббале. Человек возбуждает на себя высший свет. Высший свет начинает обрисовывать его внутренний эгоизм, его внутренние состояния в правильном виде, относительно себя. И на фоне этого белого света человек начинает, наконец-то, видеть себя черным змеем.

– **Это можно представить, как фонарик, опущенный в темноту? Появился свет и оказалось, что во-**

круг темнота была. И за этим светом он начинает двигаться?

– Да.

– **В райском саду Адам и Хава были наги и не стеснялись. После вкушения плода от Древа познания добра и зла устыдились. Почему?**

– Узнали однозначно, что они на самом деле эгоисты. Наги относительно высшей силы. Нагие, обнаженные – это значит, что нет у них противодействия своему эгоизму. Они должны как бы одеться, чтобы защититься от него. Они должны использовать эгоизм с целью отдачи, подобно высшей силе природы.

Человек должен включиться в гармонию, во всю природу путем общей взаимосвязи со всей системой человечества и со всей системой природы. И эта моя связь с другими является альтруистической: отдача, любовь – это одеяние на мой эгоизм, я использую его для связи с другими.

Адам и Хава обнаружили, что у них нет этого одеяния, и поэтому устыдились. Стыд – необходимое свойство для того, чтобы развиваться дальше.

Представьте себе, если бы у нас даже на нашем уровне не было стыда. Мы были бы еще хуже, чем животные, – мы и так хуже, в принципе, но и оставались бы такими.

– **Когда говорят человеку, что ты бесстыден, что нет у тебя стыда?**

– Так говорится о человеке относительно каких-то общечеловеческих установок, ценностей, которые постоянно меняются. И он может возразить:

«Да, нет стыда. Ну, и что ты мне сделаешь? Попробуй!». А в большинстве случаев ты и сказать ему не сможешь – побоишься.

Но если раскрывается тебе относительно Творца, света, что ты абсолютный эгоист, что ты живешь ради использования других, и это против всей природы, тогда, конечно, возникает в человеке чувство абсолютного стыда, то есть не относительно других, а стыда относительно Абсолюта.

КТО ЖЕ СОЗДАЛ ЗЛО ВО МНЕ?

– Я ощущаю, что я наг и стыжусь этого?

– Да. Возникает стыд. И этот стыд является силой, мотивом, который движет человеком.

– Я начинаю ощущать, что есть отдача, и это очень хорошо, а есть я – полный эгоист, и поэтому я стыжусь.

– Ты противоположен на этом этапе. Но затем из этого стыда постепенно рождается понимание, как действовать дальше. Сам я действовать не могу. Я абсолютный эгоист! Я нахожусь в таком состоянии, что во мне абсолютно ничего невозможно изменить. Это называется осознанием зла. Если человек достигает осознания зла, находится внутри осознания зла, он начинает спрашивать: «Кто же создал зло во мне?».

Тогда он обнаруживает Творца. И говорится уже о том, что Творец создал им одеяния. И он обращается к Творцу, но в жуткой претензии к Нему: «Почему же я такой?!». И находит свою одежду.

– **Относительно голоса Творца и ответа Адама... Что это за голос, который спрашивает?..**

– «Где ты?». Творец – общая сила природы, отдачи и любви спрашивает человека: «Кто ты? Как ты себя обнаруживаешь?». И человек отвечает: «Я обнаружил себя нагим (эгоистом)».

Он обвиняет Творца: «Ты мне дал». Он раскрывает, на самом деле, всю цепочку причинно-следственных явлений, которые в нем произошли, и каким образом он достиг своего состояния осознания зла.

Но все это и раньше было в человеке, просто он развился до такой степени, что обнаружил это в себе сейчас.

– **И в результате – проклятие, каждому из действующих лиц – своё.**

– Человеку объясняется свойство его окончательного, конечного эгоизма. Это свойство, которое лежит в основе всего мироздания. Это то, на чем базируется вся природа.

– **Что это за состояние: «Творец Всесильный проклял змея во мне»?**

– Обнаруживается свойство, которое абсолютно противоположно Творцу.

– **Что такое проклятие?**

– Проклятие – это самое последнее конечное свойство, которое никак не может достичь Творца. Не в силах человека, на самом деле, совладать со своим эгоизмом и сделать с ним что-то доброе, хорошее.

– **Поэтому Он и говорит змею, что «будешь ты ползать по земле и никогда от нее не поднимешься»...**

– Никогда. И все остальные твои части, то есть и Хава, и Адам, будут связаны вместе с тобой. И все вы прокляты, и земля проклята, и все творение проклято, то есть обнаружили проклятие – полную противоположность Творцу.

– **Человек по природе эгоистичен. Правильно?**

– Сейчас раскрылся абсолютно полный эгоизм в человеке: я со всеми эгоистическими спектрами внутри себя, со всеми своими желаниями от мала до велика, и я полностью противоположен Творцу. Это раскрылось во мне. С этого, можно сказать, и начинается творение. Поэтому так и называется: «В начале». Это – начало творения.

Мы должны прийти к отчаянию.

– **Почему я не отчаиваюсь? Я проклят: змей во мне. Почему человек не отчаивается?**

– Отчаяние необходимо. Именно из этого ощущения конечного эгоизма и начинается путь наверх.

В таком состоянии и на каждой ступени, когда достигаешь своего последнего, окончательного, абсолютно разочарованного, абсолютно безнадежного состояния, тебе открывается вход в следующее состояние, в следующее измерение.

– **Человек должен дойти до тупика? Должен?**

– Да. Но он должен не бояться этого тупика и толкать себя к нему вопреки здравому эгоистическому смыслу, вопреки нашему разуму и всем нашим мыслям, нашему опыту, нашим представлениям, что мы, якобы, что-то значим и понимаем. Человек должен толкать себя к тупику.

– **Мы с Вами говорили, что чтение Пятикнижия – это ступени, по которым мы продвигаемся. И таких сту-**

пеней много. И что же? В конце каждой ступени мы должны прийти к отчаянию?

– Да. И только тогда мы выходим на следующую ступень.

Эти разочарования постоянно преследуют человека, который поднимается по ступеням, и он заранее должен быть готов к ним.

– **Когда я прихожу к отчаянию, каковы мои действия?**

– Ты каждый раз раскрываешь конечный эгоизм, только все глубже и глубже. Ты его раскрываешь, то есть уходишь к нему, к левой линии, в большее отчаяние, в большую тьму. А оттуда идешь направо и достигаешь какого-то постижения Творца. Древо познания добра и зла – из зла идет познание добра: еще большее зло постигаешь – еще большее добро постигаешь, и так постоянно. Так ты расширяешься до бесконечности.

– **Что человек хочет? Когда он находится в тупике, что в нем происходит? Отчаяние – это крик, просьба?**

– Он убеждается, что он сам не может ничего сделать, и что в таком состоянии невозможно оставаться, и никто не может ему помочь. И тут он видит, что помощь есть, она приходит к нему со стороны самого света. Потому что свет и создал этот эгоизм. Только надо достичь самого конца эгоизма, и там, с обратной стороны, ты увидишь свет, который этот эгоизм держит. Специально поддерживает его для того, чтобы он существовал, и чтобы ты достиг его дна.

– **Надежда – это и есть раскрытие следующей ступени?**

– Да!

– И дальше как? Возникает ощущение счастья?

– И снова после счастья постепенно, как обычно, приходит состояние отчаяния.

– Да, из этого состоит вся наша жизнь.

/15/ И ВРАЖДУ ПОЛОЖУ МЕЖДУ ТОБОЮ И МЕЖДУ ЖЕНОЮ, И МЕЖДУ ПОТОМСТВОМ ТВОИМ И ПОТОМСТВОМ ЕЕ...

– Вы не сможете между собой гармонично взаимодействовать, чтобы продолжать нормально развиваться.

Только в поисках, в огромных страданиях, в анализе своих состояний и свойств, в их правильном синтезе между собой ты сможешь постепенно начать понимать, кто ты такой, и как достигать следующей ступени.

Это придет вопреки твоему эгоистическому развитию, вопреки твоей эгоистической внутренней программе, которая будет толкать тебя только на получение. Потому что Адам, тем самым, как бы отдался во власть Хавы и во власть змея. И здесь получается, что мужчина уже перестает быть мужчиной, отдающим. Он находится под властью левых свойств.

– Подвластен жене и змею.

– Да. И только они толкают его вперед. Именно поэтому он продвигается вперед и, в итоге, тянет за собой и исправляет их. Ведь все исправление лежит на мужчине. А вся, так сказать, толчковая работа – на женщине, на змее.

– Почему говорится, что и потомство тоже будет проклято?

– Все, что от них произойдет, порождено эгоизмом и будет, естественно, эгоистическим. И только в итоге этого постепенного эгоистического развития они придут к осознанию зла и достигнут исправления и гармонии со всем творением.

– **Дальше написана очень странная вещь.**

– Сказано: «Проклята из-за тебя вся земля», – то есть и неживая, и растительная, и животная природа прокляты из-за человека. Прокляты все, поскольку они ниже человека, зависят от него.

Это свойства: неживой, растительный, животный и человеческий уровни эгоизма, которые находятся внутри человека, – и вокруг нас, то, что мы ощущаем.

И ОН БУДЕТ ВЛАСТВОВАТЬ НАД ТОБОЮ

– **Дальше написана фраза, которая, с нашей человеческой точки зрения, и есть настоящее проклятие.**

/16/ А ЖЕНЕ СКАЗАЛ: «ОЧЕНЬ УМНОЖУ СКОРБЬ ТВОЮ ПРИ БЕРЕМЕННОСТИ ТВОЕЙ; СО СКОРБЬЮ РОЖАТЬ БУДЕШЬ ДЕТЕЙ»…

– Да. Здесь рассказывается о четкой реализации эгоизма в его нормальном виде. Рождение следующей ступени происходит в жутких муках.

Каждое следующее духовное постижение исходит из жутких мук и очень тяжелых поисков, под воздействием отрицательных сил природы, которые толкают нас к развитию в течение всей истории.

В муках вы будете продвигаться, в муках будет развиваться все человечество. И детей будете рожать в муках, то есть следующие ступени будут рождаться в постоянной борьбе, во всевозможных революциях, в войнах.

Мужская часть должна вести вперед все человечество, должна быть ближе к Творцу, постигать связь с Творцом, но вместо этого она будет впитывать эгоизм от женской части для того, чтобы властвовать над ней. Когда мужская часть отдает, тогда она действует в гармонии с природой. Если она связана с эгоизмом, тогда действует, наоборот, во зло природе.

– **Можете привести пример?**

– Например, ребенок берет у тебя что-то, и ты видишь, что его действия не осознанные: ему интересно – он взял. В этом случае мы даже не обижаемся. А если взрослый человек крутится вокруг, якобы, ради тебя, а на самом деле для того, чтобы что-то от тебя получить? То есть он использует свойство отдачи, как бы завлекая тебя, чтобы получить от тебя еще больше.

Мужская часть свойства отдачи использует себя для того, чтобы снаружи показать, что, якобы, я – ради тебя, и мы – вместе. Но на самом деле для того, чтобы эгоистически захватить еще больше. Мужская часть становится еще хуже, чем была раньше, потому что внутри нее сидит этот здоровый змей – эгоизм.

– **Это напоминает мне политиков, которые говорят: «Я все делаю во благо стране, на благо народу».**

– Да. Таково все общение между людьми. Мы всегда относимся к людям как бы положительно, предупредительно только лишь для того, чтобы извлечь какую-то пользу для себя. Это и называется «отдача ради получения», не просто получение, а я отдаю для того, чтобы еще больше получить. Здесь происходит слияние Адама с Хавой, и, таким образом, Адам становится действующим эгоистом.

— **Больше на стороне жены и змея?**

«...И К МУЖУ ТВОЕМУ ВЛЕЧЕНИЕ ТВОЕ, И ОН БУДЕТ ВЛАСТВОВАТЬ НАД ТОБОЮ».

— «Он будет властвовать над тобой», то есть еще больше будет использовать этот эгоизм.

/17/ А АДАМУ СКАЗАЛ: «ЗА ТО, ЧТО ТЫ ПОСЛУШАЛСЯ ГОЛОСА ЖЕНЫ ТВОЕЙ И ЕЛ ОТ ДЕРЕВА, О КОТОРОМ Я ЗАПОВЕДАЛ ТЕБЕ»...

Присоединился к эгоизму, хотя в тебе его изначально не было — «из праха ты вышел и в прах возвратишься».

Далее написано:

«...СКАЗАВ: НЕ ЕШЬ ОТ НЕГО, ПРОКЛЯТА ИЗ-ЗА ТЕБЯ ЗЕМЛЯ; СО СКОРБЬЮ БУДЕШЬ ПИТАТЬСЯ ОТ НЕЕ ВСЕ ДНИ ЖИЗНИ ТВОЕЙ... /18/ И ПИТАТЬСЯ БУДЕШЬ ПОЛЕВОЙ ТРАВОЮ. /19/ В ПОТЕ ЛИЦА ТВОЕГО ЕСТЬ БУДЕШЬ ХЛЕБ, ДОКОЛЕ НЕ ВОЗВРАТИШЬСЯ В ЗЕМЛЮ, ИБО ИЗ НЕЕ ТЫ ВЗЯТ, ИБО ТЫ ПРАХ И В ПРАХ ВОЗВРАТИШЬСЯ».

— Тут есть много всевозможных внутренних эгоистических определений: земля и прах. Абсолютный, конечный эгоизм, который невозможно исправить, — это прах: из праха ничего не растет.

— **Что значит, «из праха ты вышел и в прах возвратишься»?**

— Самое конечное состояние творения — это прах. Прах — то, из чего нельзя ничего сделать, из него ничего не растет. Там не содержится никаких минералов, никаких жизненных соков.

Сейчас эгоизм раскрылся, и человек должен полностью исследовать все свое эгоистическое нутро. Он должен разделить его на то, что он может исправить, и на то, что не может. И все это ему начинает раскрываться.

– Но раскрытие было еще в райском саду?

– Когда он был поднят до уровня отдачи и альтруизма. Затем к этому уровню – уровню отдачи и альтруизма – эгоизм постепенно присоединил Хаву, змея, яблоко с Древа познания добра и зла.

Человек обнаружил огромный эгоизм на уровне райского сада и упал с него на самый низкий уровень – на уровень эгоизма нашего мира[6]. Это называется «изгнанием из рая…». И вот мы существуем внутри нашего огромного эгоизма.

– Наш мир можно представить как прах?

– Если мы так определяем его. Есть люди, которые определяют его иначе, считают, что он полон наслаждений, света, всяких возможностей.

– Сегодня все больше и больше о прахе говорят.

– Значит, мы находимся в начале нашего общечеловеческого духовного развития, чтобы приподняться выше этого праха!

– Итак, мы покидаем райский сад. Адам и Хава изгоняются из райского сада. Вы говорили уже, что и райский сад, и падения из него – это всё происходит в одном человеке.

---

[6] Наш мир – ощущение только собственного «я».

— Ну, конечно. Это же произошло не с какими-то людьми, которые вдруг упали с неба на нашу землю и не разбились.

Адам, Хава, другие персонажи, о которых рассказывает нам Вечная Книга, — это свойства, существующие внутри нас, снизошедшие в наше сегодняшнее состояние с духовных высших уровней, где они работали на отдачу, на любовь: от себя — другим. Такое состояние называется рай.

— Рай — это когда человек чувствует, что он свободен от эгоизма?

— Да. Мы даже не представляем себе этого состояния, как ребенок, рожденный в тюрьме, не может представить, что за ее стенами есть что-то еще.

Мы все живем в тюрьме, в клетке нашего собственного эгоизма, которому подчиняемся, даже не понимая, что мы абсолютно подневольны.

Пятикнижие рассказывает о том, что мы произошли из совершенно других свойств, из другого мира, из скрытой от нас части мироздания и упали в эту часть мироздания.

Но это не физическое падение, а качественное — падение по свойствам. Наши свойства абсолютно перевернулись. Из этой инверсии произошли мы сегодняшние, поэтому это состояние называется падением или изгнанием из рая.

Куда? На эту жестокую землю, в наши эгоистические желания. Земля — арец, от слова рацон — желание. Сегодняшнее существование ощущается нами в эгоистических желаниях, которые, постоянно развиваясь, должны привести нас к пониманию, что невозможно находиться в них дальше. Тогда мы захотим избавиться от них.

— **Как можно отказаться от лучшего и получить худшее?**

— Говорится о свойствах: еще нет человека, его тела, нет состояния, которое можно назвать «этот мир» — наш мир, который нам кажется таким.

Созданное Творцом желание, когда оно находится в свойстве отдачи, ощущает себя и Творца, то есть себя и наполнение высшим светом. А когда меняет свое свойство отдачи и любви на эгоистическое потребление, на всасывание внутрь себя, становится подобно «черным дырам» в физическом мире.

Как только это созданное огромное желание из отдающего, подобного Творцу, стало получающим, всасывающим в себя, оно сразу же ощутило себя в состоянии, называемом «наш мир» или «ад». И вся великолепная картина мироздания — я с Творцом в бесконечном свете — обратилась в замкнутую микрокартинку нашей Вселенной, нашего мира и всех нас на этой маленькой планетке. Все, таким образом, представляется нам в испорченном эгоистическом желании.

Если это желание снова инверсно изменится на отдачу и любовь (я надеюсь, это скоро должно произойти с нами), то ощущение нашего существования в телах на планете Земля, в этой Вселенной исчезнет, и мы снова ощутим себя существующими в свете Творца. Вместо ада мы ощутим рай.

— **Мы уже начали дорогу обратно к свету?**

— Конечно. Она началась, практически, с нашего зарождения здесь, то есть с того момента, когда желание изменилось, и мы стали ощущать себя существующими в нашем мире. Начиная с этого состояния, мы все время идем вперед.

— Мы возвращаемся к лучшему состоянию?

— Вначале мы должны ощутить наше сегодняшнее состояние самым порочным. Тогда поневоле мы захотим выйти из него любыми путями и выскочим из него, то есть изменим наши свойства на отдающие. И вместо ада ощутим рай. Таким образом, изменится все восприятие Вселенной, и мы увидим совершенно иную картину: вместо нашего мира предстанет мир Бесконечности.

— **Я продолжу читать.**

/23/ И ВЫСЛАЛ ЕГО ТВОРЕЦ ВСЕСИЛЬНЫЙ ИЗ САДА ЭДЕНА, ЧТОБЫ ВОЗДЕЛЫВАТЬ ЗЕМЛЮ, ИЗ КОТОРОЙ ОН ВЗЯТ. /24/ И ИЗГНАЛ ЧЕЛОВЕКА, И ПОСТАВИЛ К ВОСТОКУ ОТ САДА ЭДЕНА КРУВИМ[7] (АНГЕЛОВ) И ПЛАМЕННЫЙ МЕЧ, ВРАЩАЮЩИЙСЯ ДЛЯ ОХРАНЕНИЯ ПУТИ К ДЕРЕВУ ЖИЗНИ.

— **Что значит: «изгнал» и «чтобы возделывать землю, из которой он взят»?**

— Это значит — изменять желание. Самому прийти к такому состоянию, когда он будет вынужден изменить свои желания на обратные, на отдачу. Земля — это желание (на иврите *áрец, рацóн* — желание).

— **Он изгнан, чтобы начать исправляться?**

— Да, чтобы постичь свое настоящее состояние и пожелать того состояния, в котором он был рядом с Творцом. Но для того, чтобы пожелать его, чтобы использовать его

---

[7] *Крувим* (ивр.) — соответствует русскому — херувим — упоминаемое в Библии крылатое небесное существо. В библейском представлении о небесных существах, вместе с серафимами являются самыми близкими к Божеству; второй, следующий после серафимов, ангельский чин.

верно и на всю мощь, человек должен оценить его из противоположного состояния.

– **Постичь это желание, как самое плохое?**

– Наше сегодняшнее – да.

– **У ворот райского сада стоят некие силы, которые на иврите называются** *крувим* – **ангелы с огненным мечом, чтобы охранять Древо жизни. Почему его надо охранять?**

– Потому что все наслаждения рая человек желает получить, не изменив себя, в аду – внутри своего эгоизма. Как бы вобрать в себя. Чтобы такого не случилось, стоит особое свойство, особое препятствие на пути. И только тот, кто на самом деле может инверсно изменить себя – отсечь от себя эгоизм (намерение ради себя), тот проходит через ангела – через эту силу, через это условие. Ты обязан (нет другого условия!) отсечь от себя намерение ради себя.

И тогда с тем же желанием, но только без намерения ради себя, ты входишь в новое состояние – состояние райского сада, в состояние отдачи. Ты начинаешь получать намерение отдачи на свое прошлое желание и таким образом ощущать все в обратном свете, в свете отдачи. Ты ощущаешь это все не в себе, маленьком, замкнутом, ограниченном, а вне себя – в состоянии абсолютно открытом, бесконечном.

– **Какова роль крувим?**

– Это силы, которые помогают человеку отсечь свои эгоистические намерения в каждом данном случае (есть разные виды сил) и обрести альтруистическое намерение.

— **Эти силы есть в человеке?**

— Нет, они внешние относительно него. Человеку надо пожелать, чтобы они в нем сработали.

— **Это хорошо, что есть такая охрана райского сада?**

— Не хорошо и не плохо. Когда человек приближается к этому состоянию, он желает, чтобы эта сила произвела в нем такое исправление.

РОЖДЕНИЕ КАИНА И ЭВЕЛЯ[8]

…И ПОЗНАЛ ЧЕЛОВЕК ХАВУ, ЖЕНУ СВОЮ, И ОНА ЗАЧАЛА И РОДИЛА КАИНА, И СКАЗАЛА: «ОБРЕЛА Я ЧЕЛОВЕКА С ТВОРЦОМ». 2. И ЕЩЕ РОДИЛА БРАТА ЕГО ЭВЕЛЯ, И БЫЛ ЭВЕЛЬ ПАСТУХОМ ОВЕЦ, А КАИН БЫЛ ЗЕМЛЕДЕЛЬЦЕМ

— **Что означает: «Обрела я человека с Творцом»?**

— «Обрела я человека с Творцом» – невозможно зачать или породить только в эгоистическом желании. Оно лишь всасывает в себя и нечего не отдаёт наружу. Порождение чего-то нового основано на двух желаниях: на желании впитывать в себя и на желании отдавать из себя. Например, плюс – минус, давление – разряжение, тепло – холод – всевозможные соединения между двумя противоположностями порождают следующие состояния.

Просто желание – мертвая земля, прах – не в состоянии ничего породить. Нужно добавить к состоянию

---

[8] Эвель (ивр.) – соответствует русскому – Авель – в Библии второй сын Адама, убитый своим братом Каином из зависти за то, что жертвоприношение Авеля было принято Богом более благосклонно.

намерения только ради себя намерение ради кого-то или чего-то. Это и есть порождение. Я должен кого-то родить, беспокоиться, думать о нем. В нашем мире это можно сравнить с отношением матери к ребенку, которое мы рассматриваем как состояние любви, отдачи.

Свойство отдачи изначально заложено в человеке от Творца, и он начинает понемногу его развивать. Все развитие человечества – это, практически, постепенное движение к свойству отдачи, когда человек начинает понимать, что оно на самом деле лучше, чем его первородное эгоистическое свойство.

– Вы говорили в предыдущих беседах, что жена дала дополнительный эгоизм Адаму, и он стал мужем, но именно она может родить – значит, обладает бо́льшим свойством отдачи?

– Женщина может родить только от мужчины. В ней существует свойство получения благодаря тому, что мужская часть соединяется с нею.

Мы помним, что речь идет не о женщине и мужчине нашего мира, а о двух свойствах: женщина – это свойство получения, мужчина – это свойство отдачи. Только если они могут соединиться вместе, они смогут произвести из себя следующую ступень. Это уже свойство отдачи и свойство получения, находящиеся в некоем симбиозе, конструктивном соединении, которое представляет собой продвижение к большему познанию, постижению, к развитию.

Эвель пасет стада, Каин работает на земле.

– Что такое появление во мне двух свойств – Каин и Эвель? Почему один – пастух, а другой – земледелец?

— Противоположные свойства. Это разные свойства, которые говорят о разных ступенях развития: земледелец еще находится на ступени растительного, пастух – уже на ступени животного. Они начинают постепенно работать между растительным и животным состоянием, в растительном и животном желании, порождать всевозможные новые свойства и, таким образом, развиваться от неживого к растительному, потом – к животному, а от него – к человеку. Такой путь развития должен пройти каждый из нас.

/3/ И БЫЛО, СПУСТЯ НЕКОТОРОЕ ВРЕМЯ, ПРИНЕС КАИН ОТ ПЛОДОВ ЗЕМЛИ ДАР ТВОРЦУ. 4. А ЭВЕЛЬ ПРИНЕС ТАКЖЕ ОТ ПЕРВОРОДНЫХ ОВЕЦ И ОТ ЖИРНЫХ ИХ; И БЛАГОВОЛИЛ ТВОРЕЦ К ЭВЕЛЮ И К ДАРУ ЕГО; 5. А К КАИНУ И К ДАРУ ЕГО НЕ БЛАГОВОЛИЛ, И ОЧЕНЬ ДОСАДНО СТАЛО КАИНУ И ПОНИКЛО ЛИЦО ЕГО.

— Для чего нужно возбуждать эту вражду?

— Для приближения к Творцу необходимы свойства более продвинутые. Будучи на животном уровне развития, правильно используя его, человек находится ближе к свойству отдачи, нежели на растительном уровне развития. Внутри нас существуют неодушевленный, растительный, животный уровни желаний – эгоистические свойства, которые развиваются все больше и больше.

— Как можно представить животные свойства в нас?

— Лучше всего представить, что все наши желания делятся на уровни: неживой, растительный и животный. Животный уровень желаний – самый эгоистический на нашем земном уровне. Когда человек использует свой животный эгоизм на отдачу, это называется «принести жертвы Творцу», то есть я жертвую самыми главными для меня желаниями ради того, чтобы уподобиться Творцу. Жертва – это сближение с Творцом. Жертва – на иврите *курба́н*, от слова *каро́в* – сближение, приближение. Если я могу сблизиться с Творцом, исправляя самые эгоистические свойства, это более высокий уровень, чем использование свойств растительного уровня во мне, поэтому сказано, что Творец благоволил к Эвелю, а не к Каину.

– Жертвоприношение означает принесение в жертву кусочка эгоизма, чтобы приблизиться к свойству отдачи, к Творцу?

– Да. В Пятикнижии иносказательно говорится об этом: о принесении всевозможных жертв из плодов земли, из животных и так далее.

/6/ И СКАЗАЛ ТВОРЕЦ КАИНУ: «ОТЧЕГО ДОСАДНО ТЕБЕ И ОТЧЕГО ПОНИКЛО ЛИЦО ТВОЕ? /7/ ВЕДЬ ЕСЛИ КЛОНИШЬСЯ К ДОБРУ, ТО ПРОСТИТСЯ ТЕБЕ, ЕСЛИ ЖЕ НЕ КЛОНИШЬСЯ К ДОБРУ, ТО У ДВЕРИ ГРЕХ ЛЕЖИТ, И К ТЕБЕ ВЛЕЧЕНИЕ ЕГО; ТЫ ЖЕ ДОЛЖЕН ВЛАСТВОВАТЬ НАД НИМ».

– Ты находишься на растительной (серединной) ступени между неживым и животным желанием. Если ты стремишься вперед, то твое желание разовьется до животного уровня, и ты сможешь приносить свои плоды на таком же высоком уровне, как и Эвель. Если же не стремишься, то можешь повернуть назад. Ты находишься в состоянии, в котором не можешь быть уверен, что идешь правильным путем, – ты только начинаешь.

Это промежуточное состояние, и есть путь в обе стороны. «У двери грех лежит» – смотри, не споткнись на нем, то есть ты можешь вдруг выйти из правильного направления. И, действительно, так получается.

– **Каин может властвовать над этим состоянием?**

– И да, и нет. Я не хочу запутывать наших читателей. Мы пытаемся правильно объяснить Пятикнижие, но на самом минимальном уровне. И здесь, как ребенку, надо давать всего понемножку. К сожалению, это непросто рассказать.

В принципе, чтобы идти вперед, человеку необходимо каждый раз ошибаться, спотыкаться, совершать грех. Только после этого, видя результат, исправлять его и снова оступаться, входить в грех и снова исправлять его. Как сказано, «нет праведника в мире, который бы не оступился, а затем, исправив себя, стал бы праведником».

– **Получается, что, по-настоящему, грешен тот, кто не чувствует, что он грешен?**

– Да. На самом деле у него закрыты пути.

Здесь, как всегда, говорится о двух свойствах, по которым мы развиваемся: Эвель – свойство отдачи, и Каин – свойство получения. Одно желание Адама и Хавы разделяется на два: свойство Каина и свойство Эвеля, и они должны существовать и развиваться параллельно.

МЫ СТАНОВИМСЯ КАИНАМИ

8. И ЗАМЫСЛИЛ КАИН ПРОТИВ ЭВЕЛЯ, БРАТА СВОЕГО, И КОГДА ОНИ БЫЛИ В ПОЛЕ…

– Что значит – «замыслил»? Он желает то, что получил Эвель: взять свет, который получил Эвель, исправив свои свойства на близкие к Творцу. То есть Каин – более низкое желание в человеке – желает использовать этот свет ради себя.

Допустим, что с помощью учебы, с помощью своего развития, я постиг какие-то новые интересные законы. Это желание во мне называется Эвель. А потом у меня возникает желание использовать это ради себя или даже во вред другим, допустим, атомную энергию или что-то другое. Если я использую это ради себя во зло другим – это свойство Каина.

Достижение идет за счет расширения, за счет свойства отдачи, которое есть в нас от Творца. Неживая природа не может ничего породить, если в ней не существует искры света Творца, свойства отдачи, свойства расширения. Затем, используя это свойство, подарок свыше, ради себя, мы становимся Каинами.

– Я еще раз прочту:

8. И ЗАМЫСЛИЛ КАИН ПРОТИВ ЭВЕЛЯ, БРАТА СВОЕГО, И КОГДА ОНИ БЫЛИ В ПОЛЕ, ВОССТАЛ КАИН НА ЭВЕЛЯ, БРАТА СВОЕГО, И УБИЛ ЕГО.

Это первый случай убийства. Что такое – «убил брата»?

– «Убил брата» – это значит, свойство, которое заключалось в отдаче, теперь использовано Каином ради себя. Убил Эвеля – свойство отдачи, добра, любви использовал для себя, ради собственного наполнения.

Это называется «отдача ради получения» – использование духовного свойства, хорошего по своей сути, ради собственного эгоизма, ради того, чтобы возвыситься над другими.

– Далее идет «первое расследование», и следователь – Творец.

9. И СКАЗАЛ ТВОРЕЦ КАИНУ: «ГДЕ ЭВЕЛЬ, БРАТ ТВОЙ?» А ОН СКАЗАЛ: «НЕ ЗНАЮ; РАЗВЕ СТОРОЖ Я БРАТУ МОЕМУ?» 10. И СКАЗАЛ ОН: «ЧТО СДЕЛАЛ ТЫ? ГОЛОС КРОВИ БРАТА ТВОЕГО ВОПИЕТ КО МНЕ ИЗ ЗЕМЛИ».

– Эгоистическое свойство, называемое Каин, начало применять свойство отдачи ради себя. Тем самым оно низвело его до свойства крови (*дам*), до неживого свойства. *Дам* – кровь, *домэ́м* – неживое.

«Вопиет из земли» – свойство отдачи сейчас находится в подчинении у эгоистического желания, что называется, вопиет оттуда. Но это необходимо для развития, конечно же. Мы не можем рассуждать, как дети: «Как это Творец не знал, что они убьют друг друга?».

Это не сказки, которые рисуются людям на их уровне развития. Нам надо понимать, что это – свойства творения, которые существуют в нас, что говорится только о природе человека и о том, что он должен с нею сделать.

– «Разве сторож я брату моему?», «голос крови брата вопиет...», – эти фразы разошлись по миру и стали крылатыми, и сейчас многие их используют.

– Люди продолжают применять их, трактуя, как им удобнее. Не зря Каин их произносит. И мы, как следствие греха Каина, тоже говорим их.

– **Каин хочет большей связи с Творцом, чем Эвель?**

– Да, но за счет другого. Надо понимать, что это естественный путь развития. И эти Каины в нас и вне нас не исчезнут до тех пор, пока мы не раскроем всю природу человека и не захотим приподняться над ней.

Нужно всегда все сводить к первоначальным исходным свойствам человека. И тогда мы на самом деле узнаем, о чем говорит Пятикнижие. Она обращается только к человеку, к тому, что в тебе, внутри, что ты должен сделать, чтобы стать человеком, Адамом, подобным Творцу.

КАЖДОЕ СЛОВО – СОСТОЯНИЕ

– Для этого мы и разбираем главы Торы? Это удивительно, но вокруг каждого слова этой книги выстраивается целый рассказ, и чем дальше мы продвигаемся – с каждой частью все интересней.

– Конечно. Ведь каждое слово здесь основано на входе в явление, которое оно описывает, и на выходе из него.

Существует четыре уровня познания внутреннего содержания слова: таамим, некудот, тагин и отиёт. И только последний уровень, отиёт, называется буквой. На иврите название *отиёт* происходит от слова «знак». Причем, это не просто знак. Это символ, который во внешнем виде показывает нам три внутренних его состояния: таамим, некудот и тагин.

Слово *таами́м* переводится как вкусы. Это сам свет. Когда ты постигаешь смысл букв – отиет, ты его ощущаешь. Это свет постижения, свет вхождения в какое-то состояние.

И есть свет выхода из этого состояния, исходящий свет, он называется огласовки – *некудо́т*. И еще один вид света: память от вкусов – *таги́н*.

Это разные состояния, они имеют противоположные направления. Как будто я куда-то вхожу, а затем выхожу. Или знакомлюсь с кем-то и расстаюсь.

– Как будто я ощутил что-то, и у меня остался от этого вкус?

– Да, такие перепады между приближением и отдалением строят в нас всевозможные следствия этого контакта. Все они, собранные вместе, одновременно с познанием того свойства, с которым я контактировал, называются знаком, символом или буквой.

Когда я постепенно вхожу в какое-то состояние, то вход и выход из него образуют последовательность связанных между собой букв. Они называются словом.

Человек не может в полной мере ощутить и понять какое-то явление, если только не проходит четыре этапа вхождения в это состояние, а затем не выходит из него. Это строит в нем ощущение полного контакта и понимания, полной связи с духовным явлением.

– Я вхожу в какое-то состояние, все больше его постигаю и выхожу?

– Каждое слово в Пятикнижии – это вход и выход из каких-то состояний. В итоге, посредством библейских слов, входов и выходов, ты строишь в себе впечатление. Причем, ты изменяешь себя под эти слова.

Ты не можешь познакомиться с каким-то явлением, если не развил в себе определенное свойство и его понимание, то есть чувство и разум для постижения, для связи с этим явлением. В результате, при чтении всех библейских слов – от начала Торы и до конца – ты проходишь состояния, которые полностью тебя исправляют. И в результате становишься равным Творцу.

ГЛАВА «В НАЧАЛЕ»

«ВЕЧНЫМ СКИТАЛЬЦЕМ БУДЕШЬ ТЫ НА ЗЕМЛЕ»

– **Продолжаем читать главу «В начале».** О Каине: /11/ И НЫНЕ ТЫ ПРОКЛЯТ ОТ ЗЕМЛИ, КОТОРАЯ ОТВЕРЗЛА УСТА СВОИ, ЧТОБЫ ПРИНЯТЬ КРОВЬ БРАТА ТВОЕГО ОТ РУКИ ТВОЕЙ. /12/ КОГДА БУДЕШЬ ВОЗДЕЛЫВАТЬ ЗЕМЛЮ, ОНА БОЛЕЕ НЕ ДАСТ ТЕБЕ СИЛЫ СВОЕЙ; ВЕЧНЫМ СКИТАЛЬЦЕМ БУДЕШЬ ТЫ НА ЗЕМЛЕ». /13/ И СКАЗАЛ КАИН ТВОРЦУ: «ВЕЛИКА ВИНА МОЯ, НЕПРОСТИТЕЛЬНА».

– «Вечным скитальцем будешь ты на земле».

– **Тоже крылатая фраза.**

– Желанием человека будет поиск, как насладиться хоть чем-то. Будет что-то отдавать и что-то получать за это и снова отдавать и получать. Будет использовать свойства Эвеля для себя, для Каина, и не понимать, что никогда не сможет удовлетворить свое эгоистическое желание.

Мы находимся в таком состоянии и по сей день – все время бежим за разными наслаждениями. Не заканчивая одно, уже думаем: «А что будет потом? А в следующий раз?».

Вся наша жизнь проходит в таких страданиях, в таком проклятии. Каждый раз бегство за новыми наслаждениями. Человек заранее понимает бесплодность своих усилий. А куда деться?! Не ощущая хоть какую-то микродозу удовольствия, я чувствую пустоту жизни.

И отсюда наше сегодняшнее состояние: наркотики, депрессия, отрешение от жизни. Так происходит постижение состояния «скиталец». Зачем скитаться по этой земле, в этом бесплодном желании? Слово земля (на иврите *áрец*), имеет еще одно значение: *рацóн* – желание. Это желание ненасытно, я его никогда не наполню. Наше поколение уже начинает искать выход из этого состояния.

КОГДА ПРИХОДИТ АНГЕЛ СМЕРТИ

– **Читаем далее:**

/15/ И СКАЗАЛ ЕМУ ТВОРЕЦ: «ПРИ ВСЕМ ЭТОМ, ВСЯКОМУ, КТО УБЬЕТ КАИНА, ОТОМСТИТСЯ ВСЕМЕРО». И ДАЛ ТВОРЕЦ КАИНУ ЗНАМЕНИЕ, ЧТОБЫ НЕ УБИЛ ЕГО ВСЯКИЙ, КТО БЫ НИ ВСТРЕТИЛ ЕГО.

Каина нельзя убить?

– Кто может его убить? Никого же больше нет! Так иносказательно Тора говорит человеку о развитии его внутренних свойств. Человек постепенно раскрывает всю мощь единственной силы, управляющей им, – Каина. Он должен понять максимально глубоко, до конца, что это свойство полностью уничтожает его, отделяет от чего-то лучшего, высшего.

Это свойство будет присутствовать в человеке до тех пор, пока всеми силами мы не устремимся выйти из него. Мы должны увидеть, что этот Каин убивает нас.

Об этом говорится в древней притче примерно того же времени. Человек настолько нуждается в толике жизни, что даже когда к нему приходит ангел смерти и протягивает меч, на конце которого находится капелька яда, несущая в себе микродозу наслаждения, он не в состоянии отказаться. Он хочет, обязан почувствовать эту капельку «жизни». И сам раскрывает рот, принимая ее. Так человек умирает. И не может ничего сделать.

Все время, всю жизнь, мы идем навстречу смерти, зная, что в итоге ничего кроме разочарования не получим. Но сейчас у меня эта микродоза есть – я украду, потом немного наслажусь, а дальше…. И знаю, что будет плохо, но не могу себя остановить. Это и есть состояние истинного проклятия.

– И снова я в тупике. Каждое слово главы «В начале» очень сильное.

– В книге, которая называется «Тикуней Зоар», существует толкование понятия «В начале» (*ивр.* БЕРЕШИТ) – первого слова Торы. Вся книга построена, как комментарий к этому слову.

Авторы этой книги раскрывают нам силы, действующие в творении, показывают их правильное использование. Это как бы лестница, нисходящая к нам из духовного мира. Первое слово в Торе – «В начале» – и есть та первая ступень лестницы, по которой человек начинает подниматься. Главное для нас – правильно понять устройство, природу этой первой ступени. Потом все последующие ступени уже станут ясными. Самое главное – первая ступень.

– Зачем великие каббалисты так подробно растолковали нам слово «В начале»?

– Они показали нам разницу между ступенью, на которой находимся мы, и первой духовной ступенью. Человек не представляет себе, как он должен измениться.

Как можно объяснить находящемуся в утробе зародышу, что существует иной мир? В нем живут люди, много людей. Они между собой общаются, понимают друг друга, страдают, радуются. На своём уровне во время пребывания в организме матери зародыш имеет всё необходимое. Как ему понять, что существует ещё что-то?

Мы находимся в состоянии, еще более отсеченном от духовного, чем зародыш от этого мира. Потом зародыш тоже станет человеком, просто сейчас уровень его развития считается «неживым». Сам он не существует, его жизнь поддерживается с помощью высшего организма – матери. Затем он будет проходить дальнейшие ступени своего развития, но все они выстроены по одной прямой линии.

А человек имеет свойства, противоположные духовному миру. Чтобы взойти на первую духовную ступень, мы должны изменить свои свойства на абсолютно противоположные.

Мы должны поменять все свои плюсы на минусы. Изменить сознание, все решения с ради себя на ради отдачи, ради других. Мы должны полюбить ближнего, как себя.

Слово «В начале» (ивр. *берешит*) раскрывает нам свойства первой ступени лестницы, восходящей к Творцу. Отличия от нас сегодняшних, существующие на этой ступени, самые трудные для понимания и освоения. Очень важно хоть как-то приблизить человека к такому осознанию.

Все последующие уровни уже подобны друг другу, там происходит простое накопление знаний о новом мире. Мы как бы вовлекаемся в чудесное путешествие. То, что ты увидишь, осознаешь и впитаешь на последующих ступенях, будет происходить по уже известным законам.

ГЛАВА «В НАЧАЛЕ»

СВОЙСТВА ОТДАЧИ В ЭТОМ МИРЕ НЕТ

– **Не раз мы слышали, как о ком-то говорят: «Это высоко духовный человек». Получается, что в нашем мире все слова и понятия о том, что такое духовное, неверны?**

– Духовный мир построен на свойстве отдачи, а мы не то, что не знаем, мы даже не представляем себе, что это такое.

Человек начинает видеть духовный мир только в своих исправленных свойствах. Мы раскрываем новую реальность в нашем устремлении к другим, когда отсекаем свое «я» и собственное благополучие от своих действий.

– **Вы говорите, духовное – это то, что мы постигаем в свойстве отдачи, а не в свойстве получения?**

– Именно так, то есть духовный мир проявляется не во мне, а в моем ощущении других. В них я начинаю чувствовать то мироздание, которое сейчас для меня скрыто. Если мы меняем свое восприятие с эгоистического на противоположное, то начинаем ощущать мир таким, какой он есть. И этот мир называется Высшим.

– **Продолжим читать.**

/15/ И СКАЗАЛ ЕМУ ТВОРЕЦ: «ПРИ ВСЕМ ЭТОМ, ВСЯКОМУ, КТО УБЬЕТ КАИНА, ОТОМСТИТСЯ ВСЕМЕРО».

– Так создаются условия для осознания человеком своего самого низкого состояния. Когда человек во всей глубине раскроет в себе свойство Каина, начнется подъем. Но прежде мы обязаны спуститься до ада.

– **Итак, происходит наше нисхождение – появляется человечество.**

«И познал Каин жену свою, и она зачала и родила Ханоха[9]. И родился у Ханоха Ирад, а Ирад родил Мыхияэйля[10]...», – и так далее.

Один из них – кузнец, второй – землепашец, третий – пастух. О чем здесь говорится?

– Нам рассказывают о том, каким образом человеку нужно использовать свои свойства для исправления эгоистических желаний.

Работа человека над собой в этом мире называется «работа на Творца» (*Аводáт аШéм*). В ней очень много разновидностей и свойств, как в нашем мире, в котором есть кузнецы, землепашцы, пастухи и т.д. В Торе говорится о том, как надо правильно использовать каждое из данных тебе свойств.

– **В Торе написано, что люди жили до 900 лет и более. Как это понять?**

– Имеются в виду уровни развития, постижения человеком его духовных ступеней. В Пятикнижии говорится только о высоких духовных ступенях, о продвижении человека в сторону отдачи, о его исправлениях в отраженном свете. Они измеряются годами. После потопа, например, возраст человека сократился.

– **Каббалисты, читающие Пятикнижие, напрямую понимают, о чем говорится, без перевода с языка каббалы на язык чувств?**

---

[9] *Ханох* (иврит) – соответствует русскому Енох – в Библии старший сын Каина, построивший город, названный его именем.

[10] *Мыхияэйль* (иврит) – соответствует русскому Мехиаель.

– Конечно. Эта святая книга говорит только о тех духовных качествах, которые человек может создать в себе для сближения с Творцом. В этом ее ценность.

– Продолжим чтение. Мы подошли к рассказу о Ноахе и читаем последнюю фразу из главы «В начале» /32/ И БЫЛО НОАХУ ПЯТЬСОТ ЛЕТ, /5/ И УВИДЕЛ ТВОРЕЦ, ЧТО ВЕЛИКО ЗЛО ЧЕЛОВЕКА НА ЗЕМЛЕ, И ЧТО ВЕСЬ ОБРАЗ МЫСЛЕЙ СЕРДЦА ЕГО ЗОЛ ВО ВСЯКОЕ ВРЕМЯ. /6/ И РАСКАЯЛСЯ ТВОРЕЦ, ЧТО СОЗДАЛ ЧЕЛОВЕКА НА ЗЕМЛЕ, И СОЖАЛЕЛ В СЕРДЦЕ СВОЕМ. /7/ И СКАЗАЛ ТВОРЕЦ: «СОТРУ ЧЕЛОВЕКА, КОТОРОГО Я СОТВОРИЛ, С ЛИЦА ЗЕМЛИ, ОТ ЧЕЛОВЕКА ДО СКОТА, ДО ГАДОВ И ДО ПТИЦ НЕБЕСНЫХ; ИБО ЖАЛЕЮ Я, ЧТО СОЗДАЛ ИХ». /8/ НОАХ ЖЕ ПОНРАВИЛСЯ ТВОРЦУ.

– Творец, понимаешь ли, тоже может ошибаться. Ноах Ему понравился. А остальные все – преступники, включая даже птичек и овечек. В чем они, несчастные, виноваты? В том, что их такими создали?

Природой, или Творцом, мы сотворены с изначально запрограммированными в нас свойствами. Мы ничего не выбирали. Если у меня такие задатки, если я родился в той или иной семье, если меня неправильно воспитали, то в чем моя вина? К 20 годам я взрослею, я уже полностью сформирован родителями, воспитателями в детском саду, школой, телевидением. Не я же создал все вокруг! А меня причисляют к грешникам и решают уничтожить.

– Здесь написано: «Неожиданно увидел Творец, что велико зло человека на земле».

— Если я хочу купить стакан и вижу, что он бракованный, то смотрю на название завода-изготовителя и решаю больше не покупать его продукцию.

А тут Творец демонстрирует нам свою несостоятельность. Какая же это высшая сила? Он хуже нас! Если бы ты попросил меня создать этот мир заново, я сделал бы его намного лучше. Значит, я умнее, мудрее Творца?!

Так о ком мы говорим, в конце концов? О высшей силе или о каких-то наших измышлениях и догадках? Получается, мы не понимаем языка Торы. Ведь это Он сотворил мир плохим и, значит, должен исправить свое творение. Но происходит все наоборот. Такое поведение Творца можно считать примером для нас и образцом для создания наших законов?!

В нашем обществе все так и происходит. Человека, почти ребенка, отвратительно воспитанного, выросшего в жутком обществе, как и все остальные, решившего промышлять воровством, мы сажаем в тюрьму. Так мы понимаем справедливость. Но ведь он воспринял такое поведение от нас! А мы и дальше продолжаем его уничтожать.

— Как нам выбираться из этих состояний?

— Посмотрим, что делает Творец. Он посылает на этих несчастных потоп. И говорит: «Я вас уничтожу, потому что вы плохие». — «Почему мы плохие?». — «Потому что Я вас такими создал».

Где же здесь справедливость? Это цинизм. Где хоть какие-то угрызения совести?

Ответ очень простой. Тора, конечно, не говорит об этих событиях обычным языком. На уровне этого мира она не объясняет нам ничего.

Эта книга рассказывает о силах, действующих в человеке. Сейчас их развитие дошло до такого состояния, когда нам становится понятно, что мы нуждаемся в их очищении с помощью положительной силы, называемой «водой» или «потопом». Прежние силы должны исчезнуть, как в отрицательном, так и в положительном значении. Иначе мы не сможем развиваться дальше.

– **Что останется, если все прежнее исчезнет?**

– Посмотрим: человек в итоге своего развития, начиная от свойств, именуемых в нем Адамом и Хавой, Каином и Эвелем, доходит до уровня Ноах. Это десятая ступень в его развитии. Тора перечисляет нам десять поколений от Адама до Ноаха, символизирующих эти подуровни. Десятое поколение олицетворяет собой законченный этап развития человека.

Теперь надо взойти на следующий уровень. Он должен быть качественно иным. С помощью потопа ты очищаешь, стираешь все предыдущие состояния, уничтожаешь эгоистическое применение своих желаний и намерений, изменяешь их на противоположные. И тогда твои новые свойства входят в следующий уровень.

– **Выходит, что потоп – это не наказание? Что же это?**

– Духовная сила, названная здесь потопом, является высшим светом, светом хасадим, нисходящим на человека свыше. Под ее воздействием человек начинает ощущать в себе новые, дополнительные духовные силы. С их помощью уже на следующем уровне он поднимается до ступени Авраам.

– **Объясните, как понять, что Творец «выделяет Ноаха из всех»? Это означает, что все остальные наши свойства уничтожаются?**

— Да, кроме свойства Ноах, достигнутого человеком на самой последней ступени, после осознания всех своих предыдущих состояний и метаморфоз.

Это состояние является ключом, с помощью которого человек поднимается на следующий уровень. Все предыдущие состояния включаются в новую ступень, но уже в новом качестве, прежний способ их использования как бы стирается. И это свойство уже на следующем уровне порождает новые состояния – появляется поколение Ноаха. Говорится о том, что в состоянии Ноах ты удостаиваешься следующего уровня своего развития.

— **Каждый из нас должен пройти состояние Ноах?**

— Все те состояния, о которых говорится в Книге книг, в Торе, от начала и до конца должен пройти каждый человек. Эта книга написана для каждого из нас.

Слово «Тора» происходит от *ораá* – инструкция, указание. В этой книге представлен свод правил и указаний по изменению человека от первобытного до окончательного состояния, когда человек достигает подобия Творцу. В течение нескольких кругооборотов-изменений, человек должен произвести над собой эти исправления.

— **Человечество все ближе и ближе продвигается к этому?**

— Наше состояние в Торе не описано.

В плане духовного развития мы проходим ступени, предшествующие тем, что описаны в Торе. Мы еще не обнаружили в себе свойство Адам – человек, с которым можно начинать работу, чтобы достичь подобия Творцу.

Глава
«HOAX»

— Итак, мы подошли к главе «Ноах». В русских переводах имя Ноах произносится как Ной. В конце предыдущей главы есть такая фраза:
/8/ НОАХ ЖЕ ПОНРАВИЛСЯ ТВОРЦУ.

Что значит – понравиться Творцу?

— Хорошие или отрицательные отношения между духовными объектами определяются соответствием или дисгармонией их свойств. Ведь духовное пространство – это пространство свойств и качеств, расстояние там измеряется не в метрах или микронах. Как и люди с общими интересами, сходные объекты в духовном пространстве сближаются, а противоположные – удалены.

На том уровне развития, о котором здесь идет речь, в своем поколении Ноах был ближе всех к Творцу. Поэтому Тора и говорит нам, что он «понравился Творцу».

— **Что это за свойство Ноаха, которое может понравиться Творцу?**

— Поскольку Творец – это абсолютная отдача и любовь, то, очевидно, Ноах олицетворял собой наиболее близкое к Нему альтруистическое свойство, самое прогрессивное желание в человеке.

— **Кто сказал, что Творец – это свойство любви и отдачи? Это можно как-то почувствовать или познать?**

— Обычный человек этого не почувствует, и доказать ему ничего нельзя. Поэтому для большинства людей наука каббала оставалась тайной в течение длительного периода. Она раскрывается лишь тем, кто изменяет свои свойства и в мере подобия Творцу начинает ощущать Его. Эти люди и рассказывают нам о Творце. Остальные могут воспринимать каббалистические знания поначалу лишь как некую аксиому.

— **Значит, в начале пути человек все-таки должен во что-то поверить?**

— Каббала предлагает человеку не просто поверить, а достичь познания высокой ступени развития в своих исправленных свойствах.

Для этого нужно учиться по строго выстроенной системе, постепенно вникая в суть этой науки. Каббалисты рассказывают человеку, в чем особенность нашего мира, как и из каких элементов он сотворен, как развивался. Они объясняют, что человек создан из желаний, раскрывают, в чем заключается его свобода воли.

Если ученик продвигается, он видит присущий каббале научный подход, систему знаний, которая позволяет раскрывать мир. Человек формирует в себе новое видение всех явлений, как бы раздвигает рамки этого мира. Мир становится все более и более сложным, составным. За картиной этого мира человек начинает определять явления и силы, возбуждающие, приводящие ее в действие. Новые свойства позволяют человеку включиться в этот процесс.

— **Тогда он сам будет чувствовать, понимать и знать то, о чем говорят каббалисты?**

— Да, но для этого человек должен измениться. Физик или географ, изучая наш мир, может стать специалистом, оставаясь в рамках присущих ему естественных склонностей и желаний. Каббалист же изучает Высший мир посредством изменения своих свойств. Он становится другим, в нем возникают качества, сближающие его с Творцом.

ВОЗМОЖЕН ЛИ НАШ ДИАЛОГ С ТВОРЦОМ?

– **В своих исправленных свойствах, человек обнаруживает и Ноаха?**

– И не только. В мере подобия своих свойств духовным объектам, сближаясь с ними, человек начинает ощущать эти объекты, начинает общаться на разных уровнях с Творцом, с другими душами или творениями.

– **Значит, возможен наш диалог с Творцом?**

– С Творцом мы разговариваем не так, как общаемся друг с другом. Когда человек раскрывает в себе некое свойство, подобное Творцу, то все остальные его свойства, качества, мысли и желания начинают общаться с Ним.

– **Происходит ли при этом в человеке некий внутренний «щелчок», когда возникает понимание: «Да, слышу»?**

– Не «слышу». Это иной уровень общения: я начинаю чувствовать, понимать, осознавать, что это я. Творец не ощущается где-то вне меня. Я раскрываю лишь свое внутреннее свойство, которое олицетворяет общую силу, общее знание, общее свойство всей природы.

– **У человека в этом не остается никаких сомнений?**

– Никаких. Весь мир видится, как следствие влияния этой силы. Человеку даже непонятно, как можно воспринимать этот мир без ее ощущения. Без этой силы мир представляется ему очень ограниченным, временным и зыбким: нет даже основы для его существования.

Глава «НОАХ»

— **Если человек уже пришел к такой связи с Творцом, он больше не возвращается к обычным ощущениям, в наш мир?**

— Возвращается и очень часто, но для того, чтобы сделать «перезагрузку». Происходит постоянная смена кадров: день – ночь, и снова день – ночь. Из этих перемен складывается движение вперед. Но между различными духовными состояниями каждый раз есть разрыв, свободное пространство, отдаление от высшей силы. В эти моменты человек ощущает себя только в этом мире.

В каббале такое состояние воспринимается, как падение. Но на самом деле, это перезагрузка.

— **Ощущения человека при этом не похожи на депрессию?**

— В духовном продвижении депрессивных состояний нет. Человек заранее осознает, что входит в состояние ночи, тьмы, отрешенности, частичной потери. В такие моменты он осознает, что Высший мир и Творец есть, но сейчас он ощущает только наш мир. У человека остается впечатление от прошлого и сохраняется ощущение процесса, устремленного к будущему. И потому такое состояние называется падением из Высшего мира, но не полнейшим отключением от духовного процесса.

— **Творец уже постоянно пребывает в наших ощущениях, никуда не исчезает?**

— Да. Он или скрыт, или явен. И каждый раз в различных аспектах: больших, меньших, различных по качеству.

— **Это очень важно, что Он уже есть. У тех, кто находится в депрессии, такое ощущение отсутствует.**

— Тогда это действительно страшное состояние.

А каждое духовное состояние благое. Из тьмы человек предвкушает свет. Как при сильном голоде человек, видя перед собой вкусную трапезу, радуется аппетиту.

«И НАПОЛНИЛАСЬ ЗЕМЛЯ ЗЛОДЕЯНИЕМ»

— Продолжаем читать:

10/ И РОДИЛ НОАХ ТРЕХ СЫНОВЕЙ: ШЕМА[11], ХАМА И ЯФЕТА[12]. …12/ И УВИДЕЛ ВСЕСИЛЬНЫЙ ЗЕМЛЮ, ЧТО ВОТ: РАСТЛИЛАСЬ ОНА, ИБО ИЗВРАТИЛА ВСЯКАЯ ПЛОТЬ ПУТЬ СВОЙ НА ЗЕМЛЕ. /9 /13/ И СКАЗАЛ ВСЕСИЛЬНЫЙ НОАХУ: «КОНЕЦ ВСЯКОЙ ПЛОТИ НАСТАЛ ПРЕДО МНОЮ, ИБО ВСЯ ЗЕМЛЯ НАПОЛНИЛАСЬ НАСИЛИЕМ ОТ НИХ, И ВОТ Я ИСТРЕБЛЮ ИХ С ЗЕМЛЕЮ. /14/ СДЕЛАЙ СЕБЕ КОВЧЕГ ИЗ ДЕРЕВА ГОФЕР, С КЛЕТЯМИ СДЕЛАЙ КОВЧЕГ, И ПОКРОЙ ЕГО ВНУТРИ И СНАРУЖИ СМОЛОЙ».

О каких изменениях говорит фраза: «и родил Ноах трех сыновей»?

— Ноах поднялся на три ступени над своим предыдущим состоянием – проделал работу в правой, левой и средней линии с «сыновьями» – следующими ступенями после уровня «отец». Развиваясь, он выявил, какие из своих свойств можно отнести к хорошим качествам, а какие – к

---

[11] *Шем* (ивр.) – соответствует русскому – Сим – согласно Библии, один из трёх сыновей Ноя.

[12] *Яфет* (ивр.) – соответствует русскому – Иафет – согласно Библии, один из трёх сыновей Ноя.

плохим. В принципе, все свойства человека хорошие, но с некоторыми человек еще не может работать, не может их использовать для продвижения вперед, к отдаче. Тогда они называются плохими.

— **Об этом говорит фраза «наполнилась земля злодеяниями»?**

— Да. Мы уже говорили: земля — на иврите *áрец* (от *рацón* — желание). После анализа всех присутствующих в нем желаний Ноах выявляет и отсортировывает те, с помощью которых сможет продвинуться вперед. Из них он создает как бы особую оболочку для дальнейшей работы: «С наличием этих желаний я соглашаюсь, а с другими не работаю, как будто их во мне нет».

И одновременно раскрывает в себе порывы уничтожить, силой навязать свою волю. На самом деле, потом эти свойства можно будет использовать — нет плохих желаний. Но пока, сегодня, невозможно употребить их на благо. А позже, может быть, да.

— **Пока я их отодвигаю в сторону?**

— Да. Не использую. На каждом уровне, главное — отобрать те из желаний, которыми можно пользоваться правильно, и с ними работать. Это позволяет человеку быстро продвинуться. Вся наша работа заключается именно в том, чтобы сортировать, анализировать свои желания.

Ноах проделал такую работу и этим создал как бы ковчег. Понятие «ковчег» означает замкнутую, цельную систему желаний, качеств. Эта система позволяет человеку правильно существовать и функционировать, она направлена только на отдачу и любовь.

В таком ковчеге человек может собрать самые различные желания: и неживого, и растительного, и животного уровня – «всякой твари по паре». Все могут собраться. Человек смог заключить их в ковчег, то есть подчинить свойству отдачи и любви, а все остальные желания, эту бренную землю (*áрец*), оставить.

– **Оставить свои плохие качества?**

– Не плохие – те, которые человек пока не в состоянии исправить. Он их будет исправлять на более высоких уровнях, но именно благодаря тому, что человек входит в состояние, называемое ковчег, он спасается.

Ковчегом в каббале называется свойство, присущее уровню бины – свойству полной отдачи. Это еще не любовь – человек просто приподнимается над своим эгоизмом и не желает зависеть от него.

ЗАРОДЫШ В УТРОБЕ МАТЕРИ

– **Свойством отдачи называется первая ступень в духовном развитии человека, в его устремлении к Творцу?**

– Да, это только первое устремление человека. Оно позволяет ему оторваться от земли, как на воздушном шаре, и включиться в новую жизнь. Такое состояние можно сравнить с пребыванием зародыша в утробе матери: он тоже находится в своеобразном ковчеге.

Любой человек, желающий оторваться от прошлого и войти в будущее, проходит промежуточное состояние, называемое *убáр* – зародыш. В таком ковчеге развивается и Ноах. Он как бы рождается в новом мире, на следующей ступени. Эти состояния описываются в каббале, их должен пройти каждый человек.

ГЛАВА «НОАХ»

– **Если человек создает для себя среду из каббалистических книг, уроков и совместных занятий с учителем и товарищами, он входит в ковчег?**

– Все это – необходимые средства для строительства настоящего ковчега. Я бы сказал, что книги, учитель и окружение, которые каббалист создает вокруг себя, являются внешним фактором, удерживающим человека в правильном направлении, сохраняющем его на плаву, несмотря на различные отклонения, падения и подъемы. Главное – человек должен создать некую «сферу» из своих внутренних свойств.

– **Настоящий ковчег представляет собой соединение каббалистом внешних и внутренних факторов?**

– Да. Человек должен использовать внешнюю среду: книги, учителя, общество – для создания особой «сферы» из своих внутренних свойств. Она является настоящим ковчегом.

– **На иврите ковчег звучит, как *тейва*. Если прочесть это слово в обратном порядке, получится *байт*» (рус. дом). Есть в этом какой-то смысл?**

– Да. Но тейва – это не байт. Байт – это дом, дворец, храм, в них можно жить, трудиться, они построены руками человека и стоят на земле. Эти строения имеют твердую основу, фундамент, в отличие от ковчега они не подвержены воздействию стихийных природных сил. А тейва качается на волнах... В Торе есть описание аналогичного процесса: младенца Моше, чтобы спасти, опустили в тейва – корзинке – плыть по водам Нила.

В ковчег (*тейва*) человек входит, чтобы перейти из предыдущего состояния в новое. Он еще не овладел новой ступенью, не отыскал там землю. В ковчеге человек полностью отдается воздействию на него новой ступени, отрекается от прошлого, как бы говорит: «Я пришел очиститься, покончить с прошлым».

Так начинается процесс очищения.

– Почему ковчег разделен на отсеки?

– На четыре части разделена природа каждого желания человека. Наши желания в своем развитии проходят неживой, растительный, животный и человеческий уровни. По таким ступеням Ноах и сортирует сейчас свои желания. В ковчеге он не может работать с ними, не может сопоставить само желание с его направлением и устремлением. В каббале желание, готовое для работы со светом, называется *кли* (сосуд). Для намерения, направляющего это желание, существует термин *«маса́х»*.

Когда человек входит в ковчег, он просто берет «каждой твари по паре»: мужскую и женскую части желания – и начинается процесс очищения желаний от их эгоистической направленности. А когда появляется альтруистическое намерение, те же мужская и женская части желаний оказываются в новом состоянии после очищения.

Теперь, на новой ступени, каждое исправленное желание сможет действовать во благо.

– Можно ли каббалистическое понятие «ковчег» соотнести с понятием «душа человека»?

– Это и есть душа. Только о ней мы и говорим. Душа – это совокупность всех желаний и свойств человека. Причем, она может быть исправленной, а может быть неисправленной. До потопа она еще неисправна, но уже с желанием исправиться. Тогда Ноах все свои желания подставил под воздействие высшего света, высшей силы, полностью отдался их влиянию и так совершил переход к свойству отдачи: от эгоистического состояния к альтруистическому. Такой же процесс произошел затем и с сыновьями Яакова, когда они, выйдя из Египта, переходили через Конечное море[13].

ПРИДИ И УВИДЬ

– **Об этом рассказывает Пятикнижие (Тора):**
/17/ И Я ВОТ НАВЕДУ ПОТОП, ВОДУ НА ЗЕМЛЮ, ЧТОБЫ ИСТРЕБИТЬ ВСЯКУЮ ПЛОТЬ, В КОТОРОЙ ЕСТЬ ДУХ ЖИЗНИ, ИЗ ПОДНЕБЕСЬЯ; ВСЕ, ЧТО НА ЗЕМЛЕ, ПОГИБНЕТ. /18/ НО С ТОБОЮ ЗАКЛЮЧУ Я СОЮЗ, И ВОЙДЕШЬ В КОВЧЕГ ТЫ И СЫНОВЬЯ ТВОИ, И ЖЕНА ТВОЯ, И ЖЕНЫ СЫНОВЕЙ ТВОИХ С ТОБОЮ.
/19/ А ОТ ВСЕГО ЖИВУЩЕГО, ОТ ВСЯКОЙ ПЛОТИ, ПО ДВА ИЗ ВСЕХ ВВЕДЕШЬ В КОВЧЕГ, ЧТОБЫ ОСТАЛИСЬ ОНИ В ЖИВЫХ ВМЕСТЕ С ТОБОЮ; МУЖСКОГО ПОЛА И ЖЕНСКОГО ПУСТЬ БУДУТ ОНИ.

– Если человек действительно стремится к Творцу, к отдаче, к подъему над своим эгоистическим состоянием, то после анализа и систематизации своих желаний, свойств и качеств, он начинает понимать, как можно это сделать. Никакого голоса сверху он не слышит – человек работает со своими желаниями.

---

[13] Конечное море (ивр.) – соответствует русскому – Чермное море – словосочетание в русском переводе Библии, употребляемое для обозначения водоёма, воды которого расступились и пропустили Моисея и еврейский народ во время исхода из Египта, а затем сомкнулись и погубили войско фараона.

Слово Творец (на иврите *Борэ́*) означает — «приди и увидь» — приступи к работе над своими свойствами, обнаружь в них качество, присущее Ему, и тогда поймешь, в чем заключается твоя дальнейшая работа.

— **Почему Ноах берет с собой в тейва «от всякой плоти по два»?**

— Человек берет с собой в ковчег только ту часть желаний, с которыми может работать, собирает их вместе, а остальные оставляет, как бы отсекает их от использования. Свойства, собранные в ковчег, подразделяются на мужскую и женскую части. Мужское свойство говорит о намерении, направленности желаний. А женские части соответствуют самим желаниям. Ноах, наиболее развитое альтруистическое желание в человеке, собирает под своё устремление остальные желания, каждое с его направленностью на всех уровнях: неживом, растительном, животном. И они проходят период, называемый потопом.

— **Почему Творец истребляет все на земле именно потопом, а не сжигает, например?**

— Потоп — это исправление. Ни о чем другом, кроме исправлений, в Торе не говорится. Наказаний тоже нет. То, что нам кажется наказанием, на самом деле — исправление. А иногда не только исправление, но и вознаграждение. Мы просто не представляем себе, о чем говорит Тора: мы буквально воспринимаем рассказ о том, что потоп проходит по всей земле и губит всё существующее.

На самом деле вода символизирует свойство отдачи. Заливая всю землю, все желания человека, она как бы искореняет эгоистические желания. Это делается насильно, поскольку человек еще не в состоянии с ними работать.

Происходит так: человек выявляет, определяет в себе несколько желаний и как бы говорит: «В этих желаниях моя связь с людьми и всей природой может быть альтруистической, в них я могу настроиться на доброе отношение к ним, могу быть отдающим. А от остальных желаний я хочу избавиться, чтобы сила отдачи, сила очищения пришла свыше и умертвила их». Потоп на самом деле исправляет человека. А после него, на новой ступени, те же самые допотопные силы, но уже очищенные, человек исправляет дальше.

– **Получается, Ноах сам хочет, чтобы пришел потоп?**

– Да, конечно! На ступенях духовного развития не происходит ни одного действия свыше до тех пор, пока человек сам не пожелает, чтобы оно свершилось. Ничего!

– **Как можно этого захотеть?**

– Для этого и существуют книги, занятия с учителем и товарищами. Когда человек проникается этим окружением, он начинает видеть вокруг себя все мироздание как бы дышащим, построенным на переходах из эгоистических состояний в альтруистические. Все вокруг движется в этой динамике вперед, метаморфозы проходят по всему миру. И у человека возникает желание быть в этом процессе.

– **Пока я не проникся таким желанием, бесполезно читать книги?**

– Заставят. Иначе не получается. Каким иным способом в нашем мире человек может сам захотеть чего-то?

Я СКАЖУ СПАСИБО СТРАДАНИЯМ?

– **Почему меня надо заставлять?**
– В Торе описан такой путь. Природа, или Творец (что одно и то же), вынуждает нас, чтобы в нас возникло желание перестать быть маленькими слепыми котятами. Мы должны пожелать перейти в другое состояние. Но если мы ничего не видим, то не можем понять, что рядом есть что-то иное, и что туда, к этому состоянию, нужно двигаться.

Состояние, о котором говорится в Торе, к чему мы должны прийти, – альтруистическое. Мы не представляем, что оно для нас – благо, что оно вообще возможно. Человека вынуждают к этому только ощущением страданий в нынешнем эгоистическом состоянии.

– *Когда я вырасту, то скажу спасибо тем страданиям, которые на меня обрушились?*
– Конечно. Ты увидишь их необходимость. На самом деле, страдания не приходят свыше, а вызваны нашей инерцией. Мы уже способны приподняться на следующую духовную ступень, но, как бычок, упираемся и этим создаем противодействие между силой, направляющей к добру, и упорной силой нашего эгоизма. Антагонизм между силой динамического развития в сторону альтруизма и эгоизмом, сопротивляющимся ей, создает в итоге давление, которое ощущается нами, как страдание.

– *В этом причина любого страдания, даже самого мелкого?*
– Это причина всех страданий, какие только есть, вплоть до смерти. Неважно, какое страдание. Все они являются следствием несоответствия друг другу сил,

действующих в природе. Одни из них – силы движения – заставляют нас развиваться, другие – сопротивляются им.

– Что я должен делать, когда ощущаю страдания?

– Тебе надо выровнять скорость, с которой ты развиваешься сейчас, с той скоростью, которая от тебя требуется. Ты должен быть в гармонии с той силой, которая тебя развивает. Так нас растят, поэтому все мы – одни более, другие менее, но все страдаем. Тут ничего не поделаешь.

– Получается, я должен бежать впереди пули или, по крайней мере, двигаться с той же скоростью, что и она?

– Да, еще быстрее. Почему нет? Если ты видишь, что приближаешься к чему-то хорошему, желаемому, почему не поторопиться?

– Это прекращается, когда я перестаю бежать?

– Когда все свои желания ты включаешь в движение, присущее всей природе, и достигаешь состояния полного исправления. При этом все изменения в тебе становятся подобными альтруистической силе, ты делаешь их сам, раньше ее, ты сам определяешь свое развитие и так обнаруживаешь свою абсолютную свободу. Можно сказать, ты начинаешь диктовать Творцу, что делать.

– Диктовать Творцу?

– Так получается. Ведь ты опережаешь Его действия, решаешь, что так лучше. Теперь твое верное продвижение, твое новое состояние называется следующим поколением, потому что оно выше предыдущего и создается из исправленных свойств. Получается, что ты управляешь развитием всей природы вместо Творца. И это состояние – самое желательное для Него, о нем говорится: «Победили Меня сыновья Мои».

Как любой отец, Творец желает, чтобы его сын был более удачлив, чем Он.

Даже нам, в нашем мире это понятно. Ведь отец любит сына, гордится и наслаждается его успехами, как своими, видит в сыне своё продолжение. А Творец желает передать в руки Своих сыновей – в наши руки – управление развитием всей природы.

ВОСПРИЯТИЕ МИРА СО СТОРОНЫ ЛЮБВИ

– **Тора начинается со слова «В начале» («Берешит»), а заканчивается словом «Исраэль». То есть в начале было одно состояние, а по завершении всей Книги возникает новое: стремление к Творцу, закону абсолютной любви.**

– Я хочу дополнить: я обычно читаю эти главы в развернутом виде – читаю одновременно статьи моего учителя, РАБАШа, где он даёт пояснения самого внутреннего смысла каждой главы Торы. Пояснения настолько многогранны, что пригодны как начинающему, так и большому каббалисту. Затем я читаю «Зоар», потом – «Учение Десяти Сфирот» и статьи Бааль Сулама.

– **Это все разные уровни?**

– Совершенно разные ассоциации и уровни. У вас возникнет ощущение, что текст постепенно раскрывает картину, которая «всасывает» вас внутрь, и вы входите в многослойный мир. За этим внешним миром вы начинаете чувствовать другие составляющие, которые двигают вами. Как бы закулисно вам раскрывается идея Режиссера, единого и большого, а также, как работники сцены все устраивают и подготавливают.

Вы двигаетесь в этом мире неосознанно, ничего не понимая. И вдруг вы начинаете участвовать в движении и понимать замысел Режиссера, вместе с Ним как бы обыгрывая весь этот спектакль. Начинаете в нем участвовать, видеть всех остальных со стороны, соединяться с ними вместе. И вдруг выясняется, что эта сцена, весь замысел и все работники на сцене и за ней – все вместе участвуют в едином движении.

– **Что человек при этом начинает чувствовать, какие изменения?**

– Когда человек входит в гармонию с дыханием всей этой картины, он начинает ощущать себя в вечном движении, к которому, в общем, мы и пытаемся прийти, изучая эти главы вовсе не разумом, не анализом текстов. В наших земных органах чувств и нашим земным разумом его и невозможно произвести, потому что в тексте говорится о том, что существует вне оболочки нашего эгоизма. Так что надо настроиться на то, что мы хотим увидеть этот мир сквозным и многослойным, понять, как в нем все взаимодействует. Я думаю, что это является целью чтения недельных глав.

– **Вы говорили, что целью является возможность стать как бы наравне с этим Режиссером. Это воспринимается, как нечто фантастическое.**

– Да. Цель – увидеть, узнать, почувствовать всю эту сцену, всю эту систему, движение, замысел и соединиться с ним, то есть принять от всей души, как самое наилучшее, и участвовать в этом, то есть слиться с самим замыслом.

ПЕРВОЕ ЧУВСТВО К ТВОРЦУ

– **Продолжим разбираться в этом большом спектакле, участниками которого мы все являемся. Мы ведем разговор о Ноахе. Говорим, что Ноах олицетворяет в нас первое чувство к Творцу, как бы первый росток, первое движение к любви…**

– Да, это ступень развития человечества, когда в нем начинает возникать особое чувство к Творцу, особое раскрытие Творца, когда человек начинает понимать, что против высшей силы он должен действовать, отменяя себя, весь свой эгоизм. Не себя самого, не свое сознание, не анализ и синтез своих возможностей в познании мира – нет, я отменяю только свою эгоистическую природу, потому что она не моя. Она мне навязана специально. Если я приподнимусь над ней, у меня будут две природы: эгоистическая (получающая) и альтруистическая (отдающая). И тогда я смогу находиться в равновесии между ними. У меня будет свое «я» – «я» именно человека. Он находит это «я» в балансе между двумя силами, стоя на нем, как на острие…

– **Он балансирует между этими силами?**

– Да. Он уравновешивает их, он понимает, что они нисходят свыше: правая и левая, положительная и отрицательная – обе свыше, от Творца. А я, беря эти две силы, сочетая их в себе, делаю то, что считаю нужным, правильным и так устремляюсь вперед.

— **Именно присутствие этих двух сил дает возможность свободы моего выбора?**

— Да. А иначе у нас — только один эгоизм. Он нами управляет, и мы ничего не можем сделать сами.

Творец вообще не желает ничем управлять. Творец желает, чтобы ты перенял от Него абсолютно все бразды правления, потому и сказано, что человек должен подняться до уровня Творца. То есть он должен научиться от Него, подобно тому, как в нашем мире учатся маленькие дети. Они постепенно перенимают все у старшего поколения, становясь потом на их место. Только таким образом мы должны действовать. И потому все удары и неприятности, которые мы получаем в нашей жизни, предназначены только для того, чтобы мы научились управлять. И Ноах показывает нам начало действия этой системы.

— **Он беспрекословно идет за Творцом?**

СПАСЕНИЕ В ВОДАХ

— Нет. Он увидел, что эгоистическое отношение к действительности, все попытки использовать, приспособить ее для себя, порочны и ведут к уничтожению. Человек сам себя в итоге уничтожает. И поэтому единственное, что у него остается, — послушаться и принять этот закон — закон подъема над своим эгоизмом.

А каким образом подняться над ним? Отмени себя. Об этом говорят, кстати, многие методики, религии, психологические тренинги.

Отменить себя — это значит перестать пользоваться своей природой, которая тебе дана изначально, которая тебе навязана (навязана!) — оставь ее в покое. Посмотри, как развивается зародыш в чреве матери: он отменяет себя. Несколько килограммов чужого мяса находится в организме матери и вынуждает работать на себя весь ее организм. Представляешь?! Маленькая заноза в пальце может вызвать нагноение, боль, отторжение, весь организм работает, чтобы выкинуть ее из себя.

А человеческий зародыш – наоборот: весь организм мобилизуется ради этого плода, чтобы максимально развить его, сохранить. Почему? Потому что плод себя отменяет, он готов быть никем и поэтому получает все от матери.

– То же самое Ноах в своем ковчеге?

– Да. Он отменяет себя, он входит в этот ковчег, как плод в матку матери. Околоплодные воды окружают его, и таким образом он спасается, отменяя себя относительно своего эгоизма, не подчиняясь ему

Отменяя – это значит, возвышаясь над ним: я не хочу пользоваться этой своей природой, я хочу подняться выше нее, к другой природе. И когда у меня будут обе природы – не одна, построенная на поглощении, но и другая, построенная на отдаче, когда у меня будут две линии, как две вожжи в руках, тогда я смогу собою управлять. Иначе я неуправляем.

– Значит, первый шаг человека в духовной работе, чтобы выйти из своего эгоизма, подняться над ним – это укорениться в свойстве Бина (*има* – мать)?

– И пребывание в ней все девять месяцев! Это девять сфирот: *кéтэр, хохмá, бинá, хэ́сэд, гвурá, тифэ́рэт, нэ́цах, ход, есóд*. Человек развивается постепенно, эгоизм в нем все время увеличивается: сомнения, проблемы или, наоборот, манящие вкусы эгоистических наслаждений.

Все они специально посылаются, чтобы дать тебе возможность над ними возвыситься. Ты должен разгадать этот замысел. Играет с тобой Творец, играет с тобой природа: «А на это ты клюнешь? А в это ты пойдешь? Или этим я тебя увлеку? Я тебя заставлю заниматься этим всю жизнь, и ты забудешься...», – и так до последнего дня.

Когда человек начинает постоянно удерживать свое внимание на цели и понимать, что с ним происходит, он начинает чувствовать диалог Творца с ним. Он осознает, что Творец играет с ним, как мы играем с ребенком. Мы подсовываем ребенку не просто готовую игрушку, мы даем ему мозаику, лего, мы хотим, чтобы он собрал конструктор, сложил домик, нарисовал что-то на чистом листе. Вот так и Творец подсовывает нам все здешние проблемки.

Нам не надо решать эти проблемы. Нет! Нам надо просто разгадать замысел Творца. Потому что если бы я не понял, как я должен правильно собрать лего, то я не разгадал бы Его замысел. А мы начинаем заниматься самой вещью вместо того, чтобы связать ее с силой природы, которая желает нас подтянуть к себе, дотянуть до своего уровня. И получается, что мы остаемся в этом мире маленькими людьми, а не становимся Адамом. Адам – от слова *доме́* – подобный (Творцу).

– **Получается, что когда мне разбирают компьютер, это мне приносит не страдания, а наоборот – азарт. Я его начинаю понимать в процессе сборки?**

– Да. Но мне надо понимать, для чего я его собираю. Чтобы вся жизнь обрела совсем иной смысл. В течение каждой минуты, каждой секунды общения, что бы я ни делал, я угадываю все более внутренний слой – тот, где Режиссер ставит передо мной этот спектакль. Сквозь этот мир я все время пытаюсь Его поймать, Его ощупать, познакомиться с Ним, с Его замыслом. Когда я нахожу цель, я начинаю плыть в ней, в этом течении мысли, в замысле этого сценария, и тогда понимаю, что он написан для того, чтобы я приподнялся и вошел в него.

И когда я встаю на одну ступень с Режиссером, как Его партнер, тогда я становлюсь Человеком, равным Творцу. Я Его начинаю понимать. Я уже начинаю возражать. У меня появляются две линии. Я начинаю советоваться и советовать. Я пытаюсь раскрыть более глубокий замысел: а зачем вообще эта картина? Я теперь понимаю, что она куда-то ведет. Зачем она нужна изначально? Почему именно так? Я поднимаюсь на следующий уровень – начинаю исследовать самого Творца.

– Исследуя воздействия высшей силы на меня, я смогу почувствовать, что высшая природа – добро?

– От раскрытия этого мира – к раскрытию Творца, который управляет им, и затем ещё выше, как бы над Творцом.

И Творец заинтересован в том, чтобы мы Его исследовали, раскрыли, потому что, только видя все Его действия от начала до конца, я могу Его оправдать, я могу стать праведником.

– Оправдать цель творения, которая, как говорят каббалисты, была в том, чтобы насладить сотворенных раскрытием Творца.

– У Ноаха и было это желание – оправдать цель. Поэтому сказано: «Он был праведником в своем поколении», – то есть единственным в своем могучем эгоизме. Для этого надо быть мужчиной и, причем очень эгоистичным!

То есть я не соглашаюсь ни на что мелкое: деньги, слава, власть – нет!

Я хочу только к Нему и хочу Его понять. Я хочу убедиться в том, что Его деяния это верно и правильно. Тогда только я почувствую, что владею этой жизнью. Вот тогда и дается возможность войти в ковчег и плыть к этому состоянию.

КАЖДОЙ ТВАРИ ПО ПАРЕ

– **Ноах берет с собой «каждой твари по паре». Что это значит?**

– Каждый человек – это маленький мир, и поэтому в нем существует абсолютно все: неживая, растительная, животная и человеческая природа, которую он должен сам в себе раскрыть. Он берет в себя каждой твари по паре: положительную и отрицательную часть, дающую и получающую. Он входит в ковчег для того, чтобы начать работать с этими двумя линиями, двумя силами природы: не только с эгоистической, данной ему от рождения, но уже и с противоположной – альтруистической. Он еще не может этим владеть, он должен только начать все правильно воспринимать, поэтому и уподобляется зародышу, возникшему в чреве матери из капли семени. Вот что значит вхождение в ковчег: «каждой твари по паре» – с двумя силами.

– **Капля семени – это Ноах?**

– Да, это Ноах, это я, это будущий человек, в котором «каждой твари по паре», то есть каждой силы с ее положительными и отрицательными проявлениями в нашем мире, силы получения и отдачи. И так постепенно, работая с этими силами, он растёт, окружённый, направляемый влиянием Творца, сохраняя состояние равновесия между двумя силами. Он растит себя по средней линии между двумя силами, отменяя свой эгоизм, приподнимаясь именно так, чтобы быть в их симбиозе.

Таким образом, он должен пройти первые девять сфирот. Всего их десять, десятая — это я. Девять сфирот — это девять возможностей уже моего влияния на мир. Когда я получаю их все, я рождаюсь — выхожу из ковчега маленьким человечком, как плод выходит из чрева матери.

ДУХОВНОЕ ДОРОЖНО-ТРАНСПОРТНОЕ ПРОИСШЕСТВИЕ

— **Что такое выкидыш в духовном?**

— Это, в принципе, дорожно-транспортное происшествие. Есть такие побочные явления в духовном, когда человек посреди пути вдруг проявляет себя эгоистически, и тогда он становится посторонним телом внутри материнского организма. И материнский организм обязан выдавить его из себя.

В нашем мире, когда такое происходит, нужна операция, чистка, и это большая проблема. А в духовном так происходит для того, чтобы дать возможность человеку повторно начать свой путь. Если он останется внутри взрослого организма, внутри высшей ступени, внутри Творца (или внутри ковчега), то он примет в себя высший свет и это ему повредит, это будет подобно заражению и приведёт его к духовной смерти. Чтобы дать человеку возможность повторно начать этот путь (и такое бывает), для этого высшая сфира (его «мать») выкидывает его из себя: Творец выдавливает его из духовного мира. Человек теряет абсолютно все свои духовные качества, ощущения, озарения, контакт и проваливается снова в наш мир, как будто – бум! – упал с неба на землю.

– Это страшно после того, как он уже почувствовал что-то?

– Нет, нет. Ты его встречаешь на следующий день: «Как дела?».

«А, все это ерунда, вся эта каббала... Вот тут мне предлагают какое-то дело, то да се, бизнес, карьера, власть».

И все пошло своим путем, все духовное вдруг полностью отсекается. Он отключается абсолютно. Никаких чувств к духовному не остается, и поэтому тело работает в прежнем направлении. Мы не понимаем иногда, почему так происходит. Я вижу это на многих людях: вдруг подъем, вдруг спуск, вдруг полное отключение. И мы не можем назвать точную причину, почему с человеком так произошло. У него есть миллиарды связей с другими людьми, с их предыдущими кругооборотами жизни, завязанными на будущие кругообороты.

Это необходимо для того, чтобы вся система пришла к своему полному исправлению. И мы все находимся в этой большой системе – семь миллиардов людей.

Причем это количество может увеличиваться или уменьшаться в зависимости от эгоизма, который надо разделить на маленькие части, чтобы каждый из нас имел возможность его исправить. Если ты вселишь в меня эгоизм миллиона человек, то я просто не смогу двигаться, я окажусь в беспросветной депрессии – хоть застрелиться... Никакие наркотики не помогут. Мы видим, что сегодня даже с маленьким эгоизмом в каждом человеке весь мир пребывает в депрессии.

СЛЕДСТВИЕ КОМАНДУЕТ ПРИЧИНОЙ

– **Почему сейчас весь этот сумасшедший эгоизм определяется семью миллиардами людей, которые живут на земле?**

– Поэтому-то и есть семь миллиардов населения. Но, допустим, будет война и уничтожится миллиард или два.

Люди, испытывая большие страдания, отказываются от эгоизма: главное – выжить, эгоизм уже не тянет их к себе всевозможными излишествами, они готовы к простому нормальному существованию.

А раз эгоизм уменьшился, все успокоились, значит, не нужно такое количество населения.

Почему люди гибнут во время войны? Не потому, что бомба падает, а бомба падает потому, что эгоизм уменьшается. Следствие командует причиной. Это нам кажется, что все развивается по причинно-следственному принципу, а на самом деле конец командует началом.

– **Мы можем просчитать эти взаимосвязи, всю эту систему?**

– Нет. Это огромная система. Она подобна аналоговой системе в управлении. Мы сможем правильно относиться к миру только тогда, когда научимся относиться к нему с отдачей, с любовью. Только тогда мы будем связаны с ним правильно, положительно, ощутим и поймем эту систему.

А без чувства отдачи, любви мы не в состоянии просчитать ничего, даже самих себя.

– Но есть так много людей, пытающихся логически, своим разумом все вычислить, просчитать.

– Да, я бы сказал, что это ничтожные попытки. Они не приведут ни к чему. И человек постепенно разочаровывается в своих возможностях и видит, что мир крутится без него. На самом деле, сегодня жизнь очень быстро развеивает его иллюзии, уверенность, что с помощью точных наук, психологии, философии он приподнимается, начинает что-то понимать. Она учит нас, что в животном состоянии, управляемые природой в нашем эгоизме, мы действительно крошечные частички мироздания. Если мы можем получить новую для себя природу – природу Творца, силу отдачи против силы получения и управлять ими двумя, то над ними двумя мы можем подняться.

Сила получения и сила отдачи – силы Творца (прямая и обратная), и они обе воздействуют на нас определенным образом. Но это управляет Он. Для того чтобы я постигал и командовал, мне надо приподняться над обеими силами. В этом и заключается наша цель.

Ноах шел к этому и удостоился своего продвижения, потому что он был согласен взять «каждой твари по паре» – развивать в себе эти две силы и себя над ними.

– Творец выбрал его, потому что Ноах это свойство в человеке, которое олицетворяет первый росток любви к Творцу?

– Для меня Ноах это определенное отношение к миру, к жизни. Ты хочешь развить это чувство в себе? Ты хочешь вырастить его именно таким? Для этого ты должен войти в ковчег, чтобы весь остальной мир утонул для тебя.

Ты останешься с самим собой. Все, что есть в тебе, разовьется в течение какого-то определенного времени, после чего ты выйдешь, как бы родишься на новой ступени, в другом мире.

— **Разовьются уже существующие во мне лучшие желания — «каждой твари — по паре»?**

— Да. Они будут всегда в равновесии, и ты сможешь ими управлять.

ГЛОБАЛЬНОЕ ОЧИЩЕНИЕ ВОДОЙ

— **Читаем дальше:**

/4/ ИБО ЕЩЕ ЧЕРЕЗ СЕМЬ ДНЕЙ Я НАВЕДУ ДОЖДЬ НА ЗЕМЛЮ СОРОК ДНЕЙ И СОРОК НОЧЕЙ; И СОТРУ С ЛИЦА ЗЕМЛИ ВСЯКОЕ СУЩЕСТВО, КОТОРОЕ Я СОЗДАЛ». /5/ И СДЕЛАЛ НОАХ ВСЕ, КАК ПОВЕЛЕЛ ЕМУ БОГ. /6/ А НОАХУ БЫЛО ШЕСТЬСОТ ЛЕТ, КОГДА НАЧАЛСЯ ПОТОП И ВОДА ЗАТОПИЛА ЗЕМЛЮ.

— Не будем сейчас обращать внимание на цифры, хотя они имеют очень большое значение. Через семь дней обещан потоп.

Семь дней — это семь сфирот: хэсэд, гвура, тифэрэт, нэцах, ход, есод, малхут. Это система управления, которая должна начать работать, чтобы запустить этот процесс, эти семь дней. Затем сорок дней — сам потоп.

«Дождь с неба» — это проявление свойства бины. «На землю» — на свойство получения, на малхут. Между биной и малхут есть расстояние, которое называется «сорок дней». 40 обозначается буквой «мэм» — ם. Видите, как выглядит эта буква? Это закрытое состояние. Когда мы входим в свойство бины, то, как бы закрыты, защищены. Это называется *рéхем* — матка.

Или ковчег. Если входишь в него, на тебя воздействуют два свойства одновременно: бина и малхут. А ты находишься между ними – между небом и землей – в ковчеге, то есть внутри свойства бины.

Бина обволакивает своими водами все мироздание. То, что не может войти в ковчег, то есть в равновесие между получением и отдачей (одно – против другого), уничтожается, уходит из твоего мира. Ты с этим не можешь расти – это отходы. Это прежние эгоистические желания.

Эгоистические желания, мысли – все должно утонуть, вода это должна очистить.

– **Стать большим начальником, иметь много денег, много знать, – от всех этих желаний я очищаюсь и вхожу в свойство Бины?**

– Да. Тебе важно понять замысел творения, чтобы подняться до уровня Творца. У тебя есть такая возможность в течение этой жизни.

И снаружи, и внутри происходит взаимодействие двух противоположных сил: бина – отдающая, малхут – получающая, небо и земля. Они в потопе сливаются вместе. Нет ни неба, ни земли, – все становится водой, и в ней существует ковчег.

– **Сорок дней и сорок ночей – это сорок состояний любви и сорок состояний ненависти? Все между люблю и не люблю. Можно так сказать?**

– Да.

– **И дальше говорится, что Ноаху было 600 лет, когда начался потоп. Люди не могут понять, как это может быть.**

– Это – целая ступень. 600 – показатель совершенства ступени. Мы не говорим о годах!

Часы, дни, недели, годы жизни надо воспринимать, как чистую аллегорию.

В Торе написано, что одному было 900 лет, другому – 600, этот дал тому 100 лет своей жизни. Надо помнить, что святые книги не говорят о человеке в нашем мире и о том, что в нем происходит. События происходят в духовном мире человека, а в нашем мире только проявляются их маленькие следствия. Это значит, что каждое духовное действие имеет следствие в нашем мире, но совсем в ином масштабе.

Возьмем для примера Всемирный потоп. Возможно, событие повторилось в чем-то малом: было наводнение где-то в Месопотамии. Но это потому, что духовный корень должен низойти до нашего мира и проявиться в нем. Но не это является его задачей. Задача – воспитать человека, поднять общую душу до уровня Творца.

/17/ И БЫЛ ПОТОП НА ЗЕМЛЕ СОРОК ДНЕЙ, И УМНОЖИЛАСЬ ВОДА, И ПОНЕСЛА КОВЧЕГ, И ПОДНЯЛСЯ ОН С ЗЕМЛИ. /18/ И УСИЛИВАЛАСЬ ВОДА, И ВЕСЬМА УМНОЖИЛАСЬ НА ЗЕМЛЕ, И КОВЧЕГ ПОШЕЛ ПО ПОВЕРХНОСТИ ВОДЫ. /19/ А ВОДА УСИЛИВАЛАСЬ НА ЗЕМЛЕ ВСЕ БОЛЕЕ И БОЛЕЕ: И ПОКРЫЛИСЬ ВСЕ ВЫСОКИЕ ГОРЫ, КОТОРЫЕ ПОД ВСЕМ НЕБОМ.

– **Вот такая картина всеобщего потопа – все покрылось водой, а ковчег несется по ее поверхности. Дождь воспринимают как благо?**

– Нет, не обязательно. Смотри, какие наводнения и ураганы сегодня происходят. Любое действие, приходящее с неба, может быть для человека и к добру, и к злу.

Все зависит от того, каково направление силы, управляющей этим явлением природы: солнце и сжигает, и дарует жизнь; наводнения, штормы и ураганы убивают, но без воды нет жизни. Все в мире именно так и происходит, потому что построено на равновесии.

Наша проблема в том, что мы не управляем своей жизнью! А природа – Творец – сегодня нас к этому толкает: «Начните управлять, вы уже взрослые! Не давайте вашим мыслям и желаниям командовать вами. Пришло время понять, куда следует двигаться и самим направлять себя к цели». Для этого необходимы две силы, а нами управляет только одна – эгоистическая. Мы уже чувствуем, что дальше так продолжаться не может. Ведь мы взаимосвязаны, а ненавидим друг друга.

– Так бывает в семье, где все вынуждены жить в одной квартире вместе и в ненависти. Это просто ужас! Что делать? Куда деться?!

– Некуда. Значит, надо каким-то образом уладить наши отношения. Кроме ненависти, должна быть и любовь, чтобы они взаимно дополняли друг друга. Ничего не должно уходить. Наша эгоистическая природа остается, просто она должна уравновешиваться альтруистической природой.

Как это сделать? Это задача человека. Прежде всего, следует понять, что только с одной силой, получающей, эгоистической, отталкивающей все остальное, использующей всех для себя, мы жить больше не можем, потому что мы разрываем наш мир. Некуда нам деться с этого маленького земного шарика. Мы должны обрести еще одну силу – силу отдачи, любви, участия.

Задумываясь об этом, мы начинаем видеть, что такая возможность существует. Каббала раскрывает нам, как приобрести вторую силу, уравновесить первую и идти вперед на «двух ногах».

Потоп смывает весь эгоизм и оставляет в равновесии две силы: получающую и отдающую в человеке. Это показывает Тора, и к этому надо идти.

ВЫШЕ ЗЕМЛИ И ВЫШЕ ВОДЫ

– Здесь говорится: «Поднялся ковчег с земли и поплыл». Это значит, что поднялся над эгоизмом?

– Да, стал выше земли и выше воды. Он поднялся выше обеих сил: отдающей и получающей. Человек должен быть выше них. Он приближается к Творцу, управляя ими двумя.

– Здесь говорится: «Вода усиливалась на Земле, и исчезли горы». Что это за горы?

– Самый большой эгоизм – это гора. Горы (ивр. *арим* от *ирурим*) – это сомнения, всевозможные эгоистические проблемы. Самый большой эгоизм – это гора.

Синá – в переводе означает ненависть. Гора Синай – гора ненависти. Желание построить в Вавилоне башню до неба – тоже человеческий эгоизм.

Строя храмы на горе, люди хотят показать, что взобрались на эгоизм и там строят дом Творца. Или наоборот, спускаются в низину, чтобы представить себя нисходящими, как бы отменяющими себя.

Земля – эгоистическое свойство поглощения, но благодаря ему, с помощью воды земля способна взращивать. Если в земле существуют свойства поглощения и отдачи одновременно, то появляются ростки.

А просто гора – это эгоистическая возвышенность.

– **Согласно преданиям, Книга Зоар, раскрывающая Тору, была написана в пещере. Что за состояние – «пещера»? Укрыться в пещере – это некий вид исправления человека?**

– О-о! Пещера обладает особыми свойствами – это место в земле, где может существовать живое, человек. Это особое изначальное свойство в природе – пещера. Если бы мы знали и умели правильно находить и делать для себя пещеры, то могли бы излечиться от многих заболеваний.

– **Об Аврааме сказано, что он рос в пещере. Там есть свой особый климат?**

– Верно. Люди жили в пещерах не потому, что не могли себе что-то соорудить. Построить лачугу иногда было намного проще, чем найти пещеру. Она обладает огромной силой, которую они чувствовали. Человек нуждается в закрытом помещении. Пещера является подходящим местом для него.

– **Чем объяснить, что люди строят все более высокие небоскребы?**

– Это наш эгоизм. Манхэттен – наш сегодняшний Вавилон! Конечно, это естественное стремление эгоизма. Высотные дома олицетворяют все большую ненависть и эгоизм. Это и называется «возведем башню до неба» – Вавилонскую.

Многие серьезные ученые и медики высказывают мнение, что нехорошо жить на такой высоте, что человек, отрываясь от земли на десятки метров, теряет с ней связь. А если измерять не метрами, а локтями (приблизительно 50 см), то поднявшись всего лишь на три локтя, человек утрачивает ощущение земли. И действительно, это так.

В ПРЕДДВЕРИИ ДУХОВНОГО РОЖДЕНИЯ

– **Мы продолжаем читать главу «Ноах».**
/24/ И УСИЛИВАЛАСЬ ВОДА НА ЗЕМЛЕ СТО ПЯТЬДЕСЯТ ДНЕЙ. /1/ И ВСПОМНИЛ ВСЕСИЛЬНЫЙ О НОАХЕ, И О ВСЕХ ЗВЕРЯХ, И О ВСЕМ СКОТЕ, ЧТО С НИМ В КОВЧЕГЕ; И НАВЕЛ ВСЕСИЛЬНЫЙ ВЕТЕР НА ЗЕМЛЮ, И УНЯЛАСЬ ВОДА. /2/ И ЗАКРЫЛИСЬ ИСТОЧНИКИ БЕЗДНЫ И ОКНА НЕБЕСНЫЕ, И ПЕРЕСТАЛ ЛИТЬ ДОЖДЬ С НЕБА. /3/ И ПОШЛА НАЗАД ВОДА С ЗЕМЛИ, ИДЯ ОБРАТНО, И УБАВЛЯЛАСЬ ВОДА ПО ОКОНЧАНИИ СТА ПЯТИДЕСЯТИ ДНЕЙ.

Вдруг появился ветер, стала убывать вода. Что это за состояние в человеке?

– Закончилось смешивание двух сил, и теперь они приходят в равновесие, достигают такого состояния, когда человек может начать работать с ними самостоятельно. Поэтому он должен выйти из ковчега, из этой скорлупы, как бы родиться.

Должен родиться на Божий свет, то есть в новом мире, в новом состоянии, понимании, осознании того мироздания, где он находится, ощущая иной мир. Теперь он видит себя и все окружающее через свое новое «я» в нескольких измерениях.

Он видит, как Творец «задействует» весь мир через силу отдачи, положительную, и силу получения, отрицательную. И он уже понимает, как ими управлять. Его можно уже назвать человечком, ведь он учится у Творца, общей силы, каким образом быть подобным Ему. Сейчас он подобен новорожденному младенцу. И начинается период вскармливания.

– Что такое «всесильный ветер»?

– Это влияние ступени, которая называется «руах» – следующая духовная ступень, следующий свет, наполняющий человека, свет движения. *Ру́ах* – это ветер.

Когда он был внутри неподвижен, то просто возвышался над этими двумя силами. Сейчас с их помощью он может начать собственное движение, потому и называется ветер, хотя это еще лишь движение воздуха.

Это преддверие родов. Проходит 150 дней. И он начинает собственное движение. В гинекологии это известно.

– **Но ведь это было написано в те времена, когда еще ничего не знали.**

– Тогда – ничего. Но все развивается под воздействием высшей силы. Ученые постепенно раскрывают то, что науке еще неизвестно, но что уже существует в природе и известно каббалистам, которые изучают корни всех явлений, воздействие Творца на мир.

– **Я помню, у Вас была беседа с ученым, который занимается этими проблемами. Вы тогда ему читали «Учение Десяти Сфирот» о зарождении духовного объекта. Он вдруг сказал: «Все так и происходит. Есть стадии – 3 дня, 40 дней, 150». Для него было открытием, что в этой Книге написано то, о чем в то время врачи знать не могли.**

/4/ И СЕЛ КОВЧЕГ В СЕДЬМОМ МЕСЯЦЕ, В СЕМНАДЦАТЫЙ ДЕНЬ МЕСЯЦА, НА ГОРЫ АРАРАТ. /5/ А ВОДА ПРОДОЛЖАЛА УБЫВАТЬ ДО ДЕСЯТОГО МЕСЯЦА; В ПЕРВЫЙ ДЕНЬ ДЕСЯТОГО МЕСЯЦА ПОКАЗАЛИСЬ ВЕРШИНЫ ГОР.

РОДЫ

– Сказано, что прошли девять месяцев. В первый день десятого месяца показались вершины гор. Как бы отходят женские воды?

– Да.

– Что значит: «Сел ковчег на горы Арарат»?

– Сел на вершину. На вершину он сел после седьмого месяца. Почему это происходит в семь месяцев, объясняется в «Учении Десяти Сфирот».

Три дня прикрепления семени в матке, потом 40 дней развития плода до уровня бины. На исходе первых трех месяцев один свет входит в него, через три месяца – второй свет, еще через три месяца – третий. После того, как три света входят в плод, происходит акт рождения. Но уже после семи месяцев он считается практически готовым к жизни.

Такие же сроки описываются в медицине. Теоретически возможны случаи, когда развитие растягивается на 12 месяцев, но это особые расчеты.

– Что это за пауза наступает в состоянии человека? Такое ощущение, что все какое-то неопределенное?

– Это происходит еще во внутреннем развитии, в матери, когда в будущем человечке начинают формироваться внутренние органы и зачатки движения, но они все еще управляются матерью.

Это похоже на то, как владелец инструмента настраивает его, чтобы потом этот инструмент самостоятельно работал, управляемый кем-то. Такая настройка происходит со стороны матери. Поэтому и говорится, что после 150 суток формирование плода заканчивается и происходит его настройка перед рождением.

– Творец занимался выращиванием моего Ноаха – моего желания к Нему, альтруистического желания любви?

– С активным участием самого Ноаха.

– Но сейчас как-то вдруг – оп! – и остановка, воды сошли. Что сейчас с моим желанием происходит?

– Начинай с ним работать. Надо выйти из ковчега, разбить его.

Теперь, завершив свое внутриутробное развитие, человек должен выйти из-под власти высшего парцуфа – бины – и начать самостоятельно учиться у высшего, брать с него пример и поступать так же. Как ребенок учится на примерах взрослых и затем производит их действия сам – в этом и заключается все наше развитие.

ГОЛУБЬ И ОЛИВА

– Написано:

/11/ И ЯВИЛСЯ К НЕМУ ГОЛУБЬ В ВЕЧЕРНЕЕ ВРЕМЯ, И ВОТ ОЛИВКОВЫЙ ЛИСТ, КЛЮВОМ СОРВАННЫЙ, У НЕГО: И УЗНАЛ НОАХ, ЧТО ВОДА ПОНИЗИЛАСЬ НА ЗЕМЛЕ.

Что это за символ, который везде используют – «голубь с оливковой ветвью»?

– Это знак того, что земля обновилась, то есть эгоизм стал новым и очистился настолько, что из него начали прорастать новые ростки. Если раньше все они росли под эгоистическим давлением, то теперь, после потопа, они растут с альтруистическим направлением, и поэтому Ноах тоже может выйти.

Земля – неживая природа и растения – уже заготовлены для него. Ведь животная природа и человек находятся в ковчеге, а неживая и растительная – заготовлены для их существования. Он же не брал с собой деревья.

Оливковая веточка говорит о том, что не только неживая, но и растительная природа уже восстановились. Теперь человек и животные могут выйти и начать развиваться.

– **Почему оливковая ветвь повсюду упоминается?**

– Олива, из которой делается оливковое масло, олицетворяет высший свет – свет разума, ор хохма. Виноград – тоже свет хохма, но со стороны получения, а это – со стороны отдачи, поэтому масло горит, отдает. Таково свойство природы.

– **Поэтому и говорят, что одно из самых полезных масел – оливковое?**

– Да. Очень советую.

ВЫХОД НА СУШУ

/18/ И ВЫШЕЛ НОАХ, И СЫНОВЬЯ ЕГО, И ЖЕНА ЕГО, И ЖЕНЫ СЫНОВЕЙ ЕГО С НИМ. /19/ ВСЯКОЕ

ГЛАВА «НОАХ»

ЖИВОТНОЕ, ВСЯКОЕ ПРЕСМЫКАЮЩЕЕСЯ И ВСЯКАЯ ПТИЦА, ВСЕ ДВИЖУЩЕЕСЯ ПО ЗЕМЛЕ ПО РОДАМ СВОИМ, ВЫШЛИ ИЗ КОВЧЕГА. /20/ И ПОСТРОИЛ НОАХ ЖЕРТВЕННИК БОГУ, И ВЗЯЛ ИЗ ВСЯКОГО СКОТА ЧИСТОГО, И ИЗ ВСЯКОЙ ПТИЦЫ ЧИСТОЙ, И ПРИНЕС ЖЕРТВЫ ВСЕСОЖЖЕНИЯ НА ЖЕРТВЕННИК.

– Что это значит?

– Вышли животные, «каждой твари по паре», и вышел Ноах со всей своей семьей – тоже по паре.

– Как это соотносится с моим стремлением к отдаче?

– В нас существуют неживые, растительные, животные, человеческие желания. Мы не должны самостоятельно исправлять и спасать неживые и растительные желания – они изначально существуют. В спасении и исправлении нуждаются животные и человеческие желания.

Животные желания – это три основные потребности тела: пища, секс, семья. Человеческие желания – это стремление к богатству, славе, власти и знаниям. Это человеческие желания, построенные на жизни в обществе. Если я правильно оформляю в себе животные и человеческие желания, я начинаю возвышаться над ними в направлении духовных желаний.

– Ноах строит жертвенник Богу. Что такое жертвенник?

– Жертвенник – это анализ моих свойств, чувств, мыслей, действий, которые я привожу в порядок и понимаю, что с их помощью могу приблизиться к Творцу, стать более подобным Ему в действиях и мыслях, подняться на Его уровень. Поэтому жертва на иврите называется *корбáн* (от слова *карóв* – близкий) – от слова сближение.

Принести жертву это не зарезать корову или козу, зажарить ее и съесть. Это резать в себе свою животную, эгоистическую часть, умерщвлять ее, чтобы подниматься над ней в своем человеческом устремлении уподобиться Творцу.

– Написано, что Ноах взял для жертвоприношения из всякого скота и из всякой птицы. Это – животная часть, мои эгоистические животные желания?

– Свои эгоистические желания я постепенно подставляю под альтруистические, под правильное намерение и, таким образом, сближаюсь с Творцом.

– Человек приносит в жертву эгоистическую направленность своего «я» чтобы сблизиться с Творцом – дающим?

– Да. Поэтому, с одной стороны, это жертва (жертвенник), с другой – сближение. Это слово имеет два смысла.

– Будем и дальше сближаться, пытаясь почувствовать на себе все, что происходит на страницах вечной Книги.

– Я бы сказал, скорее, пытаясь увидеть, что это всё происходит в нас. Наше внутреннее устройство – это то, что практически описывается в Торе.

КОСМОС ВНУТРИ ЧЕЛОВЕКА

– Там написано о силах природы, которые действуют в каждом человеке?

— Да. Изучая тему «Постижение реальности», мы выясняем, что все, ощущаемое нами вне себя, на самом деле, мы ощущаем внутри себя. Вся природа, все мироздание, космос – абсолютно все ощущается нами внутри себя. Существует ли это снаружи? Это большой вопрос для обычного человека. На самом деле, снаружи ничего нет. Все это – наши личные внутренние ощущения.

Поэтому если говорить о записанном в Торе, то там речь идет о нашем ощущении мира, о нашем ощущении мироздания и вообще всех миров. И все это находится внутри человека. Он сможет понять это только после того, как вначале запутается.

– Как человек может представить себе, что все миры находятся внутри него?

— Сегодня нам это уже понятно и из обычной науки. Поговорите с людьми, которые занимаются биологией, физиологией, пытаются научными методами постичь реальность.

Мы можем представить себе человека, как некий прибор, допустим, компьютер. Если я на экране своего компьютере вижу какие-то изображения, то это потому, что они в компьютере уже существуют. В компьютер попали электрические сигналы, у них не было никакого объема, никакой визуальности, а была только виртуальная информация. Она попала в компьютер, прошла определенную обработку только для того, чтобы я ее понял. Она проявляется на экране в виде букв, чертежей, изображений – разных визуальных форм. Но это всё представляется только мне.

На самом деле, это всё те же электрические силы, или лучше сказать, просто силы, потому что понятие «электрические» определено тоже только относительно меня.

Если я воспринимаю их как какое-то изображение, так это только я, таким образом, воспринимаю их сочетание между собой. А вообще, кроме сил, в природе ничего нет. Поэтому все, что я воспринимаю вокруг себя, это сочетания сил, которые строят мне такую картину на моём экране. А вне меня это просто силы.

– Почему они строят мне именно такое изображение?
– Потому что иначе я не воспринимаю этот мир. Почему я воспринимаю его именно таким образом? Потому что я так устроен. Почему я так устроен? Для этого мы должны вернуться к началу. Мы уже отчасти обсуждали, почему человек создан с такими свойствами, с такими ощущениями мира. Почему он должен воспринимать его в виде букв, звуков или тактильных ощущений. Мы должны ощутить этот мир именно таким образом, иначе он нами не воспринимается. И для этого существуют наши пять телесных органов восприятия, которые превращают неощущаемое в ощущаемое мною. Но это неощущаемое существует и вне нас. И человек должен воспринять то, что находится как бы вне его ощущений.

НАШЕ ДОМАШНЕЕ ЖИВОТНОЕ

– Тора рассказывает нам о том, как мы будем воспринимать мироздание, работая с самими силами, не будучи ограничены нашими пятью органами чувств. Для чего нам это надо? Для того чтобы избавиться от нашего тела. Это животное мне сейчас необходимо, потому что без него я ничего не ощущаю.

– **Вы называете наше тело животным?**

– Да, наше тело – это животное тело. И без него я ничего не ощущаю. Если у меня вдруг заболит ухо, глаза, онемеют конечности, то я почти ничего не буду ощущать, я отключаюсь от мира.

Разве я сам и весь мир создан таким ограниченным? Нет. Мне дана эта ограниченность только для того, чтобы я сам от нее избавился. Когда я смогу над ней приподняться, я выйду за ее пределы и приподнимусь над своими пятью животными свойствами: зрением, слухом, обонянием, вкусом и осязанием – я начну строить над ними новые виды ощущений, которые называются сфирот: кетэр, хохма, бина, зеир анпин и малхут. Это необходимые термины, и мы к ним будем привыкать.

– **Надо напомнить, что слово «сфирá» имеет несколько значений, одно из них – свечение.**

– Точнее, слово «светящаяся». Потому что в этих свойствах я начинаю ощущать свет.

Если в тактильных ощущениях я получаю простое наслаждение или, наоборот, какое-то неприятное ощущение, то там я ощущаю свет, то есть непрекращающееся, постоянное, безграничное наслаждение.

– **Чтобы ощутить свет, духовное наслаждение, отдачу, любовь, надо выйти из тела – эгоистически направленных желаний?**

– Да, надо приподняться над ним. Мы ощущаем наше тело в виде таких маленьких эгоистических свойств, которые пытаются всё вобрать в себя, но не могут этого сделать. Ты просто видишь, что иначе оно работать не может. Когда рядом со мной находится собачка или кошка, я могу, поглаживая, сидеть с ними. Я понимаю, что это мой дружок, у него свой уровень развития, а у меня – свой. И мы дополняем друг друга.

Тело нужно мне для того, чтобы, опираясь на него, вырасти и расти дальше. Я не должен им злоупотреблять. Я должен о нем заботиться, относиться к нему, как к животному, обеспечивая всем необходимым.

Но получать для него не более необходимого, а более – это уже для него вредно. У тебя была когда-нибудь собака? Ты перекармливал ее иногда?

– **Да, это ведет к ожирению.**
– Это всё ей во вред. Животное создано таким, чтобы есть только необходимое и в достаточной мере. Неиспорченные нами животные знают, что им необходимо, а что уже является лишним!

– **То есть дикие животные это знают лучше?**
– Да, абсолютно точно.

– **Волки, зайцы точно знают, что им необходимо. А собаки и кошки уже испорчены нами.**
– Они едят вместе с нами всякие пирожки...

ВЫШЕ СКОРОСТИ СВЕТА

– **Тема «Восприятие реальности» очень интересная, но давайте вернемся к нашей главе «Ноах».**
– Мы потому и рассматриваем все эти главы, чтобы сквозь них пройти в новую реальность. Ощутить силы, которые действуют за этим кажущимся нам миром. Кажущимся – потому что он представляется нам таким только

в наших чувствах. Будь у нас другие органы чувств, мы представляли бы его по-другому.

– **Собака, пчела представляют мир совершенно иначе.**

– Абсолютно. Но это всё ещё уровень нашего мира! Мы находимся с ними в одном мире. В другом измерении, куда мы проходим над нашим телом, все ощущается в виде сил.

И тогда человек ощущает неограниченность себя, своего познания, ощущает себя выше времени, перемещения и пространства. Эти три ограничения держат нас просто в тюрьме, в клетке. Когда мы от них избавляемся, мы начинаем понимать, что такое настоящее неограниченное восприятие.

– **И тогда мы уже не удивляемся тому, когда слышим: «И человек начинает жить вечно»?**

– Нет, конечно, потому что человек начинает ощущать, что он не ограничен своим восприятием, ощущениями своего тела.

– **Для него слово «вечность», вернее «бесконечность», становится нормальным словом, нормальным состоянием?**

– Причина и следствие для него становятся одинаковыми, потому что он имеет дело с силами, которые вызывают наши следствия, действия.

Время – это то, что находится между причиной и ее следствием. Было начало, когда что-то произошло, а затем идет его следствие. И расстояние между ними – это временной промежуток, а, может быть, это промежуток в виде расстояния.

Когда сила и действие для него одно и то же, тогда вообще пропадает понятие времени. Тогда само действие, мысль, замысел, начало и конец сливаются вместе, потому что ты имеешь дело с силами, ты поднялся на уровень, где все существует только в виде сил. Если сила каким-то образом изменилась, то – все!

В нашем мире происходят затем всевозможные действия, но ты на это не обращаешь внимания. Для тебя это следствие совершенно неважно, потому что на уровне сил уже ясно, что произойдет в нашем мире, абсолютно подчиняющемся высшим силам. И поэтому для тебя уже не существует времени. Для тебя следствия уже нет. Само действие – это для тебя уже и есть следствие.

Это называется миром Бесконечности – неограниченности – без конца!

– Целью является выйти на этот уровень? И для этого написана эта Книга? Чтобы привести человека к этому ощущению?

– Тора в переводе означает свет (*ор*) и инструкция (*ораá*). Это инструкция, как привести нас к свету, к настоящему наслаждению, к близости к Творцу.

Свет в нашем мире — это самая высшая энергия, и у него самая высокая скорость. РАМБАМ пишет, что духовный мир, Высший мир, находится над скоростью света! Представь себе, в XI веке каббалист пишет о скорости света! В XI веке!

В письмах у него спрашивают о духовном мире: «Какое здесь имеется соотношение?». И он объясняет, что духовный мир – это состояние, которое находится «выше скорости света».

ГЛАВА «НОАХ»

– Этот пример, скорость света, достаточен для обозначения состояний настоящего каббалиста? Надо этого достичь, чтобы описать?

– Ну, а как же?! Иначе вообще, как ты можешь говорить о свете, о его скорости и о том, что существует выше этой скорости? Вообще ввести эти понятия в XI веке! Они и сегодня даются нам с трудом, только теоретически.

ПРИОТКРОЙ ОКНО

– Говоря о входе Ноаха в ковчег, со всеми его лучшими свойствами, лучшими желаниями, о том, как он растет, мы сравнили это с развитием и ростом зародыша в чреве матери. Отходят воды, ковчег садится на гору Арарат – это похоже на то, как у женщины отходят воды и рождается ребенок.

– Да, раскрывается дверь ковчега, как бы раскрывается выход из лона матери, и выходит новый человек, рождается новая жизнь.

– Когда ковчег сел на гору Арарат, Ноах сделал окошко и приоткрыл его? Что значит – «приоткрыть ковчег»?

– Здесь описывается переход с одной ступени на другую. Ребенок в матери находится полностью в её объеме, под ее защитой, аннулирует себя, и поэтому она полностью управляет им и полностью его обеспечивает: вводит в него только нужное, удаляя все ненужное. Весь его организм находится под ее защитой, под ее полным контролем и управлением.

И здесь начинает «открываться окошко». Окно – это недостаток, ущербность, новые незаполненные желания, ведь для того, чтобы прорубить окно, мы создаем недостаток в стене. Мы, практически, вырубаем в ней кусок, то есть стена уже не цельная. Но благодаря этому в комнату входит свет.

Вот здесь мы начинаем понимать, что развитие строится на раскрытии новых чувств неполноценности, ощущении несовершенства. Это раскрытие отсутствия совершенства необходимо для того, чтобы впустить свет. Парадокс.

Одно как будто бы отрицает другое. Перед рождением нового мира и происходит раскрытие ковчега. Ковчег был цельным, совершенным, в нем ты полностью был защищен, в нем ты находился, как в матери. Что там могло случиться?

Творец тебя закрывает – и все. Он тебе сказал: «Ты это сделай, а об остальном не думай. Я полностью забочусь о тебе, и все будет в порядке».

А теперь ты сам нарушаешь цельность защиты, но именно для того, чтобы самостоятельно родиться, выйти и начать уже самостоятельно взрослую жизнь. В каббале пишется много о том, каким образом человек начинает раскрывать в себе новый уровень желаний.

– **Я сам в себе ищу какой-то недостаток?**

– Не в себе – в Творце. Ты прорубаешь окно в Его защитной системе. Ты хочешь быть самостоятельным. Ты отделяешься от Него. Ты ищешь недостаток в той защите, которую Он сделал для тебя. Ты ее перерос. Ты должен родиться.

– **То есть я говорю: «Здесь у меня нет свободы воли»? Я хочу, чтобы у меня была свобода воли?**

– Да, здесь и проявляется твоя самостоятельность. Всё это можно объяснить в виде сил, векторов, в виде всевозможных формул. Каким образом уравновешивается воздействие Творца, влияние человека, возникают новые желания. Каким образом они должны получить свою реализацию, как происходит подъем с уровня зародыш, на котором находится человек в этом ковчеге, на уровень маленького человека, который начинает осваивать Высший мир. И когда Ноах выходит из ковчега, он рождается в новом мире.

ПЛОДИТЕСЬ И РАЗМНОЖАЙТЕСЬ

– **Тем самым Ноах как бы говорит, что он сам хочет заработать духовный мир? Он не хочет, чтобы Творец кормил его «с ложечки», а хочет пройти этот путь сам?**

– Да, здесь начинается осознанное постижение Высшего мира. И это, конечно, неприятно – начинаются проблемы.

– **День и ночь – падения и подъемы? И всё это надо выдержать и пройти.**

– Рост всегда происходит при помощи двух состояний: тебе нужны новые эгоистические силы и их исправление. И над этим исправлением ты постигаешь Высший мир. Только так! Нам дан эгоизм для того, чтобы перевернув его, подобно тому, как вспахивают землю, взойти на высшую ступень.

Никуда не деться! У нас нет другого материала. И поэтому вся Тора состоит только из прегрешений и исправлений, прегрешений и исправлений. Войны. Это внутренние проблемы человека, которые он решает, возвышаясь над ними, пока не достигнет уровня Творца. И все должны это пройти.

– **Продолжаем читать:**

9. /1/ И БЛАГОСЛОВИЛ ВСЕСИЛЬНЫЙ НОАХА И СЫНОВЕЙ ЕГО, И СКАЗАЛ ИМ: «ПЛОДИТЕСЬ И РАЗМНОЖАЙТЕСЬ И НАПОЛНЯЙТЕ ЗЕМЛЮ».

– Это те свойства, которые сейчас в вас родились внутри этого ковчега.

Внутри ковчега человек приобретает свойства. Так зародыш, находясь внутри матери, приобретает свойства человека. Начинается с капли семени, а на выходе получается младенец. И в нем заложены, хотя и в маленьком состоянии, уже все свойства будущего человека, способного к их развитию.

«Плодитесь и размножайтесь, и наполняйте землю» – это значит, что пока вы во время потопа сидели тихонько внутри, Я в вас эти свойства развивал. А сейчас вы должны начать развивать эти свойства сами, то есть «плодитесь и размножайтесь» в этих свойствах, и «наполняйте землю».

– **Творец говорит, наполняйте свои эгоистические желания теми свойствами, в которых вы сейчас родились в новом мире?**

– Человек, родившийся в Высшем мире, уже построен на свойствах отдачи и любви, и теперь ему предлагается брать понемногу свои эгоистические свойства и присоединять к альтруистическим. Таким образом, у тебя получается размножение, распространение, реализация, пока ты весь свой огромный эгоизм не исправишь с помощью вновь приобретенных духовных свойств.

– То есть это перемешивание необходимо?

– Да, необходимо соединение двух свойств: я сам и Творец.

/3/ ВСЕ ЖИВОЕ ПОЛЗУЧЕЕ, БУДЕТ ВАМ ДЛЯ ЕДЫ, КАК ЗЕЛЕНЬ ТРАВЫ ДАЮ ВАМ ВСЕ.

– Мы обязаны исправить любые свойства, которые есть в человеке: и животные, и растительные, и неживые. Но в каком виде, в каком порядке и в каком сочетании между собой это будет происходить – это целая отдельная система. Когда мы изучим структуру души, тогда поймем, как она восстанавливается, с чего надо начинать, и что с чем связано.

В нашем теле есть такие важные органы, как сердце, печень, почки, легкие, мозг и, естественно, органы ощущений. И есть просто мясо, мышцы, жилы, сухожилия, кости и так далее. Но они между собой связаны. На примере внутриутробного развития зародыша мы видим, как странно идет его развитие: вдруг начинает расти одна его часть, потом – другая, появляются даже такие части, как хвостик, а потом они вдруг исчезают.

– Тут говорится о силах?

– Это всё огромная система взаимодействий двух сил: положительной и отрицательной – они рисуют в контакте между собой этот образ. Они убирают все лишнее, добавляют необходимое, таким образом, работая между собой в течение девяти месяцев внутриутробного развития. И дальше человек начинает уже сам сознательно развиваться, как сказано, «плодитесь, размножайтесь и наполняйте землю».

– **И он уже знает, как расти? Сам способен к росту?**

– Он должен теперь изучить программу и самостоятельно ее реализовывать. Раньше ее реализовывала высшая сила, как мать выращивает своего ребенка, а сейчас он сам постепенно реализует эту программу. Но естественно, не всё он делает сам, а в соединении, в связи с Творцом: часть берет на себя Творец, а часть – человек. По мере роста человек берет на себя все большую и большую часть, пока не становится самостоятельным, то есть равным Творцу. И тогда это значит, что он освоил всю эту программу, полностью исправив себя.

– **Он берет свои эгоистические желания и начинает их исправлять. Об этом написано: «Это для еды у вас будет». А почему именно через рот?**

– Еда – это тип выяснения. Я выясняю, что мне полезно, что вредно, ведь я должен убить животное, я должен вырезать из него какие-то куски, сварить их или поджарить. Я должен из них что-то сделать, я должен их в себе переварить.

– **Свои эгоистические желания?**

– Да. И самое главное, что если в утробе матери ребенок получает все готовое в виде крови, которая превращается в нем в мясо, в материал его тела, то сейчас я должен сам готовить для себя эту пищу. Она перерабатывается во мне.

Составляющие ее элементы затем перерабатываются в материал тела. Во мне возникает огромная фабрика по переработке моих желаний, мыслей, чтобы я их все скомпоновал из эгоистических уровней: неживого, растительного, животного – и сделал из этого подобие Творцу.

– **Это происходит именно потому, что я прошел первую стадию духовного ощущения?**

– Обязательно! Человек учится только на примерах. Поэтому в наших учебных заведениях, воспитывая детей, мы действуем только примером.

– **Но тогда получается, что человеку, чтобы двигаться в своем духовном развитии, сначала нужно раскрыть Творца?**

– А без этого – никак. От чего ты будешь учиться? С чем ты будешь находиться в ковчеге? С чем ты будешь взаимодействовать? Какое окно и в какой стене ты будешь прорубать?

Все это – связь с Творцом. Когда ты находишься в Нем, ты чувствуешь все эти силы, как Он тебя внутри замыкает. Но мне самому надо прорубить окно, мне самому надо утвердить свое отношение к Нему. Потом я выхожу со всеми своими желаниями, со всеми своими свойствами. Это значит, что все наполнение ковчега выходит наружу. Выходит как бы один человек, состоящий из его животной части и всего, что есть в нем. И он начинает расти.

Без окружения Творцом, без постоянного диалога это невозможно.

– **Именно так этого должен требовать человек?**

– А с этого и начинается вся каббала.

– **С раскрытия?**

– Раскрытие Творца должно обязательно происходить в мере роста человека. Как мы растем? Во внутриутробном развитии мы абсолютно отменяем себя относительно Творца. Я говорю о внутриутробном духовном развитии, когда он ощущает, что на него воздействует какая-то духовная сила, но он ее не понимает. Он только отрицает себя, чтобы не мешать этой силе, Творцу, воздействовать на себя, растить себя. И тогда, что бы Он ни делал, я заранее согласен на все. Затем я уже начинаю требовать от Него: «Покажи, расскажи, научи. Покажи, как мне это точно сделать». И тут Творец начинает мне показывать, что делать, или играет против меня, но подыгрывая, как мы это делаем, играя с ребенком и обучая его.

НАКАЗАНИЯ НЕТ, ЕСТЬ ИСПРАВЛЕНИЕ

– И далее:

/6/ ТОТ, КТО ПРОЛЬЕТ КРОВЬ ЧЕЛОВЕКА В ЧЕЛОВЕКЕ, КРОВЬ ТОГО БУДЕТ ПРОЛИТА, ИБО ПО ОБРАЗУ ВСЕСИЛЬНОГО СОЗДАЛ ОН ЧЕЛОВЕКА.

Появляется первый закон: нельзя проливать кровь человека.

– Там сказано: «проливающий кровь человека в человеке».

– **Как это надо понимать?**

– Здесь Тора говорит о том, что человек не должен мешать другому в его духовном продвижении. Это минимальное требование. Тот, кто его нарушает, отнимает духовную жизнь другого и таким образом вредит себе. Он сам себя наказывает, неправильно влияя на мир и на других людей.

Кровь (*ивр. дам*) – этим словом обозначается неживой (*ивр. домéм*) уровень души со светом уровня нэфеш. Если ты не даешь человеку духовно развиваться, этим ты его духовно убиваешь и вызываешь на себя реакцию общей системы – духовную смерть.

– Если ты останавливаешь или не хочешь духовного продвижения человека, тем самым ты вредишь себе?

– Даже не помогая ему духовно расти, ты вредишь себе.

Если какой-то орган в нашем организме вдруг перестает отдавать в полную силу то, что должен отдавать, он уже считается больным. Но мы как-то справляемся с этим, компенсируем недостаток отдачи: принимаем таблетки, лечим, не нагружаем его сложными, тяжелыми действиями. Но он влияет на остальные органы: ведь он болен и не выполняет свою функцию в полной мере. С этого начинаются проблемы и перебои в работе всей системы.

До какого уровня один орган может мешать другому, или один человек мешать другому?

Кровь – это минимальная, самая необходимая для существования сила – неживой уровень. Если ты и этого не даешь человеку для духовной реализации, то умерщвляешь сам себя. Подобно тому, как переставший функционировать орган убивает все тело.

Ведь мы находимся в постоянной и абсолютной связи друг с другом, и каждый в течение этой жизни должен достичь связи с Творцом, выйти на уровень Его раскрытия. Если я удерживаю человека от этого, я умерщвляю себя.

Это ужасно, когда видишь, что делают люди друг другу! Они уничтожают саму возможность духовного развития в этой жизни. Могут прожить десятки лет, существуя как животные, и никакого духовного багажа у них не возникнет.

— **Конкретная ситуация: в семейной паре жена удерживает мужа, не даёт ему сделать этот маленький шажок…**

— Тора никогда не говорит о том, что надо сделать с человеком на физическом уровне. В ней говорится только о духовных действиях.

Если мешая духовному развитию мужа, жена убивает саму себя, то возникает вопрос: почему её должны убить другие? Задача других просто показать ей, что она духовно себя убивает. Это даст ей возможность как бы заново родиться.

— **В Торе всегда описываются положительные действия, ведущие к добру и идущие от добра?**

— Да, в итоге, все должны прийти к исправлению. Наказания, как такового, нет. Есть исправление, которое кажется нам наказанием.

Говоря ребенку: «Нет, не дам! Я тебя не пущу!», — мы хотим его исправить, оградить от опасности. С нашей стороны — это исправление, а ему оно кажется наказанием.

Но правильное преподнесенное наказание будет воспринято как исправление. Тора говорит о том, насколько правильно ребенок нас понимает.

В эгоистическом состоянии мы, как дети, все воспринимаем неправильно. Даже самый небольшой подъём над эгоизмом исправляет наше восприятие мира.

Тора всегда говорит о грани, на которой моё восприятие может быть правильным или нет. Она показывает уровень, где я могу плыть выше своего эгоизма, и объясняет, как это сделать каждый раз, когда мне предъявляются новые требования.

ЛЮБОВЬ В НАШЕМ МИРЕ

– **Можно сделать вывод, что любовь – это, когда ты даёшь другому сделать шаг в духовное, помогаешь ему?**

– Это и есть развитие общего организма. И это, конечно, трактуется как любовь.

А в чём проявляется любовь в нашем мире? В том, что я исследую желания другого человека и хочу их наполнить. То есть я помогаю ему в развитии, наполнении, в его движении – в этом проявляется любовь.

– **В нашем мире я чувствую, что мне с этим человеком хорошо, я его использую – это и называется любовью. Я люблю его за доставленное мне удовольствие.**

– Это плохо для обоих.

Во-первых, я использую его. Во-вторых, я использую его своими эгоистическими свойствами – это мне во вред. В-третьих, он мне потакает. И, потакая моим эгоистическим желаниям, он даёт себя использовать себе же во вред.

Получается, что наносится вред и мне, и ему, и нашему общему возвышению. Мы друг другу в этом помогаем, совершая вместе общую двойную ошибку. Происходит катастрофа. Оборвать бы такую эгоистическую любовь, которая нас обоих только калечит, не даёт возможности духовно развиваться.

– **Эгоистичен сам вопрос: «Ты любишь меня?». Жена спрашивает: «Ты меня любишь?». И ты отвечаешь: «Ну, конечно! А как же!».**

– Любишь – значит, должен всё время думать обо мне, своего у тебя ничего не должно быть, ты должен обслуживать меня.

– Отвечаешь: «Да». И тут сразу все светится.

– Ну, конечно. А что же еще эгоизм желает?

– Но надо все время чуть-чуть давать. Все равно надо говорить: «Да»?

– Несомненно, мы должны понимать нашу природу на обычном житейском уровне и соответственно относиться друг к другу. Жизнь – это жизнь, и ее надо сделать простой, приятной, подходящей для существования.

Наше тело не поднимается на духовный уровень. Оно живет в рамках этого мира, и они должны быть приемлемыми, нормальными.

Но отдельно от этого должен быть и дух, чтобы было обоюдное стремление подняться в духе. Это стремление, но оно может и не быть обоюдным, потому что мы живем в такое время, когда у одних возникает стремление к исправлению, к новому миру, у других – нет. И вполне могут быть такие пары, у которых нет взаимопонимания в этом вопросе.

Надо с этим смириться и сказать себе, что у другого может быть своя духовная жизнь, к этому миру отношения не имеющая. И если он хочет себя реализовать еще и духовно – это его право, я не должен ему мешать, ведь мы встретились в этом мире, для этой жизни.

«Пролитие крови человека в человеке» – это самое страшное, это лишение возможности подняться на минимальный духовный уровень.

ГЛАВА «НОАХ»

ТРЕВОЖНЫЕ ЦВЕТА РАДУГИ

– **Вот ещё из главы «Ноах».**
/13/ РАДУГУ МОЮ ПОМЕЩАЮ Я В ОБЛАКЕ, И ОНА БУДЕТ ЗНАКОМ СОЮЗА МЕЖДУ МНОЮ И МЕЖДУ ЗЕМЛЕЮ. /14/ И БУДЕТ, КОГДА НАВЕДУ ОБЛАКО НА ЗЕМЛЮ, ПОЯВИТСЯ РАДУГА В ОБЛАКЕ.

Красиво написано.

– Нехорошо написано! Радуга в небе – это очень плохой духовный признак. Не та радуга, которую мы видим в небе, а духовная.

«Я наведу тучи на землю, и они будут заслонять Меня от вас, потому что вы недостаточно исправлены и близки Мне. Я навожу тучи, которые защищают вас от Меня, потому что иначе наш контакт был бы вреден для вас, он не дал бы вам возможности далее исправляться».

Творец скрывается, чтобы мы могли свободнее развиваться. Так мать скрывает себя от ребенка, чтобы он чувствовал себя свободным, самостоятельно играл и развивался. И если человек это скрытие не может правильно использовать, тогда Он вынужден напомнить о себе вторичным раскрытием, называемым радугой.

Семь цветов – это семь основных свойств, семь Его воздействий: *хэ́сэд, гвура́, тифэ́рэт, нэ́цах, ход, есо́д, ма́лхут*. Семь основных свойств, семь сил Творца, которыми Он управляет нами.

Духовный свет, исходящий из Творца, делится на эти семь основных воздействий на нас. Соответственно, и в нашем мире белый свет включает в себя семь цветов.

Радуга в облаках – это проявление бессилия человека, это напоминание Творца, что существует союз между нами, но ты его не соблюдаешь.

– Я, честно говоря, думал наоборот. Написано, что радуга – знак союза...

– Иного комментария нет. Так же трактуют все книги: Мишна, Талмуд, Зоар и другие каббалистические источники.

– Должна быть тревога?

– Да, тревога, потому что это нехорошее явление. Творец как бы говорит: «Я вам напоминаю о том, что вы зарвались».

ПОДЪЕМ НА ДУХОВНОМ ЛИФТЕ

/28/ И ЖИЛ НОАХ ПОСЛЕ ПОТОПА ТРИСТА ПЯТЬДЕСЯТ ЛЕТ. /29/ ВСЕХ ЖЕ ДНЕЙ НОАХА БЫЛО ДЕВЯТЬСОТ ПЯТЬДЕСЯТ ЛЕТ, И УМЕР ОН.

– Мы уже касались этих фантастических возрастов.

– Это не годы, и не имеет никакого отношения к нашей жизни. Год на иврите называется *шана*. Шана – от слова *лешанóт* – изменять. Годом называется новое изменение.

Как только человек переходит на новую ступень, повторяющую прежнюю, но на новом уровне, происходит его полное перерождение – это называется новый год.

– Это можно представить, как поднимающуюся спираль?

— Можно и так. Подъем происходит по трем линиям, как кабина лифта движется по двум полозьям. Правая и левая линии идут от Творца, а человек, находясь между ними, используя их в себе, сам строит себя из этих двух линий и, таким образом, поднимается все выше и выше.

Эти 70 лет, 80, 120, 350, 950 и тысячи лет, то есть любые упоминания о возрасте, указывают только на уровни внутреннего восхождения человека, его перерождения. Только на это! Ни в коем случае не говорится о годах в обыденном понимании.

– То есть мы не должны считать, что тело могло столько прожить?

— Нет, конечно.

– Теперь очень интересный отрывок:

/20/ И СТАЛ НОАХ ЗЕМЛЕДЕЛЬЦЕМ, И НАСАДИЛ ВИНОГРАДНИК.
/21/ И ВЫПИЛ ОН ВИНА.

Дальше речь о том, что сыновья увидели его оголенным и прочее. Эта история интересна сама по себе.

— Но это же не просто история, это история духовная.

/20/ И СТАЛ НОАХ ЗЕМЛЕДЕЛЬЦЕМ, И НАСАДИЛ ВИНОГРАДНИК.

– Он начал обрабатывать землю?

— Это значит, что он развился до такого состояния, когда самостоятельно начал работать со своими желаниями. Земля, мы не раз говорили, это *рацо́н* – желание.

Обрабатывает землю – берет свои желания и переворачивает их. Из чего состоит первая работа на земле?

– **Вскапывание.**

– Вскапывание – это не только вонзание в землю орудия, но и переворачивание ее. Желание получить и желание отдать переворачиваются: желание отдавать становится важнее, чем желание получать. Если в такую землю поместить зерно, оно прорастает, а иначе – нет.

Что получается у Ноаха? Что же он сажает в эту землю? Виноград, дающий вино. О вине, о том, что оно символизирует в нашем мире, написано во многих книгах каббалы.

– **Вино – символ света знания? Это наслаждение от наполнения?**

– Это свет жизни, энергия, постижение.

Во всех древних культурах, как и в наше время, вино – это напиток, который не портится, сохраняется веками. Он содержит в себе практически все, что необходимо человеку. Абсолютно все! Вот такой он.

Каббала рассказывает о высших корнях винограда, о том, что при изготовлении вина важен не только сорт винограда, но и соответствие его внешнего вида внутреннему содержанию, важен диаметр виноградины, дающий наилучшее соотношение между площадью кожуры и объемом мякоти.

Вино из ночного винограда…

– **И собирать его надо ночью, когда он холодный?**

– Это совсем особое дело: когда и как его срезать, какая плесень должна быть на нем. Виноград не моют. Это целая система. И мы делали свое вино по специальным древним каббалистическим рецептам. В соответствии с ними, виноград должен расти на склонах, под определенным углом к солнцу, на определенной стороне света. Важен весь процесс изготовления вина. А осадок, остающийся в нем, необходим для поддержания вина, без него оно не может существовать.

Все это описывается в каббале. Этот процесс олицетворяет в нашем мире анализ света жизни (ор *хохма́*), приходящего к человеку огромным наслаждением, огромной живительной силой. Его надо принять, обработать, исправиться для его получения, наполнить себя определенным образом, чтобы оно стало вином, приносящим веселье и свет жизни, а не опьянение и отключение от жизни.

– Если Ноаху – нашему духовному желанию – дали возможность посадить виноградник, это уже означает, что дали возможность перевернуть землю, посадить виноградину и получить свет жизни?

– Да, он ужс дошел до такого уровня.

– Еще один вопрос. У нас принято, когда пьёшь вино, сказать: «*Леха́им*! (За жизнь!)». Только на вино?

– Выпивая вино, я говорю: «За жизнь», – чтобы быть уверенным, что я это делаю, желая приподняться, а не для того, чтобы отключить себя от жизни. Это выражение говорит о цели, ради которой я беру этот свет. Ведь свет – наслаждение – может не только подключить, но и отключить от жизни. Так и произошло с Ноахом.

– На самом деле говорят: «За жизнь!» – чтобы радоваться, но не пьянеть?

– Да.

– С Ноахом произошло совсем другое событие:

/21/ И ВЫПИЛ ОН ВИНА, И ОПЬЯНЕЛ, И ОБНАЖИЛ СЕБЯ ПОСРЕДИ ШАТРА СВОЕГО.

– Что произошло? Он получил свет жизни – ор хохма – не на отдачу, а внутрь эгоизма.

– **Получил удовольствие?**

– Опьянение – не такое уж удовольствие, потому что при этом человек отключается от Высшего мира, от настоящей жизни. Если свет мудрости и свет жизни принимать в эгоистические свойства, то он отключает от жизни и от света.

– **Вроде бы свет жизни – и вдруг отключает?**

– Его можно получать только в мере своего подобия его свойству отдачи. Ноах взял больше, излишне, не в соответствии с уровнем намерения, перебрал. И что произошло? Он лишился своих одеяний, свойства отдачи, обнажился – обнаружил природный эгоизм.

Одеяния – это то, что делает человека человеком, это наше свойство отдачи, способность уподобиться Творцу. Одеваясь, я поднимаюсь с уровня животного до уровня человек.

– **Можно сказать, что тогда я становлюсь красивым?**

– Красота – это свойство отдачи и любви к ближнему.

– **Красивый человек – это тот, кто любит и отдает?**

– Исключительно! И красоту женщины нужно понимать только так. Примите во внимание.

– **Что творится! Мы с Вами сейчас переворачиваем миры. Вы переворачиваете все привычные понятия...**

– Вернемся к Ноаху. Что произошло с ним? Он лишился своих одеяний. Опьянев, он потерял человеческий облик. Человеческий – это свойство отдачи, любви к ближнему, потому что человек (на иврите Адам, от слова *домэ́*) – подобный Творцу. Утратив подобие Творцу, он превращается в животное. Все одеяния Ноаха исчезли, и он заснул голым посреди шатра.

– **Временно потерял контакт?**

– Есть несколько уровней связи с Творцом, обозначаемых:

шо́рэш – корень (*ке́тер*),
нэшама́ – душа (*хохма́*),
гуф – тело (*бина́*),
леву́ш – одежда, одеяние (*зейр анпи́н*),
эйха́ль – зал, строение (*ма́лхут*).

Первые три уровня: корень, душа и тело – желания отдачи, это внутренние уровни, они в нас. А одежда – уже вне меня, на мне. Ее можно снять и снова надеть. Со своим телом я не могу этого проделать.

Зал, строение тоже меняется. Это может быть шатер или многоэтажное здание, огромное помещение – неважно. Эйхаль – зал. Здесь имеется в виду вообще все мироздание.

Когда говорится, что «Ноах обнажил себя посреди шатра своего», говорится, что одеяние – внешние атрибуты – Ноах потерял.

– **Все, кроме шатра. Шатер его все-таки сохранил.**

– Эта минимальная связь с Творцом – шатер – у него осталась.

– **Это внешнее и есть минимальная связь?**

– Самое внешнее. Через него Ноах потом возвращается к своему духовному развитию.

ПОТОМКИ ХАМА

– **Дальше говорится так:**
/22/ И УВИДЕЛ ХАМ, ОТЕЦ КНААНА[14], НАГОТУ ОТЦА СВОЕГО, И СООБЩИЛ ДВУМ БРАТЬЯМ СВОИМ СНАРУЖИ. /23/ ТОГДА ШЕМ И ЯФЕТ ВЗЯЛИ ОДЕЖДУ, И ПОЛОЖИЛИ ЕЕ ОБА НА ПЛЕЧИ СВОИ, И ПОШЛИ ЗА ДОМ, И ПОКРЫЛИ НАГОТУ ОТЦА СВОЕГО, ЛИЦАМИ НАЗАД, И НЕ ВИДЕЛИ ОНИ НАГОТЫ ОТЦА СВОЕГО.

– Отцы, сыновья – это ступени развития одного и того же человека: изначальная называется отец, следующая – сын.
Я хочу сделать уточнение для дальнейшего.
Потомки Хама называются *«кнааним»*. И земля Израиля называется поначалу *«э́рец Кнаа́н»*. Потомки Хама будут жить в ней, пока не подойдет народ Израиля, происходящий от Авраама, и не займет эту землю. Так начинает закручиваться следующая драматическая ситуация. Хам закладывает свой следующий ошибочный контакт с народом Израиля, который произойдет после следующего подъема, на следующей ступени.

– **Об этом говорится:**
…И УВИДЕЛ ХАМ, ОТЕЦ КНААНА, НАГОТУ ОТЦА СВОЕГО.

---

[14] *Кнаа́н* (ивр.) – соответствует русскому Ханаан – в Библии сын Хама.

— «И увидел наготу отца своего…». «Увидел» – вошел в контакт с раскрывшейся силой, для него это было нормальным состоянием.

А Шем и Яфет исправляют это состояние.

— **Не смотрят на отца, когда тот без одеяний?**

— «Накрывают» его, поэтому получают благословение и возможность исправлять себя, комфортно двигаясь вперед. А Хам получает проклятье. Его дальнейшее исправление пойдет путем страданий.

В ПОТЕМКАХ СОБСТВЕННЫХ ЖЕЛАНИЙ

— **Получается такая картина: Хам вошел в соединение с этим эгоистическим свойством, а те двое не захотели?**

— С точки зрения реализации программы творения необходимо раскрытие всех наших эгоистических желаний, ошибок: пьянства, обнажения, блуда.

По мере изучения Торы мы увидим, что все, описанное в ней, это наши внутренние желания, которые должны проявиться в таких образах, видах. И если они не проявятся, мы не будем знать, как их исправлять.

— **Выходит, человек обязан пройти путем самонаблюдения, через все собственные нечистоты?**

— Да. «Пронырнуть» через эту клоаку, поднять всю эту муть, исправить и довести до состояния самого чистого света.

— **Вы снова делаете некий переворот... И я снова хочу задать вопрос: «Значит, не существует ни греха, ни прегрешения, ни ошибки»? Мы уже говорили об этом, но это очень важно.

– Ничего этого нет! Ни наказания, ни вознаграждения, ни «Аз воздам» не существует абсолютно!

– **Но всё это осознание зла в себе человек должен пройти?**

– Все отрицательные, самые низменные и ужасные свойства изначально созданы в нас, чтобы мы постепенно, по мере нашей возможности, подняли и исправили их. Исправляя, мы совершаем прегрешения.

В чем же мое прегрешение? В то время, когда я раскрываю данное свойство, оно наполняет меня и властвует надо мной, превращая в какого-то дикого, ужасного маньяка, духовного урода.

– **Для других – страшный человек.**

– Я должен пережить это состояние в себе, постепенно его перерасти и исправить на обратное.

Как только я это сделал, начинается следующий этап: снова во мне возрождается какой-то страшный человек, но обладающий уже другими испорченными свойствами. И снова я должен пройти этот этап и исправить себя.

Мы видим, что каждый из наших товарищей проходит такие внутренние изменения, и должны с этим согласиться. Поэтому нужно определенное окружение, помогающее человеку справиться с этими состояниями. Он обязан пройти через них! Ведь в этой драме он делает себя человеком, иначе – оставаться ему «животным».

ГЛАВА «НОАХ»

ПУТЬ К СВЕТУ ЧЕРЕЗ ТЬМУ

– **Великий каббалист Бааль Сулам писал, что он был рад, когда обнаруживал отрицательное в себе: ведь выявление – это уже начало возможности исправить.**

– О, каббалист проходит такие отрицательные ощущения, в нем раскрываются такие ужасные свойства и качества!

– **А чему он радуется: тому, что у него есть работа, что он «переворачивает землю», как Вы говорили?**

– Он радуется тому, что, исправив эти свойства, он делает шаг вперед. Без этого невозможно достичь Творца. Именно поднимаясь из самых низменных и грубых состояний, достигается наибольший подъем, наибольшая связь с Творцом.

ВЫХОД НА СУШУ ИЛИ ВЫСАДКА НА ЛУНУ

– **Итак, Ноах со своими сыновьями и со всеми животными выходит из ковчега.**

– Все внутренние желания человека, находящиеся в ковчеге, прошли свое очищение, духовное возвышение, исправление. Будучи уже духовными, они готовы взяться за обработку земли, засеять ее плодоносящими растениями, чтобы они размножались и далее. То есть, к возникшему сейчас новому эгоистическому желанию, они готовы подключать желание альтруистическое – отдачу и любовь.

В ковчеге они находились как бы внутри матери, в материнских водах, где получили свойство *Бины* – способность отдавать и любить. Из ковчега они высаживаются на землю, в свой эгоизм, где он проявляется, и человек может начинать с ним работать. С помощью полученных свойств *Бины* он сейчас возвращается к своему эгоизму, чтобы его исправить.

– И человек уверен, что выдержит это, сможет получить чистые плоды от этой земли?

– Человек уверен. Но, естественно, весь его путь будет тернистым до самого конца – до его полного исправления.

– До «Земли Израиля».

– Ноах послал из ковчега голубя и ворона. Это две силы, с помощью которых он понял, что уже можно выходить.

– И он прорубил окно.

– Он обязан был раскрыть недостаток в том внутреннем состоянии *Бины*, в котором он находился в ковчеге. Хотя это свойство отдачи и любви, но нечего было отдавать, и нечем было любить, поэтому Ноах прорубает окно, делает в этом идеальном строении отверстие.

– «Недостаток».

– Но зато в это отверстие входит свет, как в окно стены дома. Благодаря этому он может выйти из своего ковчега и начать по-настоящему работать со своим эгоизмом, уподобляясь Творцу.

/1/ ВОТ РОДОСЛОВИЕ СЫНОВЕЙ НОАХА: ШЕМА, ХАМА И ЯФЕТА – У НИХ РОДИЛИСЬ ДЕТИ ПОСЛЕ ПОТОПА.

Дальше перечисляются их дети по именам. И заканчивается так:

Глава «НОАХ»

/32/ ЭТО СЕМЕЙСТВА СЫНОВ НОАХА, ПО ИХ РОДОСЛОВИЮ, ПО НАРОДАМ ИХ; И ОТ ЭТИХ РАССЕЛИЛИСЬ НАРОДЫ НА ЗЕМЛЕ ПОСЛЕ ПОТОПА.

РЕЧЬ ИДЕТ О НАЧАЛЕ ЧЕЛОВЕЧЕСТВА?

– Но что значит – человечество? Имеется в виду не наше человечество, конечно. Оно и до этого существовало, расселялось и разделялось.

Получая свойство *Бины́* человек спускается на землю, на свойство *Ма́лхут*, от свойства отдачи и любви переходит к своему эгоистическому свойству. Представь себе это, как высадку на Луну. И вот перед тобой этот огромный эгоизм, который ты должен перерабатывать, подсоединять к обретенному тобой альтруистическому желанию, чтобы эта земля рожала. Чтобы твое желание рожало в тебе новые духовные ступени.

Подсоединяя к себе эгоизм и перерабатывая его на альтруизм, ты поднимаешь себя на тот уровень эгоизма, который смог присоединить. Допустим, ты находишься сейчас на нулевом уровне. Присоединил к себе немножко эгоизма и поднялся на уровень, ещё присоединил – и ещё поднялся. И так ты проходишь 125 ступеней до уровня Творца.

– Это как в топку бросаешь уголь, и поезд бежит. Так и мы?

– Да, а без этого – не сдвинется с места.

Сыновья Ноаха – это следующая ступень человека. Я нахожусь в состоянии «Ноах» и из него поднимаюсь на следующую ступень. И мой подъем на эту ступень идет уже по трем линиям: Сим, Хам и Яфет. А между ними возникают всевозможные проблемы.

ТЕАТР КАБУКИ

– **Эти три линии во мне?**

– Между свойствами, существующими во мне, возникают проблемы.
Тора учит нас смотреть на себя со стороны. И чтобы человеку легче было смотреть, она описывает все как события, происходящие с какими-то другими людьми. Есть такие спектакли и фильмы, где играют, вроде бы, актеры, но каждый из них — это какая-то маска, как в японском театре «Кабуки»: радость, грусть... Каждый надевает маску и играет какое-то внутреннее свойство человека.

– **Вы хотите сказать, что я смотрю на себя? И здесь, и там, и везде – это я? И все, что происходит, происходит со мной – идет спектакль, а я наблюдаю?**

– Конечно! Только так и надо смотреть, чтобы не отождествлять себя с теми свойствами, с которыми я создан. Они созданы не мною, так зачем мне себя с ними отождествлять?
Я хочу вытащить себя из них, исследовать их снаружи и увидеть, каким образом я могу ими управлять. Тогда я становлюсь на уровень Творца и отношусь к самому себе, как к механизму, который надо исправить, наладить.

– **Это напоминает рассказы людей, которые в состоянии клинической смерти как бы наблюдали себя со стороны.**

– Да, такой взгляд на себя очень полезен.

ГЛАВА «НОАХ»

– **И все должно было быть хорошо – прошли потоп, высадились на землю и вдруг!..**

– А почему плохо? Ничего плохого нет! Здесь говорится лишь о тех ступенях, которые мы обязаны пройти!

В каждом из нас существует весь дальнейший путь, о котором рассказывает Тора: от Ноаха до Вавилона, от Вавилона до Египта, из Египта выход в землю Израиля. А потом…

Проблемы все время одни и те же — это и есть путь человека. Ему рассказывается, какие в нем возникнут желания, что будет с ним, если он не будет их исправлять, а будет двигаться к цели путем страданий. Но если он будет двигаться, исправляя эгоистические желания, то его продвижение будет абсолютно комфортным и легким.

– **А где это рассказывается?**

– Путь добровольного исправления здесь не показан.

– **Но почему?**

– Потому что в этом заключается твоя свобода воли. Будешь ты исправлять или нет – об этом никому заранее не известно! Никому, в том числе и Творцу!

В книге «Пророки» и в «Святых писаниях» говорится о таких проблемах, страданиях и проклятиях, что просто жуткое дело! Все говорят только об одном: о силах природы, которые будут тебя вынуждать и толкать к цели. А если ты сможешь их компенсировать, заранее смягчить, не дожидаясь ударов, опережая их, – пожалуйста.

Так родители говорят сыну: «Мы хотим сделать из тебя доктора, профессора, Эйнштейна или великого музыканта».

– Это страшно.

– Страшно, я знаю по себе. Они говорят: «Имей в виду, что такова цель, таким ты должен быть. И смотри, что мы для тебя придумали...».

– **И тут начинается: сольфеджио, пиликанье на скрипочке часами... Человек мучается. Так объясните, зачем это надо? Почему не описан этот счастливый путь?**

– Он неизвестен. Для каждого он свой, индивидуальный. В Торе описан один и тот же путь для всех – неважно, кто этот человек. Абсолютно неважно! Одни и те же силы будут гнать всех вперед, к цели творения. Но насколько каждый из нас сможет двигаться, смягчая этот путь, понимая, осознавая, как умный, а не упрямый ребенок – это зависит от него самого. Об этом нельзя знать заранее, и никто не может этого написать.

Нам известен закон: сила природы будет двигать эгоизм вперед и обязательно приведет к концу исправления за 6000 лет. Обязательно приведет каждого! Но твое участие в этом не известно.

– **А мы упрямые?**

– Мы очень упрямые! Но дело в том, что насколько мы понимаем, проникаемся, изучаем, читаем и говорим об этом, настолько воздействуем на себя и все-таки внутренне подготавливаемся к исправлению.

Мы остаемся упрямыми, но где-то внутри нас возникает согласие, понимание. Согласие с этим путем, внутреннее понимание его необходимости влияет на нас и во многом смягчает нашу судьбу. Так что, это полезно.

ГЛАВА «НОАХ»

ЭГОИЗМ СТРОИТ БАШНЮ

– Люди высадились на землю, и дальше рассказывается:

/1/ И БЫЛА ПО ВСЕЙ ЗЕМЛЕ РЕЧЬ ОДНА И ОДНИ И ТЕ ЖЕ СЛОВА.

/2/ И СЛУЧИЛОСЬ: КОГДА ДВИНУЛИСЬ ОНИ С ВОСТОКА, ТО НАШЛИ ДОЛИНУ В СТРАНЕ ШИНАР[15], И ПОСЕЛИЛИСЬ ТАМ.

/3/ И СКАЗАЛИ ДРУГ ДРУГУ: «ДАВАЙТЕ СДЕЛАЕМ КИРПИЧИ И ОБОЖЖЕМ В ОБЖИГАЛЬНЕ»; И СТАЛИ У НИХ КИРПИЧИ ВМЕСТО КАМНЕЙ, А СМОЛА ГОРНАЯ СТАЛА У НИХ ВМЕСТО ГЛИНЫ.

/4/ И СКАЗАЛИ…

– Они изобрели методы собственного возвышения, строения.

– Это не природные материалы?

– Нет, это не природа! Кирпичи вместо камней, смола вместо глины – то есть я сам создаю те ступени, на которые желаю подняться.

Это совершенно не свойственно животному, оно не создает орудия труда и элементы для постройки дома. Мы знаем, что птицы вьют гнезда, но используют для этого готовые части.

А человек отличается тем, что создает эти части. И это очень глубокое философское понимание развития человека: он создает, понимает и заранее знает, почему и как это нужно сделать. Животный уровень этого не предполагает.

---

[15] *Шинáр* (ивр.) – соответствует русскому Сеннаар – в Библии долина земли Сеннаар – место, куда пришли потомки сыновей Ноя.

/4/ И СКАЗАЛИ ОНИ: «ДАВАЙТЕ ПОСТРОИМ СЕБЕ ГОРОД И БАШНЮ, ГЛАВОЮ ДО НЕБЕС, И СДЕЛАЕМ СЕБЕ ИМЯ, ЧТОБЫ НЕ РАССЕЯЛИСЬ МЫ ПО ВСЕМУ ЛИЦУ ЗЕМЛИ».

– В человеке возникает такой эгоизм, который говорит: «Я должен построить себя, свою башню до небес. Своим пониманием, эгоизмом, собственным трудом я все это могу сделать. И я расселюсь по всей земле, потому что я крепкий, и моя башня – до неба. Я стою в центре мира и своим пониманием и осознанием включаю в себя всю природу, все творение».

Помнишь те лозунги, которые когда-то мы слышали? Человек – венец природы, он должен подчинить себе природу…

– **«Человек – это звучит гордо».**

– Да. «Жизнь – это способ существования белковой материи», а мы выше всего. Это такой хороший материалистический, капиталистический эгоизм, в котором заложен прогресс. Он зарождается в человеке на первой стадии его развития.

Мы говорим сейчас не о том, что произошло пять тысяч лет назад, а о нашем внутреннем духовном развитии.

Вот так возникает у человека ощущение этого эгоизма: я сам хочу достичь цели, я сам готов, я сам умею, могу, я поднимусь вверх до неба, и я расселюсь, то есть покрою собой весь эгоизм. Как змея проглатывает что-то огромное, так я проглочу весь земной шар и поднимусь до неба.

Змей, олицетворяющий наш эгоизм, – это и есть наше свойство, которое тогда проявилось впервые.

ГЛАВА «НОАХ»

ЖЕЛАНИЕ РУКОВОДИТ ЧЕЛОВЕКОМ

– Эти люди, пережившие потоп, они духовно прозрели?

– Ты говоришь о тех людях, которые исторически жили в то время?

– О тех, которые начали строить башню, у которых уже есть ощущение духовного.

– Ты говоришь о каббалистах, которые прошли это в себе?

– Я говорю о строителях.

– Ты спрашиваешь о том, что было в материальном мире, о поколении, пережившем потоп? Все это исторически более или менее подтверждается. И хотя нам это неважно, но есть книги, где все описывается.

– Существуют доказательства того, что была эта башня.

– Об этом пишет Иосиф Флавий, *«Мидра́ш раба́»* («Великий комментарий»), и есть еще много книг. Это известные вещи.

Так о чем ты говоришь? О том, что исторически происходило на поверхности земного шара или о том, что происходило в каждом каббалисте, внутренне проходившем эти этапы? Либо о том, что нам, как будущим каббалистам, предстоит еще пройти такой же процесс?

– Оставим исторический аспект и рассмотрим то, что происходило с каббалистами. У них было ощущение духовного мира, и вдруг происходит такое падение в эгоизм?

– Тот, кто начинает заниматься каббалой, сразу это ощущает. Вдруг из его высоких побуждений, целей, направлений, после ковчега, после всего этого вдруг – бум! – человек падает в свой эгоизм: «Я должен этим овладеть, до этого подняться, я должен все-все вобрать в себя».

– **Куда исчезает память о духовном состоянии, которое он ощутил?**

– А этого нет! У человека нет памяти, им руководит желание. А память, мысли и разум существуют только для того, чтобы реализовать желаемое. Поэтому все хорошие свойства, которые я приобрел, стремления, все теории – это все…

Есть притча о дрессировщике кошек. В притче говорится о некоем человеке, который выдрессировал кошек, желая всем показать, что они у него абсолютно как люди. Он пригласил гостей на пир, а кошек нарядил официантами. Они вносят угощение, подают его к столу.

Среди гостей был человек, считавший, что животную природу нельзя изменить. Он принес на пир мышку в табакерке. В какой-то момент он открыл табакерку и выпустил эту мышку. И вот все кошки бросают свои подносы, забывают обо всем и бегут за этой мышкой.

Что я хочу сказать? Если появляется истинное, натуральное, природное желание, то умом, приобретенным всевозможными учениями или моралью, его не перешибешь. Человек мгновенно падает. Мы видим: великие люди вдруг становятся фанатиками, марионетками — «флаг в руки» и вперед.

– **Куда что девается?**

– Никуда не девается – реализация желания все меняет, делает другим.

Глава «Ноах»

Однажды летом я был в Лондоне, в солидном, богатом районе. Жара стояла, наверное, плюс 35 градусов, и очень высокая влажность. К такой погоде они не привыкли. Мне было интересно посмотреть, как будут себя вести чопорные англичане, всегда прилично одетые и застегнутые на все пуговицы.

Они ходили в шортах, рубашки нараспашку — не могли с собой ничего поделать. Было ощущение, будто ты находишься на израильском рынке. Куда делась английская чопорность? Весь внешний аристократизм куда-то исчез. Когда человека достало, то ему ничего не важно. Ничего не остается, это все глупости.

КИРПИЧИ ВМЕСТО КАМНЕЙ

— **Есть такая книга, которая называется «Великий комментарий», на иврите — «Мидра́ш раба́», о которой мало кто знает из наших читателей.**

— Она написана великими людьми и рассказывает о древнем Вавилоне, о Нимроде, о том, как строилась башня, о многих поколениях, живших в те времена, о племенах, которые собирались в долине, где строили башню.

Описание этой башни встречается у древних греков, передававших это знание из поколения в поколение, у Иосифа Флавия. Она была точно измерена: 90 локтей на 60 локтей, 7 этажей. Наверху было особое место для жертвоприношений.

Даже с точки зрения современной технологии, очень непросто построить такое сооружение. Современная техника, конечно, может все это сделать, но в то время, с теми средствами, которые были у них, это было очень трудно.

– **Я хочу прочитать маленький отрывок из книги «Мидраш рассказывает», чтобы мы почувствовали, что там происходило.**

«Построение башни было гигантским предприятием. Так как в земле Вавилона не было камня, люди изобрели новый строительный материал: они обжигали глину в печи и полученные кирпичи использовали вместо камней».

– Это очень глубокое понятие. Камень или лев а-эвен – каменное сердце – это особое эгоистическое состояние, которое практически не разрушается. Его нельзя исправить, оно существует в природе.

Мы будем еще говорить о том, почему перемалываются камни, и из них делается бетон – современный стройматериал.

– **Но пока мы с камнем не работаем, а как бы, откладываем его в сторону?**

– Да. Мы обтесываем камни, пользуемся ими, но только обрабатывая их снаружи.

А у них этого не было. Чтобы подняться к небу, они должны были создать что-то из своего эгоизма. И они свой маленький эгоизм обжигали, компоновали, прессовали, чтобы создать из него кирпич – лев а-эвен – неизменное эгоистическое свойство, на котором они смогут подняться.

– **Сколько информации скрывается за каждым словом!**

– Везде работают внутренние духовные силы, свойства. Поэтому за каждым маленьким действием можно видеть и его причину, и то, что оно дает для продвижения.

– Вот что написано в «Великом комментарии»: «Кирпичи изготавливались как будто сами собой: когда люди клали в кладку один кирпич, они обнаруживали в стене два кирпича, когда они клали два, то в стене появлялись четыре. Башня росла и росла и вскоре стала такой высокой, что требовался год, чтобы взобраться на ее вершину. На башню вели две широкие лестницы: одна – с восточной стороны, другая – с западной».

– Когда мы будем говорить о строительстве Храма, может быть, разберем эту башню, Храм и пирамиду и сравним между собой эти строения. Тогда мы и выясним, почему человек воздвигает жертвенник, как свое возвышение, свой эгоистический или альтруистический триумф, почему он это делает именно так, какая разница в строении, то есть в совокупности желаний, образующих это здание.

ВАВИЛОНСКИЕ БАШНИ МАНХЭТТЕНА

– Сразу вспоминается Америка и американский лозунг: «Сделай себя сам». Он звучит, как «построй башню», правильно?

– Конечно.

– И растут башни Манхэттена, поднимаются, и все американцы, съехавшиеся туда со всего мира, представители многих наций, говорят на одном языке – английском. Они хотели построить эту башню до небес и хотят до сих пор? Можно ли нам делать такие выводы?

– Да, с одной стороны. Но с другой стороны, Америке повезло. Естественно, это не случайно. Она изначально рассматривалась как приют для беженцев – всех и разных. Америкой владело идеалистическое начало: «Мы должны показать всем новое устройство мира, новый свет. Новый – по сравнению со старой, разрозненной, находящейся внутри застаревшего эгоизма, мелкого шовинизма, национализма различных сортов Европой.

– **Населенной не любящими друг друга людьми…**
– Разные религии, и в каждой — десятки всевозможных вариаций. Очень разобщенная, очень противоречивая Европа. Мы хотим сделать все наоборот.

Негры очень быстро прошли этот путь. Война Севера с Югом – это война белых с белыми за освобождение, за то, чтобы не было рабства. Причем, англичане, их англо-саксонское образование, подход к жизни дали всем возможность быть свободными. Сегодня мы видим, насколько в Америке почитаемо равенство возможностей.

И те же англосаксы, которые строили Америку, дали возможность всем остальным подняться, участвовать в жизни и даже занять ключевые позиции.

– **Президент – афроамериканец.**
– Не только президент афроамериканец, но и главный судья, и прокурор. На ключевых постах находятся итальянцы, испанцы. В большинстве американских городов, я думаю, сегодня мэры – афроамериканцы, зарекомендовавшие себя, как прекрасные руководители и администраторы.

Где, в какой стране есть нечто подобное? Какая страна может показать такую возможность быстро пройти все этапы развития?

Россия по сей день не вышла из феодализма. Из феодализма! В ней до сих пор чувствуются те же отношения, что были во времена Ивана Грозного, когда любому можно было ноздри порвать, в землю закопать. Разве в Европе или в Америке такое возможно?

Я говорю сейчас о плюсах: Вавилонская башня похожа на Америку тем, что она дала возможность людям соединиться. И пока строили Вавилонскую башню, они были эгоистически соединены. Построив ее, как бы добравшись до неба в самом конце своей работы, люди постигли, что, на самом деле, остались эгоистами и ненавидят друг друга. И вдруг, достигнув такого пика – вершины башни, мы обнаруживаем, что на деле построили для себя гробницу – египетскую пирамиду. Это происходит сегодня с Америкой и со всей нашей цивилизацией.

– **Строили на болоте, не на той почве.**

– В итоге все разрушается. В Древнем Вавилоне была возможность убежать друг от друга, перестать контактировать, как в семье – развестись, разойтись.

А сегодня что мы будем делать? Куда мне от тебя уйти? Некуда. Катастрофа! Рушится наша пирамида, превращается в египетскую гробницу, способную всех нас похоронить под собой.

СТРОИТЕЛЬНЫЙ МАТЕРИАЛ – КИРПИЧИ ЭГОИЗМА

– **Я хочу зачитать несколько строчек из «Великого комментария», и затем попытаемся их объяснить.**

«Строители башни были настолько фанатичны в своем желании закончить башню, что когда какой-нибудь кирпич падал вниз, и разбивался, они причитали: «Как трудно будет заменить его». Однако если человек срывался вниз и убивался насмерть, никто даже не смотрел на него».

– **Как это?**
– Нормально.

– **Что же тут нормального?**
– И у Фараона, когда он строил свои гробницы, было так же.

– **Строители башни были эгоистически соединены, и вдруг они не замечают, как падает человек, но замечают, если падает кирпич?**
– Кирпич олицетворяет желание человека – материал для постройки собственной башни, с помощью которой он надеется подняться до неба. А без этого желания он не поднимется. Если падает кирпич, значит, неправильно поступили, неправильно работают с эгоизмом, чтобы подняться и уравняться с Творцом.

Строители говорили: «Мы хотим подняться до неба, уравняться с Творцом. Мы хотим достичь неба своими силами, своим эгоистическим рвением». Они строили на своем эгоизме, на постижении, на соединении между собой. Почему эта башня не разрушилась раньше, чем они достигли ее вершины? Потому что они были связаны между собой, имели общую цель. А когда люди связаны, Творец ничего не может с ними сделать.

Есть интересное правило: «Город, в котором собрались даже одни грешники, невозможно разрушить». В нем могут собраться забияки, пьяницы, драчуны, воры, убийцы. Но если они хорошо связаны друг с другом, никто не может взять этот город, сколько бы ни осаждали.

ГЛАВА «НОАХ»

– Сколько времени они могут продержаться?

– Столько, сколько будут связаны друг с другом. Если над всеми своими проблемами они будут поддерживать взаимную связь, дружбу, никто не сможет овладеть этим городом. Есть высшая духовная сила в такой связи людей, несмотря на то, что они эгоистично думают о цели.

Такую тесную связь мы видим в армии, в командных видах спорта, на подводной лодке. Людей специально тренируют быть взаимно зависимыми и ответственными друг за друга, иначе невозможно. Побеждает солидарность и связь между людьми.

– Такая солидарность была между строителями башни?

– Да. Они жертвовали собой – главное, чтобы строительство продолжалось, а это еще больше увеличивало эгоизм. Поэтому вместо одного уложенного камня появлялось два, вместо двух – четыре. О чем это говорит? О том, что каждый стремился сделать, как можно больше. Никто не смотрел на других, не сравнивал, кто больше делает. Когда все вместе работают, получается всё, даже эгоистическая башня до неба. И можно достичь Творца!

Только на самом последнем этапе, укладывая самый последний камень, ты вдруг обнаруживаешь, что построил нечто, обратное Ему. И получается вместо вавилонской башни – египетская пирамида, которая погребает тебя внутри.

– Мы сейчас говорили о благородных соединениях. Но были объединения фашистов.

– Это не важно. Несмотря на то, что их дела были направлены против остальных, до тех пор, пока эти люди находились в связи между собой, у них была огромная сила – выше нашего мира.

– **Коллективный эгоизм – это огромная сила?**
– Да. Откуда бы он ни происходил.

– **Это касается и Латинской Америки сегодня, коммунистических режимов, или сегодня там другой расклад?**
– Че Гевара и Кастро всех победили. А сейчас там уже идут картельные деньги.

И тоже самое произойдет с арабским терроризмом. До тех пор, пока там была идея, всё было хорошо. Но уже несколько лет, как там нет идеи.

– **Всё продается?**
– Всё продается и покупается и тут же начинает рассыпаться. Таков конец любого человеческого подвижничества. И все это было заложено в вавилонские времена…

АВРААМ И ЕГО КОНФЛИКТ С МИРОМ СТРОИТЕЛЕЙ БАШНИ

– **В конце главы «Ноах» упоминается об Аврааме.**
– В «Великом комментарии» написано так: «Однажды мимо места, где строилась башня, проходил человек по имени Авраам, сын Тераха[16]. К тому времени ему исполнилось сорок восемь лет, и он был хорошо известен тем, что противился возведению башни».

---

[16] *Те́рах* (ивр.) – соответствует русскому Фарра – в Библии отец Аврама (Авраама).

Он был великим человеком, их жрецом. У него было огромное количество почитателей.

– Речь идет об известном всем нам Аврааме, о начале веры в Единую силу?

– Да, речь идет об Аврааме – основоположнике каббалы и всех религий.

Он был очень известным и уважаемым человеком. Отец его, Терах, был великим жрецом.

– Отец его был первым советником царя Нимрода – так это выглядит на уровне конкретно-историческом.

– Нимрод был царем физическим, а Терах – духовным царем. Авраам же был наследником своего отца. Но, как обычно, сын был против отца. У него была своя философия, он по-другому смотрел на мир, имея на это свои основания, базу.

Терах поддерживал Нимрода, был против своего сына, и между ними разгорелась идеологическая война. В итоге, Нимрод начал преследовать Авраама, которому пришлось скрываться и от своего отца, и от Нимрода. Но он шел на это. Во дворце была очень серьезная интрига.

Мы говорим о единственной императорской власти, которая существовала в то время в древнем мире, причем, очень сильной и явной. Из нее произошли потом государства, народы, армии – вся система управления оттуда: основы философии власти, структуры общества.

Мы все выходцы из того Древнего Вавилона. Мы даже подсознательно, не ощущая того, следуем законам, зародившимся там, установленным Нимродом и Терахом – отцом Авраама. И по сей день, развиваясь эгоистически, мы катимся по той же колее.

– **Вы хотите сказать, что мы поклоняемся идолам?**

– Ну, это, несомненно, об этом я даже не говорю. Я имею в виду, что наше государственное устройство, связи между нами, многие наши общественные и политические институты тоже идут оттуда, несмотря на то, что прошло столько веков.

– **Мы чему-то учимся или нет?**

– К сожалению, нет.

– **А что надо, чтобы мы учились на историческом прошлом?**

– Мы не можем учиться на прошлом, потому что эгоизм на каждом этапе растет. Наш опыт построен на предыдущих страданиях и ударах маленького эгоизма. А теперь он вырос. И на ту величину, на которую он увеличился, у нас нет прошлого опыта – не на чем учиться. Я как будто заново делаю ту же самую ошибку, сам не понимая почему. Но я абсолютно уверен, что сейчас я могу, имею право так поступать.

Предположим, что в прошлом я ошибся на 20 граммов эгоизма. А если сейчас у меня килограмм эгоизма, то я не ощущаю, что должен поступать так, как подсказывает мой прошлый горький опыт.

И получается, что человек все время растет и все время ошибается. И нет никакой возможности развиваться по-другому, кроме как идти от ошибок к немножко лучшей жизни. И так каждый раз: после того, как это небольшое улучшение кончается, возникает новая ступень, и она всегда начинается с ошибки.

– **Так что же делать? Вы можете сейчас сказать?**

– Ничего не делать. Только так и учиться, пока не осознаем это и не скажем себе: «Хватит! Больше мы так не можем».

– А когда мы так скажем?

– Оказавшись перед такой ступенью, когда поймем, что если сейчас ошибемся, то нам конец. И тут необходимо раскрытие каббалы, ее объяснения. Если мы объединим страх перед будущим с распространением науки каббала, что-то может получиться.

– Для этого наука каббала стала доступна сегодня?

– Каббала объясняет человеку, что он совершает новую ошибку, но ее можно исправить заранее, ещё до вхождения на следующую ступень. Такую возможность даёт каббала!

Во мне находится килограммовый эгоизм, а от своего прошлого я получил ощущение неисправности всего лишь на сто грамм. Сейчас на этой ступени, не входя на следующую, я могу исправить килограммовый эгоизм и подняться над ним уже исправленным, заранее зная, что я не сделаю ошибку.

Именно каббала (знание духовных корней и законов) дает мне возможность не вступать на новую ступень неисправленным, чтобы сразу же не получить удар. Сейчас все человечество находится перед такой следующей ступенью.

– **Тут нужен страх? Не страх, который ограничивает, а тот, который бы подтолкнул...**

– Страх – да! Если бы не было страха, я мог бы броситься с крыши, прыгнуть в огонь. Страх – это великая помощь человеку!

– **Сейчас в мир приходит страх, потому что он стоит перед такой ступенью? Люди начинают ощущать этот страх?**

– Сейчас я ощущаю страх потому, что раскрываю силы природы, показывающие мне мою будущую ступень, которые действуют и на этой ступени: допустим, вероятность атомной войны или глобальный кризис. Я заранее вижу, предугадываю следующий этап, потому что он последний, и сейчас он вырисовывается мне достаточно явно.

Здесь необходимо осознать, есть ли у меня возможность каким-то образом себя исправить раньше, чем я прикоснусь к этому своему новому состоянию, должен ли я в него войти подготовленным или можно идти таким, как есть.

– **Мы уже видим, что человечество ищет регулятор. Вдруг все вместе начинают думать: «Что будет? А как сделать? Как мы можем что-то изменить?». Люди начинают просыпаться, бояться.**

– Это хороший признак. Но его мало, потому что в таком состоянии мы еще не знаем, где найти силу, способную нас исправить, чтобы мы взошли на следующую ступень и правильно взаимодействовали с природой. Сегодня мы можем натворить много бед. Как оградить самих себя от того, чтобы не наделать глупостей? Как удержаться и не нажать на кнопку, не затопить весь мир или, наоборот, не высушить его? Как не выпустить в мир какой-нибудь страшный вирус?

Вот здесь и возникает наука каббала, которая объясняет: «Я могу дать такие внутренние силы, которые не позволят ошибаться, будут держать вас в хорошем состоянии. Они не дадут вам сдуру или от злости нажать на какую-то кнопку, по глупости навредить так, что вы уже не сможете найти выход».

– **Выходит, можно предупредить страшные войны?**

– Как начинаются войны? Из-за одной глупости, которая тянет за собой другие глупости и ошибки, они крутятся одна за другой так, что невозможно уже ничего изменить. Как приостановить это, где и как создать какую-то защиту?

Когда в семье начинает разгораться ссора, кажется, что будь здесь и сейчас кто-то, умеющий сказать одно слово, то все бы успокоилось! Но этого нет, и разгорается ссора, и ее невозможно остановить.

Наука каббала дает знание и уверенность, внутреннюю силу, сдерживающую нас настолько, что не появится даже возможность желания нажать на эту кнопку, выпустить в мир смертельный вирус или необратимо повлиять на экологию так, что это может нас погубить.

– **Это как инъекция против любого разрушения?**

– Да, самая важная и необходимая нам сейчас.

АВРААМ ПРОТИВ ЭГОИСТИЧЕСКОЙ ДУХОВНОСТИ

– **Вернемся к «Великому комментарию». Итак, Авраам проходит мимо Вавилонской башни.**

– Был такой случай, он смотрел на то, что натворили царь Нимрод с его отцом Терахом на пару.

– **Вы имеете в виду то, что они вместе построили?**

– Да. С одной стороны, это была царская постройка, с другой стороны, духовная. Она олицетворяла собой духовность и царство одновременно – царство нашей эгоистической духовности в этом мире.

– И вот, что ему кричали люди, как написано в «Великом комментарии»: «Присоединяйся к нам строить башню, ибо ты сильный мужчина и будешь весьма полезен». Он отказался, заявив: «Вы отреклись от Бога, Который и есть Башня, и решили заменить Его башней, сложенной из кирпичей».

– Вы сделали все наоборот, все извратили, построив Бога из своего эгоизма вместо того, чтобы воздвигнуть Его из свойства отдачи и любви. Ваша башня, конечно, рассыплется, потому что в ней нет высшей силы. Так и получилось.

Но Аврааму еще предстояла очень большая работа. Он разбил всех идолов своего отца. Отец пожаловался Нимроду, и Авраам вынужден был бежать. Его преследовали. В общем, у него были большие трудности, потому что он пошел «ва-банк»: против жреческой власти, против идеологии и против физической власти, царской, то есть против двух властей, потому что они были сплетены подобно тому, как в наше время переплетены религия и государство. Хотя должно быть наоборот.

– Они должны быть отделены друг от друга?

– Религия должна защищать человека от власти, быть между ними как бы представителем высшей силы на земле, она должна показывать, что она против насилия и угнетения народа. Религия призвана защищать маленького человечка от власти земной... А на деле она, её представители, переходят на сторону власти и вместе с властью эксплуатируют народ. Во всем мире религии вошли во власть, потому что все они народное эгоистическое изобретение.

– Вы говорите опасные вещи.

– Это констатация фактов.

– Похоже, что это уже понимают.

ПРИЧИНА РАЗРУШЕНИЯ ВАВИЛОНСКОЙ БАШНИ

– **В конце главы «Ноах» написано так:**
5/ И СОШЕЛ ТВОРЕЦ ПОСМОТРЕТЬ ГОРОД И БАШНЮ, КОТОРЫЕ СТРОИЛИ СЫНЫ ЧЕЛОВЕЧЕСКИЕ. /6/ И СКАЗАЛ ТВОРЕЦ: «ВЕДЬ НАРОД ОДИН, И РЕЧЬ У ВСЕХ ОДНА, И ЭТО ЛИШЬ НАЧАЛО ИХ ДЕЯНИЯ, А ТЕПЕРЬ НЕ БУДЕТ ДЛЯ НИХ НИЧЕГО НЕВОЗМОЖНОГО, ЧТО БЫ ОНИ НИ ВЗДУМАЛИ ДЕЛАТЬ. /7/ СОЙДЕМ ЖЕ И СМЕШАЕМ ТАМ РЕЧЬ ИХ, ЧТОБЫ ОДИН НЕ ПОНИМАЛ РЕЧИ ДРУГОГО»./8/ И РАССЕЯЛ ИХ ТВОРЕЦ ОТТУДА ПО ВСЕЙ ЗЕМЛЕ, И ОНИ ПЕРЕСТАЛИ СТРОИТЬ ГОРОД. /9/ ПОЭТОМУ НАРЕЧЕНО ЕМУ ИМЯ БАВЕЛЬ[17], ИБО ТАМ СМЕШАЛ ТВОРЕЦ ЯЗЫК ВСЕЙ ЗЕМЛИ, И ОТТУДА РАССЕЯЛ ИХ БОГ ПО ВСЕЙ ЗЕМЛЕ.

Таков конец Вавилонской башни. Вавилон на иврите – ба́вель (путаница – бильбу́ль).

---

[17] *Ба́вель* (ивр.) – соответствует русскому Вавилон – в Библии древний город в Месопотамии на берегах реки Евфрат.

– Исторически известно, что оттуда люди расселились по всей земле. Как мы уже говорили, оттуда пошли все верования, государственное устройство и так далее.

– О чем здесь говорится относительно духовного пути человека?

– Здесь говорится о том, что сам человек не может ничего построить эгоистически. Ни в коем случае! Он нуждается в высшей силе, потому что все, что у него есть, исходит из этой высшей силы. Но человек получает ее копию в виде негатива и поэтому не может что-то создать, пользуясь только одной этой негативной силой.

Созидает сила отдачи, любви. Благодаря ей мы размножаемся, растем, распространяемся. Эгоистическая сила все оккупирует, захватывает и сжимается.

– Такая черная дыра?

– Да, это черная дыра, поэтому они не могли построить ничего другого.

Почему говорится аллегорически о том, что Творец им помешал? Потому что, войдя в этот эгоизм, человек не сможет из него выйти. В конце эта стадия подобна раковой опухоли, которая пожирает саму себя, пожирая окружающее пространство. Оно гибнет и она вместе с ним.

То же самое и здесь. Человек замыкается внутри своего эгоизма, не может ничего сделать. Он не способен к отдаче, подобно потухшей звезде, которая лишь сжимается, не выпуская наружу ничего, даже радиоактивных излучений. Становится лишь поглощающим телом! И это конечное состояние, не имеющее исправления. Поэтому здесь необходимо вмешательство высшей силы.

На самой последней стадии, когда они уже закрываются, захлопываются, чтобы стать черной, необратимо потухшей звездой, вмешивается Творец. Он как бы отрезает самый последний эгоистический кусочек, уничтожающий обратный путь, и все рушится. Этот маленький эгоистический кусочек остается отрезанным от нас, чтобы не было искушения сделать еще что-нибудь.

– Это как упреждающий союз Творца с человеком – теперь у человека не будет возможности построить «Вавилонскую башню» до конца.

– Вавилонская башня олицетворяет запрограммированную конечную сущность, существующую в природе каждого из нас и определяющую разочарование во всем, что бы мы ни делали. Я всегда буду разочаровываться, не доходить до конца, обнаруживать свою несостоятельность, поверну обратно, начну снова – и так раз за разом, пока не дойду до состояния, в котором почувствую, что мне надо что-то делать не так, как я делаю.

– Фактически им удается довести работу почти до конца. Кажется, что остается сделать еще одно усилие и все – крыша построена. Но в этот момент все и происходит. Пусть бы Творец остановил посередине. Так нет, строительство почти завершено, человек выкладывается полностью, и впереди ему уже как бы светит солнце. И вдруг – нет никакого солнца, а наоборот, он оказывается в болоте.

– Это мы видим каждый раз, на каждом этапе развития человечества.

– Так задумано, что человек должен все пройти до конца и разочароваться во всем, дойти до тупика?

– На нашем духовном пути не может быть такого, чтобы мы, не ошибаясь, поднялись на правильный уровень.

Только так: ошибка и после нее правильный поступок – левая нога, правая нога. Не может быть по-другому.

– **Наступает момент, когда человек благодарит за эту ошибку?**

– Благодарит, когда заранее знает, что ошибается, чтобы извлечь из ошибки строительный материал и использовать его правильно.

– **А можно знать заранее?**

– Да, конечно! Когда я вхожу в эгоизм специально, потому что мне не хватает материала, чтобы построить себя альтруистически, как Храм, а не как пирамиду.

«РАЗБИЕНИЕ» – РАЗОБЩЕНИЕ КАК СРЕДСТВО РАЗВИТИЯ

– **Для чего произошло это разбиение, и люди перестали понимать друг друга? Что это означает в духовной работе человека?**

– Люди эгоистически понимали все свойства друг в друге.

– **Что означают «люди» в человеке?**

– Все внутренние свойства человека. Они перестали понимать друг друга, они разобщены и не работают в одной эгоистической связке. Теперь человек должен каждое из этих свойств исправить и связать альтруистически ради духовного подъема, а не для того, чтобы завладеть всем миром.

И человеку было дано новое условие, средство, возможность для дальнейшего продвижения. Закончился этап зарождения человечества. Вавилонская башня – это башня, рожденная человечеством.

– **Следствием разобщения человечества на нашем земном уровне являются языки, непонимание друг друга?**

– Да, это все оттуда, естественно.

– **Почему говорится о 70 народах, на которые разделился единый народ?**

– Всеми этими народами управляет система, состоящая из 70 частей. В наш мир нисходит одна сила, затем делящаяся, разлагающаяся на 70 подвидов сил... И каждая из них управляет в нашем мире определенной структурой, определенным племенем или народом, поэтому в основе нашей цивилизации лежат 70 разных народов.

В наше время все перемешалось, и не понятно, кто, где находится. Но этого не должно быть. Не зря мы находимся в новом Вавилоне, который собрался заново. Был один народ, и он распался, а теперь он снова собирается вместе в новом Вавилоне и начинает строить правильную башню.

– **Вы говорите: «Собираются вместе в новом Вавилоне». Что это означает?**

– Новый Вавилон – это всё, что у нас есть сегодня, это глобальное человечество, расселенное на всем земном шаре.

– **В наше время все больше и больше проявляется ощущение нашей зависимости друг от друга. Получается, что мы делаем круг? Мы как бы упали с высоты Вавилона, с высоты единого народа и рассыпались по**

всей земле? Сейчас нас соединяют и поднимают до этого же Вавилона?

– Да. Каждый из нас старался создать Вавилонскую башню. И теперь, когда мы собрались все вместе, мы должны осознать, что пришло время строить Храм – Дом Святости (ивр. *Бэйт микдáш*). В каббале «дом» – это сердце человека, его желания.

Храм – это желания человека, всё его эго, только правильно используемые, направленные на любовь друг к другу.

Строй из тех же камней, бери всё то же и делай! Единственная разница – в намерении человека, в том, как он относится к себе, к людям, к Творцу.

ПРАВИЛЬНОЕ НАМЕРЕНИЕ

– **Вы можете сказать, что такое намерение?**

– Намерение – это то, что руководит моими действиями, мыслями, какую цель я преследую при этом. Не само действие – «сделать стакан», а то, ради чего, для кого я делаю стакан – именно это является намерением. То есть намерение – это то, что сопровождает мое действие.

– **Когда я пью воду, я могу присоединить к этому какое-то намерение?**

– Если ты связан с кем-то и хочешь его отблагодарить, тогда есть место намерению. Принимая стакан чая, ты можешь выразить огромное количество свойств, отношений, взаимодействий с кем-то. И не имеет значения, что ты при этом получил. Это может быть какой-то грошовый напиток или подарок – главное то, что ты можешь над этим развить.

Каббала говорит: «Наш мир безумно, ничтожно мал. Но благодаря намерению ты можешь над этим ничтожно малым миром постичь огромные Высшие миры, потому что для этого тебе достаточно того, что стоит буквально копейку».

– **Мой мир расширяется от изменения намерения?**

– Правильно взаимодействуя с Дающим, с Творцом, ты можешь создать такие условия, как будто ты равен Ему. Ты от Него получил этот маленький мирок и, благодаря ему, можешь стать подобен Творцу, если сумеешь развить такое же отношение к Нему, какое существует у Него к тебе. А внизу этот мирок остается ничтожно маленькой точкой, над которой ты вырос до уровня Творца.

– **Поэтому говорится, что наш мир подобен маленькому зернышку?**

– И не надо ничего больше. А мы хотим его эгоистически раздуть. Нам надо развивать не наш мир, а свое намерение. Сначала строится отношение к ближнему. Затем можно перейти от любви к ближнему до любви ко всему мирозданию, к Творцу — общей силе природы.

– **Когда я достигаю любви к ближнему, то я как бы начинаю выходить из себя?**

– Ты начинаешь ощущать вне себя настоящий, не возмущенный тобой, мир. И он совершенно не тот, к которому мы привыкли. Сейчас мы ощущаем всё только в желаниях, направленных на себя. Но стоит изменить их направление «вне себя», как ощущения становятся совершенно иными.

— **Следующий этап подъема – это любовь к Творцу?**

— К Творцу – это ко всему мирозданию, к общей силе. Творец или природа – одно и то же.

— **И к этому должны прийти все?**
— Да.

— **Об этом говорит наука каббала и эта книга – Тора?**

— Эта книга говорит о ступенях развития каждого из нас в отдельности и всех вместе – ступенях, приводящих к такой любви.

Глава
«ИДИ СЕБЕ»

– Мы уже говорили немного об Аврааме, о том, что есть в человеке желание к Творцу, первое на этой стадии эгоизма. Оно ведет нас.

В главе, которую начинаем читать, Авраам главный герой. И повествование о нем начинается... в жанре детектива.

– Глава эта называется на иврите «Лех Леха».

– «Иди и иди себе», как бы?

– Да. «Лех Леха» можно перевести от очень грубого до нежного и трогательного.

– А как грубо?

– Грубо: «Вон отсюда. Иди вон. Пошел вон. Уходи». И, действительно, это так: уходи из того эгоистического мира, царства, в котором ты себя раскрыл. Ведь свойство Авраам раскрывается в древнем Вавилоне.

– То есть Творец говорит Аврааму: «Иди-иди, уходи отсюда»?

– Да. «Иди отсюда. И иди именно в другое желание из своего эгоистического желания. С помощью того, что Я сейчас тебе буду показывать, рассказывать и раскрывать, ты достигнешь выхода в новое желание, духовное, божественное, желание отдачи и любви». Вся эта глава идет на подъем.

– Здесь важно напомнить обстановку того времени, когда родился Авраам. Давайте вспомним снова Нимрода, царствовавшего в то время.

В «Великом комментарии» написано: «Сила и хитрость царя Нимрода вошли в поговорку. Все знали, что его рука, направленная в сердце оленя, никогда не била мимо цели. Горе тому, кто осмелился усомниться в том, что Нимрод был богом, который сам себя сотворил: рядом с его троном всегда стоял палач».

– В принципе, так и должно быть у царя.

– Так о чем здесь говорится?

– Это на самом деле образ настоящего царя. Царь – это человек, которого боятся. Страх. И когда мы говорим об овладении свойствами Творца, мы тоже говорим, что, в первую очередь, это свойство страха, трепета (на ивр. *ира*) – только относительно Творца, потому что постигается Его величие. Не страх перед Его угрозами, а перед Его величием и всесильностью. Такой страх называется трепетом. Он – из уважения, из постижения огромной силы, огромного наполнения, этого всеобъемлющего управления.

– **Перед Творцом я испытываю не страх, а трепет?**

– Да. Это немножко разные вещи. А потом постигается любовь в земной форме.

– **В земном понимании?**

– Да, в понимании. Поскольку мы эгоисты, на нас это действует по-другому. Царь должен относиться к нам жестко, жестоко, вызвать в нас боязнь и страх, трепет до ужаса от Его могущества, когда наша жизнь находится в Его руках без всяких условий, без всяких законов, без всякой логики: захочет – сделает все, что угодно. И на пике этого страха возникает любовь. Это исходит уже из нашего эгоистического желания. К Творцу оно исходит из постепенной трансформации в альтруистическое, а там уже идет к трепету и к открытой любви: неважно, что будет, и даже если вдруг Он не будет в моих глазах Царем, я буду любить Его во всех проявлениях. А Нимрод держится только на том, что рядом с ним был палач.

– **Написано: «Рядом стоял палач». Так говорят и о времени Сталина.**

– На самом деле, тот, кто хочет быть царем, должен быть таким – царем в нашем мире. У Тамерлана, Чингисхана – у них всех было заведено: царь это не царь, если в месяц не делает «секир башка» паре десятков своих людей, причем, это должно быть без причины. Не потому, что он такой «справедливый», а вопреки. Никакой справедливости здесь не должно быть. Здесь должна быть только воля царя.

– **Но здесь же не об этом говорится? Здесь говорится о царе, который властвует в нас, о Нимроде, как о нашем эгоистическом «я»?**

– А этот эгоизм показывает, в общем-то, свою абсолютную нелогичность. Он просто «жрёт» все подряд, заставляет меня терзаться, чтобы завладеть всем миром, хотя я могу заранее даже знать, что это мне во вред.

– **Кто такой царь Нимрод?**

– Это наш эгоизм, который толкает нас на завоевание и не дает мне покоя – даже во вред себе...

– **Что такое палач?**

– Эгоизм. Палач – он *мой* палач, он во мне рубит человека. Это проблема. И я всё равно не могу ничего сделать. Я все равно боюсь его проявления, и поэтому у меня возникает к нему любовь.

– К своему эгоизму?

– Да. Вот на такой ненависти, на страхе возникает любовь. Но она держится, конечно, столько времени, сколько рядом находится палач...

ДОЛЖЕН РОДИТЬСЯ ВЕЛИКИЙ МАЛЬЧИК

– **Но вот-вот наступит какое-то другое время. И пишется так: «Однажды астрологи Нимрода почтительно приблизились к трону и пали ниц перед царем. «Великий государь наш, – объявили они, – нам стало известно о серьезной опасности, которая угрожает твоей власти. Звезды предсказывают, что в твоем царстве скоро родится мальчик, который будет отрицать твою божественность и победит тебя!»**
Такое детективное начало.

– Эгоистическое царство держится на полном эгоизме в человеке, который работает на себя, и ему кажется, что это только на себя. И в этом царстве эгоизма вдруг возникает прозрение – «маленький мальчик». Это новое постижение, новое понимание, которое укажет, что Нимрод ничего не стоит. Даже в том состоянии, когда он маленький и слабенький, он сможет одним своим словом все изменить... Потому что немного выросли все желания, насытились эгоизмом, убедились в том, что он никуда не ведет их, в общем-то, только царствует. В этом и заключается его свойство, его деяния, то есть он не приводит ни к чему. Тогда возникает этот «маленький мальчик», который раскрывает: «А король-то голый!». И Нимрод, конечно, падает.

— **Когда наступает время этого «мальчика»? И кто такие астрологи?**

— Когда эгоизм достигает своего кульминационного величия. А астрологи — это те свойства, которые как бы помогают эгоизму правильно проявлять себя, потому что сам эгоизм — очень тупой, у него есть только одно: «Это мне хорошо!». Он не понимает никаких последствий. Он не видит никаких реакций, действий. Он не принимает во внимание другие силы, которые существуют в природе.

Эти астрологи не настолько ослеплены своим эгоизмом. В них существуют более разумные уравновешенные свойства (в человеке), которые находятся в промежуточном состоянии между огромным эгоистическим желанием и пониманием, осознанием, знанием, мудростью. Поэтому они не такие, как царь, они более мудры, за счет того, что менее эгоистичны.

— **Поэтому они могут предвидеть эту угрозу?**

— Да-да.

— **Итак, сообщается о мальчике Авраме, который вот-вот родится.**

— Это специально, необходимо, чтобы Нимрод об этом знал, потому что иначе Аврам не вырастет Авраамом. Он должен вырастать в гонениях, он должен вырастать в изгнаниях. И мы видим, что так же потом происходит и с Моше[18], и со всеми — любой рост происходит в состоянии изгнания, в состоянии отторжения, давления, преследования.

---

[18] *Моше* (ивр.) — соответствует русскому Моисей — в Библии пророк и законодатель, возглавил Исход евреев из Древнего Египта.

– **Что делает Нимрод?** Он говорит так: «Я издам Указ сооружать специальные дома, в которых будут держать всех беременных женщин. Надо позаботиться, чтобы в живых остались одни девочки».

– Присутствующий при этом обсуждении Тэрах, один из самых высокочтимых придворных, спросил в шутку: «Уж не думаешь ли ты поместить и мою жену в одно из этих сооружений, она как раз беременна?».

– **Тэрах – близкий советник царя Нимрода.**

– Он звездочет. Он волшебник. Он предсказывает все, что хорошо для эгоизма. Он является путеводителем, руководителем, гидом эгоизма в этом огромном царстве. И Нимрод понимает, что благодаря Тэраху он живет и расцветает, и поэтому должен идти ему навстречу.

– **Вот-вот у него родится сын Аврам.**

– И если он покажст Нимроду, что не доверяет ему, то как же он тогда вообще слушает его? Между ними должно быть абсолютно полное доверие – между Нимродом и Тэрахом. Тэрах является как бы следующей ступенькой, смотрящей вперед, дальше, чем Нимрод.

– **То есть он идеолог, как мы говорим?**

– Да.

– **А Нимрод практик.**

Что это за дома? Тут пишется довольно безжалостно: «Надо убивать всех мальчиков и оставлять в живых только девочек». Что это значит?

– Это напоминает нам Фараона в Египте. Он то же самое сказал повивальным бабкам, принимающим роды.

Уничтожили всех младенцев мужского пола, кроме Моше, который остался жив. Он спасся потому, что его пустили по реке в корзинке (*тейва*). Затем его нашла дочь Фараона...

То же самое и здесь: всех младенцев уничтожали, кроме Аврама. То есть из всех желаний, которые рождаются в росте, в развитии, есть только единственное правильное желание, и поэтому человек должен выбрать его.

– **Какое?**

– Я своим эгоизмом могу выбрать только одно единственное желание, с помощью которого могу двигаться к цели. Но мой эгоизм это желание уничтожит. Поэтому должно быть его подсознательное, внутреннее развитие в себе, независимо от меня. Оно вырастает и проявляется, и тут уже я ничего сделать не могу. Есть в нас такие свойства, которые обязаны прорасти вопреки нам и независимо, не ощущаемо нами.

– **И все-таки, что означает – «чтоб в живых остались одни девочки»? А мальчиков убивали.**

– Желания остаются. Новые намерения уничтожаются.

– **Имеется в виду, что «девочки» – это желания?**

– Да. Желания.

– **Недостаток? Или как это сказать?**

– Недостаток, желания – неважно, как сказать. Женщина, женская часть – это сосуд (*ну́ква* – от слова *на́ кев* – отверстие).

– **Мальчики символизируют наполняющее свойство?**

– Да. Это свойство наполнения. Каким образом наполнить? Каждый наполняет по-своему. Так вот, не нужны новые, другие наполнения, нужна прежняя, старая система, и только с этой доктриной мы идем вперед. Наполнение эгоизма. «Давайте больше эгоизма. Как его наполнить, знаю я». Вот это Нимрод.

ТРИ СТУПЕНИ ПОДЪЕМА

– Дальше происходит следующее. Тэрах прячет своего сына в пещере. И в три года Аврам, оглядываясь вокруг, смотря на мир, вдруг начинает чувствовать, что за всем этим стоят силы. Трехлетний Аврам постигает Творца.

– Так говорится. В три года.

– Первый мой вопрос: что значит – «три года находиться где-то в пещере»? Что это за постижение для человека? Что такое: трехлетний Аврам постигает Творца? Что это для меня – для читающего?

– Он начинает осознавать все хорошее и все плохое – первый год. Так и в Египте мы говорим: «Сначала семь лет тучных, а потом семь лет голода». И только потом начинает проявляться средняя линия между ними, которая приводит к выходу, к подъему из Египта. То же самое и здесь.

Первый год – просто осознание мира. Второй – это осознание его эгоистического наполнения: правая и левая линии. И третий год – это осознание его внутренней концепции, внутренней силы, которая им двигает. Третий год приводит его к постижению Творца – Источника.

У нашего мира есть две вожжи: положительная и отрицательная силы, которые управляют этим миром. Третий год, третья часть, это – среднее, откуда исходят две силы. Авраам достигает такого состояния.

– **О каких трех годах идет речь?**

– Естественно, когда говорится: «три года…», – имеется ввиду не трехлетний ребенок. Потом говорится о том, что в тридцать семь лет он начал действовать. И потом, когда у них с Сарой должен был родиться ребенок, это уже столетний возраст. Все это – высота постижения, измерения постижения: три года, семь лет, десять лет, тридцать, сорок, вплоть до ста и до ста двадцати, и так далее. Это меры овладения эгоизмом, природой мироздания и понимания того, как все управляется, и как он должен перенимать от Творца управление – брать управление на себя.

– **Для человека, постигающего духовный мир, эти три года – три ступени его продвижения?**

– Да. Три года – три ступени. Или как в Египте, говорится: семь лет и семь лет, и потом средняя линия уже на выходе – проявление ударов, и так далее.

– **Далее рассказывается о том, что Нимрод как бы подзабыл немного об Аврааме. Авраам – мальчик, уже постигший Творца…**

– Человек так развивается, что на любой ступени, привыкая к ней, он считает, что все продолжается по-прежнему.

– **Так усыпляется эгоизм?**

– Конечно.

РАБОТА С ИДОЛАМИ

– **Вернулся Аврам к отцу своему Тэраху, стал работать в его лавке по продаже идолов. Что это значит?**

– Даже духовное движение там начинается с того, что человек руководствуется своим эгоизмом. Он находится все равно под властью Тэраха. Он вбирает все то, чем этот эгоизм руководствуется, чему он научился. Он берет от своего отца Тэраха все его знания, все его методики, как справляться с жизнью, с эгоизмом. Он учится всему этому вплоть до того, что становится равным ему в использовании этого мира эгоистически – ради себя.

Невозможно начинать духовное движение прежде, чем весь эгоизм не будет находиться в твоей власти, когда ты понимаешь его суть и можешь ею управлять. Это то, чего достигает Авраам.

– **Но когда ты можешь ею управлять, тогда ты ощущаешь, что это плохо для тебя – весь этот эгоизм? Или нет?**

– Нет, поначалу нет. Аврам работает у отца, изготавливает статуэтки, амулеты, божков, продает, то есть зарабатывает эгоистически, на, якобы, духовном постижении. Ему верят, что у него есть связь с духовными силами. Это сила в нашем духовном организме, которая ведет его вперед. На этом этапе мы считаем, что можем преуспеть и в нашем мире, овладевая духовным миром. Продолжается эгоистический, но это уже духовный эгоистический рост.

Сначала мы думали только о примитивной жизни, как Нимрод. Затем начали думать иначе: «Почему? Мы можем, во-первых, эту нашу примитивную земную жизнь сделать намного легче, если привлечем управление высшими силами».

– То есть, используем для себя? Из эгоистических соображений?

– Да, конечно! Хотим притянуть сверху вниз, чтобы быть более здоровыми, более удачливыми, чтобы знать, что будет завтра…. Разве это плохо, если мы будем все знать для нашей жизни? Кто не хочет понимать и знать все?

– Пусть духовный мир послужит мне?

– Конечно. Знание – сила. Затем человек начинает понимать, что это не так: эти силы и существование в сфере высших сил – само по себе добро, само по себе совершенство, величие, бесконечность, без привязки к животному телу и к этой животной жизни. Понимает, что надо не притягивать духовное вниз, в свой эгоизм, а суметь подняться над ним, поднять себя в духовное. Там настоящая жизнь. Зачем мне урывать что-то оттуда для моего мелкого, низкого существования – лучше я сам вырвусь из этого существования туда, наверх.

Вот эта трансформация происходит с Аврамом.

– Это революционная мысль, на самом деле?

– Да! И это происходит постепенно. Так и сегодня: когда человек приходит к нам изучать каббалу, он приходит, потому что ему плохо в этой жизни, и он думает благодаря каббале усовершенствовать эту жизнь, сделать ее лучше.

И мы приветствуем это его начинание, здоровое и такое реальное: «Пожалуйста, товарищ, всё – для тебя, все – открыто». Но когда он начинает заниматься каббалой… И мы ничего не скрываем.

— **И каждый раз начинаешь с «ради себя»…**

— Так устроено в природе, что человек иначе не может прийти к этому: сколько бы ты ему ни говорил, он тебе не верит. У него не остается выхода, он понимает, что здесь есть силы, которые управляют им, так давай-ка он будет хотя бы контролировать их и знать будущее, сопутствовать им.

Потом, через некоторое время, в нем происходит духовная революция: «Зачем же мне еще что-то делать в этой жизни, как-то ее приукрашивать, делать косметический ремонт, если я могу подняться в огромные залы Творца и там быть в своем вечном и совершенном существовании. А здесь все несовершенное, временное – только чтобы как-то избежать различных неприятностей...».

Естественно, что человек эгоистически начинает выбирать духовное вместо материального. Но когда он выбирает духовное и начинает устремляться к нему, потому что там, в отрыве от материального, лучше всего, то приходит к мысли, что и духовное не ради того, чтобы было хорошо, а просто оно само по себе ценно. И так постепенно отрывается ему еще больше…

О ДУШЕ

— **Вы говорили сейчас о трех стадиях. Первая стадия – притянуть духовное на службу себе?**

— Но она тоже не первая. До этого мы существуем просто, как животные в этом мире. На уровне Нимрода.

— **Да, живу спокойно с пивом и телевизором. Потом у меня появляется желание – просто хочу чуть-чуть это все обострить.**

– Потом разочарование, удары, депрессии, наркотики…

– И я хочу, чтобы мне подсластили жизнь? То есть, чтобы это духовное поработало на меня. Правильно? Следующая стадия – я вдруг начинаю понимать, что лучше поднимусь туда. Зачем мне на этой земле крутиться – лучше я поднимусь туда. А дальше что?

– Дальше начинаешь проникаться высшей духовной ценностью, вечностью, осознанием того, что не желаешь быть в этом ради себя, а желаешь просто раствориться в этом свойстве. Быть в нем! Вот это высший пилотаж!

– Я обострю вопрос. Получается, что Вы – ловец душ?

– Я?! Но у человека нет души, там нечего ловить!

– Нет души?

– Есть маленькое животное тельце и все…

– Сначала Вы ему не рассказываете, до чего он дойдет?

– Душа – это и есть состояние растворения в Высшем. Только тогда мы достигаем души.

– А когда мы сейчас говорим о душе…

– Мы просто подразумеваем какую-то свою внутреннюю зачаточную субстанцию, которая разовьется из нас.

– Что значит – «служить божкам»? Что значит – «продавать божков»?

– Это значит, что ты можешь верить в духовные силы, пытаться ими манипулировать, ты сможешь приукрасить себя с помощью знаний, с помощью психологии, всевозможными уловками, которые мы себе в этой жизни придумываем и постоянно их ищем. И правительство, и организации, и обычные люди – все-все ищут каких-то уловок, как сделать свою жизнь более комфортной, хоть немножко менее тяжелой.

– Это называется – «молиться божкам»?

– Это и есть эти «божки»: всевозможные силы природы, которые, авось, нам помогут. «Заграница нам поможет» – как бы «заграница» духовная.

– Это стадия, на которой мне не надо подниматься никуда. Здесь и сейчас дайте мне больше денег, власти...

– Да, на этом уровне Аврам работает. На этом уровне работает Тэрах. А почему же он называется кудесником? Кудесниками, волшебниками мы называем людей, которые в нашем мире могут как-то манипулировать «потусторонними» силами.

ПРОЗРЕНИЕ АВРАМА

– Далее происходит переворот. Аврам начинает «разбивать божков» – рассказывает людям, что это невежество, в каждой из сил видеть отдельного бога. Он утверждает, на основе своего постижения, что есть лишь одна Сила – Творец Единый, источник жизни.

– И люди не хотят ему верить – никто.

– **Отец вообще «закладывает» его Нимроду.**

– Потому что он оторвался от уровня отца, и по закону «отрицания отрицания» он против папы. Он разбивает ему божков, он...

– ...подрывает его бизнес, между прочим.

– Но говорится не об отце, а о сыне.

– **О чем это говорится?**

– Говорится о двух стадиях развития человека, когда он перерос свое прежнее состояние, отрицает его, отталкивается от него, так сказать, давит его и поднимается над ним.

– **Хочет вырваться?**

– Да. И то, что отец против него, и Нимрод против него – это, естественно, помогает ему оторваться.

Мы должны понять, что ничего в мире не создано в виде зла. **Зла в мире нет.** Если мы правильно используем все силы для продвижения к цели, мы видим, что все они полезны, в нужной комбинации между собой, в нужной мере, и вовремя приходят, проявляются в нас.

ИСПЫТАНИЯ АВРАМА

– **Далее Аврам проходит различные испытания. Его сажают в тюрьму на десять лет. Потом его пытаются сжечь в печи.**

– И это внутренние состояния человека: в печи, когда он там ходит из угла в угол, а остальные смотрят, когда же он сгорит.

– **Смотрят в испуге.**

– Но он уже выше этого эгоистического адского огня, когда горит желание наполниться, он уже выше этого, ему уже этого не надо. Оно в нем горит, но он выше него, и поэтому огонь не достает, не трогает его. И прошло десять лет – десять полных этапов его духовного развития. В тюрьме. Любая ступень состоит из десяти частей, так называемых, «*сфирот*», и все – он уже должен освободиться.

– **Это все происходит в нас?**

– Конечно. Внутри человека. Только лишь! Нас история абсолютно не интересует, хотя в истории все эти драмы, все эти действия, все это происходило между различными людьми, персонажами. В духовном это все происходит в одном человеке, в каждом из нас – все эти этапы развития. На нашей земле это происходит в разных людях и в разное время.

«УХОДИ ИЗ СТРАНЫ ТВОЕЙ»

– **От «Великого комментария» возвращаемся снова к Торе. Аврам в нас возмужал, и вот что происходит. Написано:**

/1/ И СКАЗАЛ (БОГ) ТВОРЕЦ АВРАМУ: «УХОДИ ИЗ СТРАНЫ ТВОЕЙ, ОТ РОДНИ ТВОЕЙ И ИЗ ДОМА ОТЦА ТВОЕГО В СТРАНУ, КОТОРУЮ Я УКАЖУ ТЕБЕ.

О чем здесь говорится, в какую страну он должен идти?

– Это очень просто: страна – это *áрец* (от слова *рацóн* – желание), то есть, уйди от своего желания, в котором ты находишься сейчас, в другое новое желание, которое называется «Исраэль («*яшáр* Эль»): Иср*а* – это прямо Эль – это Творец, то есть «прямо к Творцу», то есть прямо к Творцу. Уходи из желания, в котором ты находишься: это вавилонское желание, смешанное, «котел» человечества, из которого оно зарождается. Там еще нет ни народов, ничего... Уходи от него!

Ты должен выйти из прежнего состояния и расти именно в направлении Меня. Направить своё желание прямо к Творцу. Поэтому Авраам – это первичная основа, прародитель народа (народ – все желания в человеке), такое движение внутри человека, которое называется «*Исраэль*» – «прямо к Творцу».

– **То есть во мне появляется какой-то новый народ?**

– В человеке появляется не просто новый народ – в человеке появляется новая идеология, мечта, новое движение, направление, а все остальное, что в нем, уже подчиняется этому движению.

– **Руководителем этого движения является это одно желание?**

– Авраам является руководителем этого движения. Он должен увлечь за собой остальные желания – все, которые он только может из этого сегодняшнего эгоистического желания поднять и увести с собой.

– **В предыдущих главах не было такого указания. Находился на своей земле и жил себе.**

– Но он уже вырос из этого состояния и поэтому должен отделиться. Он не может исправить все свои эгоистические желания, оставаясь в них, что называется «на месте», в этом Вавилоне, который олицетворяет собой весь-весь человеческий эгоизм. Он должен выбрать из него только ту часть, которую действительно может устремить прямо к Творцу, и отделить эту часть от общей части, и именно с ней формировать себя. А вся остальная часть, будто не существует. И поэтому выйди из своего эгоизма и начинай оформляться в своем новом желании, как Творец, в движении к отдаче и любви.

– **Группа желаний, которым плохо в своем эгоизме, начинает двигаться к Эрец Исраэль – стране Творца?**

– Да. Аврам набирает учеников, о чем сказано в «Большом комментарии».

– **Что значит, «от родни твоей, из дома отца твоего»? Что значит «родня»?**

– От всех желаний, в которые ты был раньше погружен, родился в них, использовал их, развивался в них, – ты должен от них сейчас отрываться. Ты не просто идешь вперед, а движение вперед происходит с отрывом от прошлого.

– **Ты оставляешь и отца своего?**

– Ухожу из-под его влияния.

– **«Отец» Аврама – он кто?**

– Это тот исконный эгоизм, из которого мы развиваемся, наш отец родной.

– **Не больно это?**

– Это больно, конечно, больно. От всей родни, от всего. «Куда я иду? Зачем я иду? Что там впереди?», – ничего не известно человеку. Я иду в неизвестное. А другого выхода нет, надо отрываться.

– **То есть я оставляю свою первооснову и отрываюсь от нее?**

– Да. Ведь так повелел Творец.

– **Почему я слушаю Творца?**

— Потому что я уже убедился в том, что мне не надо привлекать Его силы сверху вниз, я сам хочу подняться к Нему.

— **Это уже новая стадия?**

— Да, это уже стадия подъема. Не притянуть духовное в наш мир, чтобы в нем было лучше и легче, а пройти из нашего мира, подняться самому в Высший мир и там быть. Эта стадия уже является новой ступенью, которая называется «*Авраа́м*».

До достижения этой ступени его имя было Аврам, без второго «а» («*хэй*» на иврите), а теперь – Авраам. Связь с Творцом, которую он обретает, добавляет ему этот символ.

— **Что означает этот символ?**

— Это свойство, которое проявляется в нем, в котором он связан с Творцом.

«И Я СДЕЛАЮ ТЕБЯ НАРОДОМ ВЕЛИКИМ...»

— **Дальше говорится так.**

/2/ И Я СДЕЛАЮ ТЕБЯ НАРОДОМ ВЕЛИКИМ, И БЛАГОСЛОВЛЮ ТЕБЯ, И ВОЗВЕЛИЧУ ИМЯ ТВОЕ, И ТЫ БУДЕШЬ БЛАГОСЛОВЕНИЕМ. /3/ А Я БЛАГОСЛОВЛЮ БЛАГОСЛОВЛЯЮЩИХ ТЕБЯ, А ХУЛЯЩЕГО ТЕБЯ ПРОКЛЯНУ, И БЛАГОСЛОВЛЯТЬСЯ БУДУТ ТОБОЙ ВСЕ ПЛЕМЕНА ЗЕМЛИ».

— То есть, оторвавшись от своего исконного эгоизма, выйди из него – начнешь развиваться в подобии Мне: как Я, обретешь те же свойства, ту же силу, те же знания, постижение, величие, возможность управления. Тогда будешь управлять теми силами и свойствами, называемыми «народы земли», которые не могут сейчас идти вместе с тобой. И в итоге, сможешь их тоже поднять на тот высокий духовный уровень.

– Это и называется «управлять ими»?
– Да. «Благословятся они тобой», то есть тем свойством, которое ты получишь от Меня, и приподнимутся на тот же духовный уровень.

– Обычно в нашем земном понимании об этом выделяемом народе говорят: «Как это так, что это за гордыня такая? Что значит, «руководить мною»?
– Руководить – это непросто.

– Лучше не руководить. Лучше не быть таким обособленным.
– Конечно. Это легче. Если мы говорим уже в историческом контексте, то та часть из Древнего Вавилона, которая смогла принять эту идеологию, эту методику духовного восхождения, – она образовала этот народ. Скажем просто, это пока еще не народ, а каббалистическая группа. Она оторвалась от царства Нимрода, от единственной в то время человеческой цивилизации, и начала развиваться самостоятельно. Именно в этом своем самостоятельном развитии она и достигла того, что появился особенный, обособленный народ.

– Что за народ? Поначалу люди, шедшие за Аврамом, назывались иврим, исраэлим, йеудим. Ведь народ (все желания) обозначается по ведущему, главному?

— Народ, шедший за Аврамом, — это «*Исраэ́ль*», согласно цели, которую хочет достичь. Хотя этой цели он давно уже не понимает и не знает, все это из него ушло, и осталось только у каббалистов, которые внутри этого народа скрыто существуют. Наше поколение — это первое поколение, которому эти каббалисты раскрываются и объясняют, что, на самом деле, со всеми нами происходит.

— Когда Вы сейчас говорите о народе Исраэль, Вы подразумеваете евреев?

— Я говорю о народе Израиля, который произошел из того Древнего Вавилона и по сей день обитает на этой грешной земле, — это я говорю о евреях в земном смысле слова. «Народ Израиля» в наше время, это люди, которые начинают приподниматься снова к той же Идее, к тому же духовному постижению: я говорю о тех, которые приподнимаются. Это может быть человек любой национальности, любой религии, любого происхождения: черный, белый, желтый, красный — это не имеет абсолютно никакого значения.

— И его можно назвать «Исра́эль» только по этому желанию — достичь Творца?

— Он называется «*Исраэ́ль*». Как тогда любой вавилонянин назывался, Исраэль, потому что в нем возникало желание к Творцу. «*Яша́р-эль*» — прямо к Творцу. Сегодня любой человек из нашего глобального настоящего Вавилона, который снова проявился, любой человек, который устремлен к той же цели, называется Исраэль. Это не имеет никакого отношения к земной национальности.

— **Если мы говорим, что целью является подъём для всего человечества, то всё человечество станет «Исраэ́ль»?**

— Да! Но опять-таки, в духовном виде. Так, как должно было быть в Вавилоне. Но тогда человечество не смогло, было не в состоянии, а сейчас – в состоянии. Почему? Потому что произошло смешение, разбиение, перемешивание Исраэля с остальным миром. И в итоге, сегодня человечество к этому готово.

— **В каждом человеке есть эта искра?**

— Да.

— **В результате перемешивания?**

— Да. В древнем Вавилоне этого произойти не могло. Нужно было пройти это смешение.

О ПОМЕХАХ, КОТОРЫХ НЕТ

/4/ И ПОШЕЛ АВРАМ, КАК ПОВЕЛЕЛ ЕМУ БОГ; ПОШЕЛ С НИМ И ЛОТ...

— Лот – это обратное состояние, обратная сторона Авраама. То есть Авраам не просто поднимает, тянет сам себя, ведь он уже чистая, отделенная, очень очищенная субстанция, устремленная к духовному, – тут нечего делать.

Для того чтобы прийти к другому желанию, надо по дороге исправлять себя, надо взять с собой эгоистический довесок, который ты можешь исправить. И поэтому Аврам берет с собой своих учеников, то есть человек берет с собой различные желания, которые он может привлечь к себе, исправить их.

Затем он сможет работать вместе с ними, кто-то затем будет выполнять только его указания, а другие служат ему, в некотором смысле, балластом, вредят ему. Но из того, как они ему вредят, он начинает понимать, чего же ему недостает. Потому что помехи показывают человеку, где он слаб, что и где ему надо добавить, чтобы продвинуться вперед.

– В нашем мире человек пытается избавиться от помех...

– Ни в коем случае! Нет такого вообще – никаких помех.

– А Аврам берет их с собой.

– В духовной работе мы должны понимать: Творец создал только добро. И помехи являются индикацией тех мест, которые мы должны сегодня, сейчас исправлять и, благодаря этому, подниматься. Поэтому помеха называется «помощь против тебя».

– Опять революция.

– Аврам – оппозиционер, на самом деле. Мы видим, что когда мы создаем всевозможные партии, противоположные силы, если они находятся между собой в относительной гармонии, то помогают друг другу, и общество развивается благодаря этому. Если приходит диктатор, общество сразу же стабилизируется, но не развивается, даже начинает падать.

Здесь происходит то же самое. Он берет с собой всевозможные силы, которые против него, и которые будут указывать, где ему надо еще расти, чтобы привлечь к себе эти силы, потому что развиваемся мы за счет того, что исправляем бывшие эгоистические, вредные силы и делаем из них силы полезные. Мы обращаем их из ненависти в любовь. Нам не из чего строить добро, кроме как из исправления зла.

– Человек должен, в принципе, радоваться раскрытию в нем всех этих отрицательных свойств?

– Конечно. Так же, как и положительных, и даже еще больше. Так и сказано: «Человек должен благословлять зло не менее чем добро».

– Как же человеку совершить в себе эту революцию?

– Ему надо держать в руках правильную инструкцию, и тогда он не будет бояться. И тогда он будет правильно понимать, что раскрытие зла, на самом деле, должно его радовать, потому что это предвкушение следующей ступени, на которую он поднимается.

– Он как бы очищает себя все время?

– Да.

– Как стакан грязный очищаешь и пьешь чистую воду. А иначе получается, что пьешь все время грязную воду.

Читаем дальше:

/4/ И ПОШЕЛ АВРАМ, КАК ПОВЕЛЕЛ ЕМУ ТВОРЕЦ; ПОШЕЛ С НИМ И ЛОТ; А АВРАМ БЫЛ СЕМИДЕСЯТИ ПЯТИ ЛЕТ ПРИ ВЫХОДЕ СВОЕМ ИЗ ХАРАНА[19]. /5/ И ВЗЯЛ АВРАМ…

---

[19] *Хара́н* (ивр.) – соответствует русскому Харран – в Библии место, где умер отец Аврама Фарра, и из которого Аврам вышел по указанию Господа «в землю, которую Я укажу тебе».

– В тридцать семь лет, как это написано в «Великом комментарии», Аврам разбил статуэтки, и до семидесяти пяти лет он еще блуждал по Вавилону. В сорок восемь лет он видел возведение Вавилонской башни и сопротивлялся этому. И потом, когда началось разрушение, он уже оттуда выходил.

– То есть он ждал этого приказа, внутреннего приказа, выходить?

– Конечно. Он просто еще не дорос до того, чтобы уходить оттуда. Он еще питался за счет тех сил, которые ему давал эгоизм. Он обязан был быть в своем эгоизме, оторваться от него он еще не мог. А в свои семьдесят пять лет он уже достигает состояния, когда может от него оторваться.

ТОЛЬКО ЕСЛИ ТЫ СВЯЗАН С ЦЕЛЬЮ

/5/ И ВЗЯЛ АВРАМ САРАЙ, ЖЕНУ СВОЮ, И ЛОТА, ПЛЕМЯННИКА СВОЕГО, И ВСЕ ДОСТОЯНИЕ, КОТОРОЕ ДОБЫЛИ, И ДУШ, КОТОРЫХ ПРИОБРЕЛИ В ХАРАНЕ, И ВЫШЛИ, ЧТОБЫ ИДТИ В СТРАНУ КНААН[20].

– Пошло движение.

– Лот – отивритского слова «проклятие».

– Взял с собой проклятие?!

– Да-да. Это он и взял. Это его племянник, который ему помогает на самом деле. Потом с этим Лотом будут связаны очень многие перипетии в дороге, в пути Аврама.

[20] *Кнаа́н* (ивр.) – соответствует русскому Ханаан – в Библии земля, в которую «Бог призывает Аврама».

Благодаря им в человеке выявляется такое свойство, когда он понимает, что необходимо для его развития (и здесь нам это явно показывается). Он берет с собой свои отрицательные свойства, которые предполагает исправить, он идет вместе с ними, он о них заботится. Лот – он младший, он маленький. Аврам его как бы подкармливает, заботится о нем. А этот негодяй все время предает его. И благодаря этому Аврам поднимается, растет.

Так что надо понимать эту диалектику, механику, которая в нас. Эта механика на самом деле непростая. Она закрывает нам глаза, потому что мы хотим лучшего и побыстрее. А правильно, здраво смотреть на движущие силы природы просто необходимо. И тогда человек понимает, что у него есть две силы. И отрицательная тоже. И это в нем сидит. И он должен внутри себя их сталкивать и разумно обеими управлять.

– **Вы сейчас всем говорите, что нет ни печалей, ни радостей, ни страданий, как таковых. Ты берешь предателя и радуешься, что идешь с ним.**

– Если я ставлю целью достичь соединения с Творцом, с высшей силой, то для меня и положительные, и отрицательные силы равноценны. Я обязан использовать обе, и только благодаря их правильному соединению в себе, на этом синтезе я могу прийти к Творцу, который является источником обеих этих сил. То есть я должен подниматься, как по трапеции или по пирамиде, и тогда я доберусь до Него.

– **В такой подаче существуют страдания, печаль?**

– Нет! Если ты связан только с целью, то для тебя различные проявления – положительные и отрицательные – они все одинаково ценны. Ты поднимаешься над своим ощущением, приятным или неприятным, прекращаешь анализ по принципу «сладкое или горькое» и поднимаешься к анализу «правда или ложь». Я связан с Ним – значит, это правда, истина, или я не связан с Ним – это ложь. Только это определяет, и тогда ты вступаешь в систему, которая есть абсолютное наслаждение. То есть ты выше, над свойством, над ощущением зла, над ощущением боли, потому что связан с целью. И эта боль является средством, трамплином, поэтому ты одобряешь, ощущаешь ее как необходимое, как самое важное для достижения, поэтому она обретает ту же ценность, что и цель.

– **И что тогда?**

– Это настолько меняет человека, что он приподнимается над любым злом. Он не искореняет зло, как к этому призывают всевозможные методики, религии, – не искореняет. Он должен просто приподниматься над этим в осознании того, что все исходит из единственного Творца, и поэтому, соединяясь в Творце, он видит один источник, и нет разницы между добром и злом.

И потому сказано Адаму, когда он прегрешил: «И будете как Творец, знающие добро и зло», – то есть постигающие добро и зло одновременно, один единый корень.

– **В религиях совсем не так.**

– В религиях, естественно, не так. Они оставляют человека на этом уровне, они не развивают его.

– **В них есть зло – добро. Относительно чего? Это помогает в жизни?**

– Религия дает человеку моральное, психологическое подкрепление в этой жизни, не более. Целью религии не является исправление человека. Религия существует в скрытии Творца, а каббала говорит о раскрытии Его. То есть цель – раскрытие с помощью всех сил и с помощью всего, происходящего со мной. И поэтому, когда возникает каббала, исчезают религии. В этом заключается некоторая «маленькая» проблема, противоречие.

– «Маленькая» проблема? Получается, что религия – это психологический практикум.

– Но религии в виде определенных обычаев, уклада жизни, как некая составная культуры того или другого народа, остаются. Культурные обычаи составляют то наследие, традицию, в которой человечество продолжает существовать.

САРАЙ – АВРАМ

– Кто это – жена Аврама Сарай? Зачем она ему нужна? Я знаю, что женщины очень ждут вашего ответа.

– Это вечный вопрос.

– Что это значит для Аврама? Лот – понятно, Вы сейчас сказали, что Авраам берет с собой того, кто его подталкивает: предателя, в общем-то, как его еще назвать...

– Женская часть для мужской части в духовном движении – это самое важное, потому что женская часть олицетворяет собой все желания, это как сосуд. Авраам – средство для наполнения этого сосуда. Когда эти желания в человеке еще не находятся в движении, устремлении к концепции Авраама, они называются «*Сарáй*». Когда они начинают работать вместе с Авраамом, тогда они называются «*Сарá*». И так же, как Аврам стал Авраам (добавилась «хэй»), Сарай стала Сара, то есть буква «йюд» в конце её имени сменилась буквой «хэй».

– **Каков смысл этих изменений?**

– В этих словах, в этих буквах, в их сочетаниях существует внутренний смысл, из которого и происходят вообще все имена, наименования, названия.

Желание человека, которое уже полностью подобрано, сфокусировано, соединено, готово работать в соединении с его устремлением, называется парой «Авраам и Сара». Итак, они уже идут вперед.

Но проходит много времени, пока они смогут сделать общую работу – родить кого-то. Это называется общей следующей ступенью, когда Авраам с Сарой в состоянии вместе родить следующую ступень, то есть его истинные, исконные желания проявят себя в том же виде, как и его устремление к Творцу. Первое проявление от Авраама к Творцу и называется его сыном Ицхаком. Но это уже следующий рассказ.

– **Мы дойдем до этого состояния – постоянного ощущения бесплодия?**

– Да, да. Я почувствую, что невозможно, я не могу, не представляю, каким образом вывернуть наизнанку свой эгоизм, изменить его настолько, чтобы из него развилось подобие Творцу. Я могу понять, как подняться над ним, как не работать с ним. Но как из него сделать свойство, равное Творцу, подобное Ему – ведь он обратен Ему – этого я не понимаю. И потому рождение из одного мира в другой мир настолько тяжелое. Как внутриутробное развитие непонятно нам: почему именно таким образом ты должен выдавить из себя что-то новое, в этих страшных муках.

ГЛАВА «ИДИ СЕБЕ»

Вообще вся система рождения, вся программа рождения рассказывается в каббале на многих сотнях страниц: каким образом происходит переформирование, переформатирование бывшего эгоистического желания в подобие Творцу. Очень-очень сложный процесс.

ОБ ИМЕНАХ

– Мы сейчас говорили о рождении. Человек рождается, ему дают имя. А что такое – имена в Пятикнижии? Что такое вообще – имена человека?

– Имя – это значит, мое состояние относительно Творца, относительно Его идеала – наивысшего состояния, которое существует в природе. Наивысшее состояние мы называем Творцом. Относительно этой «наивысшей планки» я измеряю себя и изменяюсь, и поэтому изменяю имя свое, именно личное имя. Был Аврам – стал Авраам, была Сарай – стала Сара, и так далее.

– Кто дает человеку имя? Что оно отражает?

– Его постижение. Никто не дает имя. Никто не может дать. Это сам человек, когда он постигает свой духовный уровень…

– Он вдруг его ощущает?

– Он ощущает его как свое имя, как измерение себя. Имя – это измерение себя. В следующий раз я измерил себя у меня другое имя. Что значит «имя»? Стал другим относительно Творца. То есть все имена – это, практически, постижения Творца.

– Имена Творца?

– Да. Когда я называю себя каким-то своим настоящим духовным именем, то я называю, какую часть из Творца я уже постиг, то есть какой части в Творце я подобен. Это и есть мое имя.

– **Говорят: «Тора, Пятикнижие – это семьдесят имен Творца».**

– Да. Всего надо пройти семьдесят ступеней.

– **То есть я был Адамом, потом я – Ноах, потом я – Авраам, потом – Ицхак?**

– Абсолютно все имена. И причем, все абсолютно: и Гитлер, и Сталин, и Билам, и Балак, и Фараон, и Навуходоносор – все, кто угодно, абсолютно все имена!

– **Все там?**

– Все там, и все человек должен пройти.

– **И все – имена Творца?**

– Да. И все – имена Творца, абсолютно все. Нет ничего в мире, что бы ни было проявлением Его. И поэтому не надо бояться и не надо ужасаться: «как же это может исходить от Него?». – Только лишь от Него!

– **Опасные вещи Вы сейчас говорите.**

– Почему?

– **Все имена, даже злодеев мира…**

– Кто же ими управляет, кто же их породил, как не Он? А что, существуют еще какие-то силы, кроме Него: черти, ведьмы, вурдалаки? Так вот, все они под Ним.

– **Из одного источника? И все это – Творец?**

– Абсолютно. Он считается Наивысшим.

– **Для чего Он сотворил все это?**

– А это все – силы проявления нашей эгоистической природы. Так что не надо относиться к ним отрицательно. Надо просто знать, как их правильно использовать для достижения того единственного источника, из которого они исходят.

ПОСТИГАЕМ НАШЕ «Я»

– **Нам говорили: Ну, покажи свое «я». И человек становился сценаристом, режиссером (в частности, я), специалистом в чем-то, ученым. И мы все время думали, что именно это и означает – реализовать свое «я». Но на самом деле это совсем не так. Оказывается, что наше «я» можно ощутить, только если выйти за пределы собственного «я», и тогда ты раскроешь мир, полный любви и добра, а наше «я» является частичкой этого мира.**
Я хотел бы задать вопрос. Сказано, что «человек за свою жизнь должен написать Книгу на створках своего сердца». Звучит странно, если воспринимать это прямо.

– Прямо воспринимать мы ничего не можем, потому что говорится не о нас.

Тора говорит о Человеке. Человек это тот, кто полностью прошел весь путь, предназначенный каждому из нас. В течение многих кругооборотов, постепенно ощущая, осознавая и развивая себя, он поднимается над уровнем животного – нашего сегодняшнего состояния. Ведь человек занимается своим животным телом и в этом состоянии живет. Я не хочу говорить ничего плохого ни о ком или утрировать. Это наша жизнь.

— **И в чем цель множеств этих изменений, таких мучительных порой?**

— Цель заключается в том, чтобы *в течение жизней* прийти к такому состоянию, когда под влиянием внешних факторов и внутренних побуждений мы будем вынуждены начать подниматься – заниматься не только благоустройством себя в тех условиях, которые мы называем наш мир. Это состояние, когда мы пожелаем подняться на другой уровень, то есть войти в ощущение вечного состояния и в нем существовать. Естественно, свое существование в этом мире мы будем поддерживать, но именно в той мере, в которой это необходимо для того, чтобы проникать и дальше захватывать все большую область существования в новом, раскрывшемся нам объеме, вечном и совершенном. Так человек начинает его вдруг ощущать и в него входить.

Войти в этот объем, начать его ощущать, в нем существовать, как бы захватывать его, адаптироваться, отождествлять себя с ним – в этом и заключается суть нашего развития, суть нашей жизни, ее цель. И каббала говорит о том, как это сделать.

— **Это и называется написать Книгу?**

— Это и называется написать Книгу, то есть пройти весь путь трансформации от человека в этом мире к большему... Человек существует, благодаря разным эгоистическим маленьким желаниям: пища, секс, семья, зависть, ненависть, богатство, слава, власть, знания – и постоянно удовлетворяет их. Вместо всего этого, приподнявшись над ними, человек должен заняться проникновением в Высший мир, в высшее состояние.

Об этом говорится в Торе. И Тора дана как инструкция для этого дела. Сказано: «Я создал эгоизм и создал Тору для его исправления». Что значит – «для его исправления»? Это значит, не исправлять эгоизм, а приподниматься над ним.

Эгоизм нас все время толкает обратно, просто тычет нас обратно, как щенка носом в миску, снова в эту нашу жизнь. А Тора, если человек ею правильно пользуется, начинает приподнимать и проводить его сквозь завесу этого мира в другое измерение.

– **На чем человек пишет эту Книгу?**
– Это пишется на сердце человека. Так и сказано...

– **Что это значит?**
– «Напиши на скрижалях...», то есть «на сердце». Сердцем человека называется совокупность всех его желаний. И поэтому, когда человек начинает действительно управлять своим сердцем, своими желаниями, пытаться над ними возвыситься, приподняться и начать по-другому ощущать мир, тогда он начинает, в общем-то, выходить за рамки своего сердца. И тогда на его внешней оболочке он начинает писать.

– **И какие чернила здесь используются?**
– Кровь.

– **Можно так и сказать, что это пишется кровью на сердце?**

— Кровь, вообще-то, не самая высшая субстанция. Кровь на иврите – *дам,* от слова *домэ́м* – это самая низшая субстанция, *домэ́м* переводится, как неживая.

Кровь движется в нас по разным сосудам, по капиллярам, но она неживая, потому что она подобна воде, хотя и говорится, что это «живая вода», ведь она дает жизнь. Кровь дает жизнь, сама по себе не обладая этим свойством, будучи неживой субстанцией.

То же самое происходит и здесь. На самом деле все пишется светом, то есть как бы неким «лазерным пером». В наше время понятен такой пример. Так это и пишется.

— **Когда Моше писал эту книгу…**

— Моше – это имя ему дала дочь Фараона (ее звали Батья), которая нашла его в реке Нил. Она и дала ему имя Моше, потому что она его вытащила оттуда (*лимшо́х* – вытаскивать – имя дано по действию).

Раньше люди давали всему естественные, природные названия, имена. И сегодня они остались в общечеловеческом обиходе. Все они происходят из каких-то действий, из каких-то особенностей, свойств природы. Это может быть волк, медведь, лиса или заяц. Такими именами называли друг друга. Или названия были связаны с неким особенным действием.

— **Вы как-то сказали, что пишущий проникает как бы в образ Авраама или становится Лотом…**

— О, это обязательно! Человек, который на себе пишет Тору, то есть проходит все состояния, которые там описаны, просто вживается в эти образы. Потому что в Торе говорится не о людях, а о ступенях, о том, как человек должен себя развивать. И он проходит эти ступени. Мы с вами прошли Адама, Ноаха. Теперь мы дошли до Авраама.

Кстати, там пишется о многих великих каббалистах, которые были от Адама до Ноаха, это 10 поколений каббалистов. И также было 10 поколений от Ноаха до Авраама. Это были серьезные ступени, которые человек должен пройти. Но мы их, в общем, уже обговорили.

– **Так можно обговаривать почти каждое имя?**

– Конечно! Имя – это совершено новое духовное свойство, в которое человек входит, живет в нем, и тогда он называется этим именем. И тогда он может писать от этого имени. Потом он переходит к следующему имени, а потом к следующему, то есть к следующей ступени и еще к следующей. Так он вживается в каждый образ и проигрывает в себе абсолютно все.

– **Возможно ли обратное движение? Могу ли я сейчас, грубо говоря, быть Авраамом, а через мгновение Ноахом? Может быть такое?**

– Конечно.

– **Но каким образом это происходит?**

– Это зависит от корня души человека. Стадии, которые он проходит, не обязательно должны соответствовать последовательности Торы, потому что у него может быть какая-то своя определенная миссия в общем собрании душ.

Это можно соотнести с телом человека. Если в общем собрании душ я отношусь, например, к легким, к сердцу или к какому-то другому органу, значит, у меня есть своя определенная цепочка исправления, и поэтому я прохожу одни состояния более выпукло, а другие более скрыто. Я их все прохожу, но некоторые я прохожу в более скрытом виде. То есть я их даже как будто бы не чувствую, они проскакивают внизу, возможно даже ниже моего осознания, а некоторые проходят по мне очень глубоко, и их осознание, ощущение и исправление во мне занимает очень длительный период.

– **Точно так же и в Торе, например, Авраам занимает достаточно большое место.**

– Тора рассказывает, в общем, обо всей системе Адама, которая включает в себя все души. Адам просто является источником, а потом уже рассказывается о его развитии. Но каждый человек проходит все эти этапы, хотя некоторые проходят более выпукло, длительно, а есть такие, которые проходят более скрыто.

– **Мы двигаемся дальше по главе, которая называется «Лех леха». Мы ее определили как «Иди, иди» или грубее «Иди отсюда».**

– Да. «Пошел вон!» – сказал Творец Авраму. «Иди отсюда из этой земли в другую землю» – имеется в виду: «иди отсюда, из этого желания, в котором ты сейчас находишься». Ты находишься в огромном эгоистическом желании, а ты должен идти в такое желание, которое будет связано с альтруистическим побуждением, потому что если ты останешься в этом желании, то не сможешь себя реализовать.

Ты должен подняться из места, которое называется «Вавилон». Это место чистого огромнейшего эгоизма, где люди пытались построить башню до неба, где они не понимали друг друга, где царствовал Нимрод. Там весь человеческий эгоизм так выпукло, хотя и естественно в своем зародышевом состоянии, но очень грубо, прямо и откровенно себя показывал, проявлял.

Глава «Иди себе»

«Иди в такое место» – означает, как бы, наказ: «Поднимись до такого уровня, где ты будешь работать только с теми своими желаниями, с такой их совокупностью, что сможешь относиться к людям с любовью, с отдачей. Поэтому свойство Авраама – это свойство отдачи. Так вот: выходи из этого желания, поднимись на следующий уровень!».

Такова разница между Вавилоном и Землей Израиля, как указывается Авраму. Человек находится в состоянии «Аврам в Вавилоне», но, используя свои свойства, развивая в себе свойство отдачи, должен подняться до уровня земли Израиля.

– Вот так это описано:

/6/ И ПРОШЕЛ АВРАМ ПО СТРАНЕ ЭТОЙ ДО МЕСТА ШХЕМА[21], ДО ЭЛОН-МОРЭ[22], А КНААНЕИ УЖЕ БЫЛИ ТОГДА В ТОЙ СТРАНЕ. /7/ И ЯВИЛСЯ ТВОРЕЦ АВРАМУ, И СКАЗАЛ: «ПОТОМСТВУ ТВОЕМУ ОТДАМ Я ЭТУ СТРАНУ»; И ПОСТРОИЛ ОН ТАМ ЖЕРТВЕННИК ТВОРЦУ, КОТОРЫЙ ЯВИЛСЯ ЕМУ. /8/ И ДВИНУЛСЯ ОН ОТТУДА К ГОРЕ, К ВОСТОКУ ОТ БЕЙТ-ЭЛЯ[23], И РАСКИНУЛ СВОЙ ШАТЕР К БЕЙТ-ЭЛЮ ЗАПАДОМ, А К АЮ[24] – ВОСТОКОМ; ТАМ ПОСТРОИЛ ОН ЖЕРТВЕННИК БОГУ И ПРИЗЫВАЛ ИМЯ ТВОРЦА. /9/ И СТРАНСТВОВАЛ АВРАМ, НАПРАВЛЯЯСЬ ВСЕ ДАЛЬШЕ К ЮГУ.

---

[21] *Шхем* (ивр.) – соответствует русскому Сихем – в Библии место в земле Ханаанской, куда пришел Аврам.

[22] *Элон-Морэ* (ивр.) – соответствует русскому Море – в Библии дубрава Море в месте Сихем.

[23] *Бейт-Эль* (ивр.) – соответствует русскому Вефиль.

[24] *Ай* (ивр.) – соответствует русскому Гай.

— Это означает, что он проходит свои желания. Речь идет не о географии, а о желаниях человека: Бейт-Эль, Ай, Шхем и так далее.

Причем, все эти места уже заняты эгоистическими народами!

— **Кто такие – кнаанеи?**

— *«Кнаа́н»* – это клипа, это самый большой эгоизм человека, который потом проявляет себя еще в большей степени. Но иначе было невозможно, иначе Аврам не смог бы войти в эту землю, то есть в это желание, если бы оно проявилось ему как желание отдачи, любви. Он еще не был к этому готов. Он постепенно-постепенно должен трансформироваться, подняться до этого уровня.

— **Поэтому его водят?**

— Именно для этого. Здесь также говорится о жертвеннике. Что значит жертвенник? Когда ты отрываешь от своего эгоизма и исправляешь какое-то свое желание с получения на отдачу, тогда ты можешь еще больше внимания уделить отдаче, еще больше прочувствовать другого вместо себя – именно это называется жертвенником.

И поэтому на всех этих уровнях желаний, которые он проходит: Шхем, Ай, Бейт-Эль и так далее, – проходя эти состояния, он везде исправляет в себе все эти желания.

— **Разъясните еще немного внутренний смысл понятий «жертвенник» и «жертва».**

— Само жертвоприношение – *корбан* на иврите, от слова *каров*, что означает близкий к Творцу. То есть здесь не имеется в виду зарезать, поджарить и съесть какое-то животное, как это обычно представляется.

Глава «Иди себе»

— ...или положить на жертвенник.

— Да, это то же самое. Положить на жертвенник в бытовом понимании – «жарить на углях». Это, в общем-то, очень приличное занятие, и оно для нас не такое уж отвратительное.

Но имеется в виду, что человек раскрывает свое желание как желание эгоистическое. Сначала он раскрывает в себе эгоизм. И только ощущая себя эгоистом, злым, раскрывая в себе свойства, которые можно исправить, только тогда он вообще может строить жертвенник, приносить это раскрывшееся в нем свойство в жертву и исправлять его на отдачу.

Я хочу подчеркнуть, что он всегда сначала чувствует себя в состоянии эгоистическом, злом, животном, низком.

— **Относительно кого он чувствует свое несовершенство?**

— Относительно Творца. И только после этого он может построить жертвенник – иначе невозможно. На основании чего он будет приближаться к Творцу, если в нем не будут раскрываться его противоположные свойства?

— **Человек испытывает при этом боль?**

— Нет. Наоборот, он испытывает радость, когда ему раскрываются его свойства, противоположные Творцу. А на основании чего, с помощью какого средства он может приблизиться к духовному миру, если в нем не раскроются его противоположные свойства? Именно раскрывая противоположные свойства, приподнимаясь над ними, принося их в жертву, то есть, исправляя себя, он и идет вперед.

– **Но ведь для того, чтобы почувствовать, кто он такой, ему должно что-то раскрыться?**
– Да. Обязательно. Естественно. Сам Творец его и направляет. Он говорит: «Иди и начинай исправляться!».

– **Сначала человеку должно раскрыться?**
– Раскрытие – оно тайное. Оно не может быть явным раскрытием, потому что в человеке нет таких свойств, чтобы увидеть в себе Творца. Я могу увидеть в себе Творца, свойство отдачи, если оно во мне существует. А если оно во мне не существует, как же я Его увижу?

– **Так что же это значит, когда Творец говорит Авраму: «Иди»?**
– У человека, у любого из нас, возникает вдруг желание, толчок: «Я должен идти. Я должен идти вперед. Я должен что-то делать». Вот это и означает, что Творец говорит тебе: «Иди отсюда в другое свойство, на другой уровень. Оно для тебя уже готово».

– **И тогда можно сказать, что это какое-то раскрытие?**
– Конечно, это раскрытие! Это ощущение внутренней потребности, некого давления.

– **Продолжим чтение Торы:**
/10/ И БЫЛ ГОЛОД В ТОЙ СТРАНЕ, И СОШЕЛ АВРАМ В ЕГИПЕТ ПОЖИТЬ ТАМ, ИБО ТЯЖЕЛ БЫЛ ГОЛОД В ТОЙ СТРАНЕ.

Он идет дальше. Творец гонит его, спускает в Египет.
– В еще больший эгоизм.

– **Что значит «голод»?**

— Голод означает, что человек не может себя наполнить. У него уже есть какие-то определенные свойства отдачи, он уже исправил себя до определенного образа. Он уже ощущает это свойство, как высшее свойство, поэтому Аврам считался очень почитаемым человеком, как нам это описывает Тора.

– Дальше об этом говорится, что он двигался с большим богатством.

— Конечно, здесь имеется в виду духовное богатство, а не материальное. Все это необходимо переводить, трансформировать в духовные образы.

После того, как человек достигает такого состояния, когда, в общем, он постиг свойство отдачи, что же ему делать дальше? Он приподнялся на такой уровень над своим эгоизмом…

– Тупик?

— Конечно, тупик: ты просто хороший человек. Ну, а что с тебя возьмешь?! Ну, хороший ты, а что дальше?! Божий одуванчик?

– И дать ты ничего не можешь.

— Да. А как дальше идти вперед? И здесь у человека возникает голод: «Я хочу что-то давать другим. А что я могу дать?». Тот, кто взять не может, что он может дать?

И тогда ему дается следующее указание: «Спускайся в Египет». То есть ты должен спуститься в такое свое эгоистическое желание, которое тебе ни разу не раскрывалось. Это не то желание, из которого ты убежал – из «своего Вавилона», над которым ты приподнялся и взошел на следующий духовный этап. Сейчас это вавилонский уровень. И если ты приподнимешься над ним, то затем ты должен будешь опуститься ниже прошлого вавилонского уровня.

– **Еще ниже?**

– Ты спускаешься в желание, которое называется Фараон. Фараон – это свойство, которое человек раскрывает в себе. Это всепоглощающее свойство эгоистического желания насладиться, насытиться, всем управлять. Это свойство вечного эгоизма. Поэтому египтяне даже смогли в то время делать из себя как бы вечных – они делали мумии.

Они настолько преклонялись перед телом, что могли сохранить его, в общем-то, навечно. Посмотри, что они строили! Причем, с какой энергией, с каким знанием астрономии они строили эти пирамиды, как они все вычисляли! Ведь это невозможно. Я не думаю, что сегодня можно создавать такие пирамиды, вытесывать камни, подбирать все необходимое, чтобы построить такое...

Я слышал от специалистов в области строительства, что на сегодняшний день практически остается загадкой, как это сделано, как можно было управлять таким строительством, как можно вычислять эти ходы, эти лабиринты – все, что есть внутри пирамиды.

– **И это все ради того, чтобы сохранить тело и славу этого Фараона. Поразительно, что можно так заставить науку действовать! А сегодня этого сделать не могут.**

– Да. Так вот, человек спускается – уже после того, как он достиг уровня Авраама в Земле Израиля, то есть поднялся на уровень отдачи. Но разве он может что-то отдавать? И поэтому он спускается в эгоизм, ему раскрывается весь этот эгоизм, его гонит голод. Что значит голод? А что мне отдавать? Мне нечего отдавать! Поэтому моя жизнь, мое состояние относительно других не реализуется. Я должен что-то делать. То есть он сознательно сам спускается в свой эгоизм.

– Но человек должен быть готов спуститься, ведь эта ступень какая-то сумасшедшая…

– Именно это свойство отдачи вызывает в нем готовность пройти в этот эгоизм, пропитаться им и затем уже начать использовать его на отдачу.

Аврам нисходит в Египет, он проникается большим эгоизмом, который раскрывается в нем. И это называется «нисхождением в Египет», в это смрадное место земли. Он проникается этим эгоизмом, но долго он там находиться не может.

А ради чего он спускается в Египет? Для того чтобы его свойство «Сара», его *малхут*, пропиталось новым эгоистическим свойством. Поэтому не Авраам, а именно Сара должна как бы соединиться с Фараоном. И когда это происходит, то – все, он уже может пойти обратно.

Фараон обнаруживает, что Сара принадлежит Аврааму. Что значит «обнаруживает»? Какое дело до этого Фараону на уровне нашего мира?

Дело в том, что если она принадлежит Авраму, то он не может ее использовать, это будет ему во зло, потому что ее свойство – это работа на отдачу, а Фараон работает только на получение. То есть, с одной стороны, она кажется ему привлекательной, потому что свойство отдачи кажется очень привлекательным. А когда эгоизм чувствует, что ничего от этого не сможет получить, то хочет только избавиться от него, и больше ничего. Поэтому Фараона, с одной стороны, привлекает это свойство – наш эгоизм желает свойства отдачи, а когда он приближается к этому, то, хотя и видит, что хорошо бы им обладать, но для этого ему надо оторваться от себя. А если не для себя, тогда зачем вообще отдавать? И он от этого свойства отрывается обратно. Вот это и означает, что Фараон отсылает Сару обратно, он не может с ней быть связан никоим образом. И этого достаточно Аврааму для того, чтобы снова вернуться в Землю Израиля.

– **Что же он взял?**

– Человек взял из своего окунания в эгоизм необходимую его часть. Желание. И он выходит обратно. В чем это ему помогает? Это помогает ему родить следующий этап, который называется «*Ицха́к*[25]».

– **Почитаем еще раз отрывок, который мы уже обсудили. Может быть, Вы захотите еще что-то добавить.**

/11/ И БЫЛО, КОГДА БЛИЗКО ПОДОШЕЛ ОН К ЕГИПТУ, СКАЗАЛ ОН САРАЙ, ЖЕНЕ СВОЕЙ: «Я ВЕДЬ ЗНАЮ, ЧТО ТЫ ЖЕНЩИНА КРАСИВАЯ. /12/ И МОЖЕТ БЫТЬ, КОГДА УВИДЯТ ТЕБЯ ЕГИПТЯНЕ И СКАЖУТ: ЭТО ЕГО ЖЕНА, ТО МЕНЯ УБЬЮТ, А ТЕБЯ ОСТАВЯТ В ЖИВЫХ.

– *Малхут* называется жена. *Малхут* называется сестра. Малхут может быть, в общем, всем, кроме матери. Мать – это *Бина́*. «Скажи мудрости: "Ты сестра моя!"» (Мишлей 7:3). То есть таковы все эти свойства, причем они переливаются между собой. Один раз – это сестра,

---

[25] *Ицха́к* (ивр.) – соответствует русскому Исаак – в Библии сын Авраама и Сары.

второй раз – это жена, третий раз – это может быть просто девушка. Только не мать.

/12/ И МОЖЕТ БЫТЬ, КОГДА УВИДЯТ ТЕБЯ ЕГИПТЯНЕ И СКАЖУТ…

– Обязательно египтяне захотят ее! Потому что она олицетворяет собой выгоду отдачи.

– То, что я приобретаю – это прелесть отдачи?

– Свобода. Вечность. Совершенство.

– Кто не захочет этого?

– Полет. Независимость. Свойство отдачи, которое приподнимает нас в воздух над эгоизмом. Ты находишься в бесконечности, в совершенстве, во всем. Конечно, египтяне хотели. Они видят это издали, но, когда ради этого они должны выйти из своего эгоизма, они не в состоянии это сделать. Что значит: «Аврам говорит Сарай: "Ты должна сказать, что ты моя сестра"»?

/13/ СКАЖИ ЖЕ, ЧТО ТЫ МНЕ СЕСТРА, ЧТОБЫ МНЕ ХОРОШО БЫЛО РАДИ ТЕБЯ, И ЧТОБЫ ДУША МОЯ ЖИВА БЫЛА, БЛАГОДАРЯ ТЕБЕ».

– Да, ему необходимо, чтобы Сара и египтяне, и Фараон понравились друг другу, пересеклись. А как он выходит из Египта? С большими подарками, то есть с большим довеском эгоизма. И теперь он может подниматься наверх, снова к своему свойству отдачи, преобразовывая этот эгоизм, – все эти «золотые украшения», которые он берет с собой из Египта (ведь золото олицетворяет собой эгоизм). И это все человек поднимает до уровня отдачи.

«СКАЖИ, ЧТО ТЫ МНЕ СЕСТРА…»

– **Мы с Авраамом и Сарой в Египте. Ранее мы узнали, что в Египте Авраам стал называть Сару сестрой, а не женой. Почему он так поступил?**

– Желанием, которое называется «женой», Авраам не может зачерпнуть в свой «сосуд» эгоизм, окунувшись в него в Египте. Сара принадлежит мужу Аврааму, а все его свойства относятся к уровню Бины и устремлены только к отдаче. В Египте Авраам должен свой сосуд получения (*кли*) – нижнюю часть своего духовного парцуфа, «жену» – отстранить от себя, сделать свободной от своего влияния, придать этому желанию свойства, называемые «сестрой». И тогда это желание становится способным получить дополнительный эгоизм.

Можно сказать, что родственные отношения, существующие в нашем мире, соответствуют состоянию духовных сил. Жена напрямую принадлежит к духовному парцуфу, Аврааму, а с желанием, называемым «сестрой», у него нет общности, указывающей на их точную принадлежность, оно находится от Авраама как бы на расстоянии. Практически уже только одним своим нисхождением в Египет Авраам делает «жену» своей «сестрой». С желанием, называемым «женой», на этом духовном уровне он не работает.

– **Почему Авраам говорит Саре, что его убьют, если она останется его женой?**

– Свойство отдачи перестанет существовать. Если Сара останется с Авраамом и свойство отдачи окунется вместе с ней в получение, они растворятся в эгоизме. Они не могут работать с эгоизмом вместе – только порознь: мужская часть отдельно, а женская – отдельно.

Сейчас Аврааму нужен такой сосуд (*кли*), чтобы им можно было зачерпнуть дополнительный эгоизм. А потом, приняв довесок эгоизма, это желание снова поднимется к Аврааму и снова станет его женой. Такова работа человека в Египте, потому что его духовный парцуф поделен на две части: мужскую и женскую, где мужчина – отдающее свойство – работает с получающими свойствами, женской частью, сосудами, которые он исправляет и наполняет.

Так же и в нашем мире, когда мужчина берет женщину в жены, он становится с ней как бы одним целым, она получает его имя, через нее он продолжает себя в новых поколениях. «Ты принадлежишь мне», – так говорится у всех народов.

– Рассказывая об Аврааме и Саре, Вы используете один каббалистический термин – бина, отдача…

– Конечно, но только, если они вместе. Авраам с Сарой вышли из Вавилона, поднялись до уровня бины, называемой «землей Израиля», и все время они были вместе.

Теперь, чтобы продолжить свое развитие, им необходимо получить довесок эгоизма. Для этого они должны спуститься в Египет. Но если они погрузятся в эгоизм вдвоем, то полностью растворятся там, он их поглотит. Поэтому Авраам говорит: «Чтобы египтяне не убили во мне свойство отдачи, а ты смогла бы проявить свое предназначение, мы должны действовать отдельно». И так, порознь, они спускаются в Египет. Теперь они связаны между собой только естественным образом, узами родства сверху, от Творца. Сам человек не работал над такой связью, не выстраивал ее. Это позволяет Аврааму внизу, в Египте, через Сару набрать дополнительный эгоизм от Фараона.

Затем они снова поднимаются вверх – их высылают из Египта. Египтяне не могут воспользоваться Сарой, потому что все, что в ней есть, от Авраама. Они не желают этого.

КАК СЕБЯ НАПОЛНИТЬ?

– **Продолжаем читать:**

/14/ И БЫЛО, ПО ПРИХОДЕ АВРАМА В ЕГИПЕТ УВИДЕЛИ ЕГИПТЯНЕ ЭТУ ЖЕНЩИНУ, ЧТО ОНА ВЕСЬМА КРАСИВА.

– Естественно, таких женщин у них нет, все египтянки, то есть эгоистические желания, работают на получение. Многим они не обладают. Как ты можешь насытить эгоизм? В нашем мире эгоизм можно наполнить только на мгновенье – сразу все пропадает.

– **И снова хочешь...**

– Если хочешь. А если не хочешь? Сколько можно? Поел – все, несколько часов сыт. Или даже тебе плохо от того, что съел много. Самым большим наслаждением человека считается секс. И тоже через мгновенье наслаждение исчезает.

Нам надо понять, что естественным образом мы не можем себя наполнить. Мы постоянно стремимся к власти, славе, знаниям, сексу, к различным яствам, сну, развлечениям. Человечество все время изобретает новые удовольствия. Зачем? Да потому что мы не можем ощутить полноту жизни. Если бы человек удовлетворился, он бы ничего больше не изобретал.

– **В конце концов, мы перестаем стремиться к новым изобретениям?**

– Дело в том, что из жизни в жизнь разочарования в нас накапливаются, пока мы не достигаем состояния полного разочарования – не хочется ничего. В наше время в таком состоянии находятся многие молодые люди – это следствие прохождения этим поколением многих-многих кругооборотов жизни. Им уже ничего не надо.

– **Получается, что вся наша жизнь – это процесс накопления разочарований?**

– Конечно. К этому она нас и приводит. И вот, сегодняшнее поколение не желает в этой жизни ничего даже попробовать. Они умнее нас! Мы еще пытаемся заставить их что-то делать, говорим: «Иди учиться! Добивайся чего-то!». И слышим в ответ: «А зачем?».

– **Похоже, уже и родители отчаялись в возможности что-то изменить.**

– И нам уже стыдно за эту цивилизацию «высоких технологий». Но все-таки ответа на вопрос: «А для чего жить?» – еще нет. И, как следствие, логический итог: «Жить незачем», – становится все более явным.

Итак, в этой главе мы читаем, что вдруг все эти желания, все египтяне, «увидели эту женщину, что она весьма красива».

Что же их привлекло в Саре? Дело в том, что в своем эгоистическом разочаровании в возможности наполниться чем-то большим (наполниться не на одно мгновение) египтяне увидели, что это возможно. Но такое наполнение, такое свойство было в Саре от Авраама, от свойства отдачи. Свойство отдачи неограничено.

– **Они увидели в ней бесконечность?**

– Египтяне увидели в Саре возможность бесконечного, безграничного, постоянного, вечного наполнения. А чего же еще можно желать?! Ощущение вечного наслаждения называется «красотой», так «сияет свет наполнения». Такое возможно?! Такая красота?!

Вечное наслаждение притягивает больше, чем все, что может быть. Иного мы себе даже не представляем. Конечно, это послужило связью между желанием, называемым Сарой, и эгоистическими желаниями, раскрывающимися в человеке. И создалась между ними общность, так как Сара это желание получать.

До вхождения в Египет Авраам исправил только очень маленькое желание, оно принадлежало ему, и его нужно было развивать. Сейчас это желание получает эгоизм от египтян. Оно окунается в эгоизм, и египтяне обнаруживают свою несовместимость с Сарой. При всей ее притягательности, они ничего с этим желанием сделать не могут.

РАБОТА С НОВЫМИ ЖЕЛАНИЯМИ

– **Далее происходит следующее:**

/15/ УВИДЕЛИ ЕЕ И ВЕЛЬМОЖИ ФАРАОНА, И ПОХВАЛИЛИ ЕЕ ФАРАОНУ, И ВЗЯТА БЫЛА ЭТА ЖЕНЩИНА В ДОМ ФАРАОНА. /16/ А АВРАМУ ОКАЗАЛ ОН ДОБРО РАДИ НЕЕ; И ДОСТАЛИСЬ ЕМУ ОВЦЫ, СКОТ, ОСЛЫ, РАБЫ, РАБЫНИ, ОСЛИЦЫ И ВЕРБЛЮДЫ.

— Благодаря тому, что Сара находится среди эгоистических желаний, Авраам получает в подарок, как родственник, всех этих «животных» – желания животного уровня. Альтруистическое свойство, называемое «Авраам», начинает вбирать в себя дополнительные эгоистические желания, чтобы начать с ними работу.

– Работа с новыми желаниями – вот что необходимо Авраму! Расскажите подробнее об этой сложной работе.

— Сначала свойство отдачи (*бина́*) спускается в свойство получения (*ма́лхут*). Другими словами, Авраам спускается в Египет и получает там довесок эгоизма. Об этом мы сейчас прочитали: Фараон одаривает Авраама множеством животных, с которыми он и выходит из Египта. То есть свойство бины (отдачи) выходит из свойства получения (*ма́лхут*).

Сначала произошло нисхождение бины в малхут и затем обратно – возвращение бины из малхут.

– Уже с новыми желаниями?

— Да, с желаниями животного уровня,

– Потом, насколько я помню, Авраам строит жертвенник и отдает этих «животных» на заклание?

— Иначе Авраам не сможет ими воспользоваться. Сейчас в Аврааме проявилась определенная доля прежде скрытого в нем эгоизма, так называемые, «египетские подарки». Он должен поднять их до своего уровня, до уровня бины, исправить на отдачу, то есть выполнить работу «на жертвеннике».

– Когда египтяне увидели, что Сара красива, то тут же отправили ее к Фараону?

– Такова естественная, инстинктивная реакция человека на наслаждение. Когда мы замечаем, что можем чем-то насладиться, то сразу же пытаемся использовать эту ситуацию по максимуму. Мы ищем, как же еще можно продлить и усовершенствовать это состояние.

Если у меня есть бутылочка пива, я достаю ее из холодильника, сажусь в удобное кресло, включаю хорошую телевизионную программу, кондиционер. Я делаю все возможное, чтобы получить максимальное удовольствие, я себя довожу до уровня Фараон…

– **Все наши желания, все эти «вельможи», стараются угодить Фараону, стараются вызвать максимальное наслаждение.**

– Да, да. Мы ведем себя так автоматически, подсознательно. Фараон как бы концентрирует в себе все прочие желания – своих «придворных» и «вельмож».

И ПОРАЗИЛ ТВОРЕЦ ФАРАОНА

/17/ И ПОРАЗИЛ ТВОРЕЦ ФАРАОНА И ДОМ ЕГО БОЛЬШИМИ ЯЗВАМИ ПО ПОВОДУ САРАЙ[26], ЖЕНЫ АВРАМА.

– Вдруг человек начинает замечать, что эти эгоистические свойства, на самом деле, начинают проявляться в нем не так, как он предполагал. Они приносят ему ощущение боли, страданий. Он начинает чувствовать, видеть и все ясней осознавать свою природу. Так в нем возникает ощущение: «И зачем мне все это нужно?».

---

[26] *Сарáй* (ивр.) – соответствует русскому Сара – в Библии имя жены Аврама до того, как Бог дал им новые имена.

— **Вдруг такое разочарование...**

— Происходит борьба, внутренний анализ: «Что делать? Куда идти? Стремиться к изменениям или жить по старым меркам?». Наши эгоистические свойства склоняют нас к тому, чтобы забыться, оторваться от новых суждений и оценок, вернуться к прежней жизни.

И таких людей много. Минимум раз в неделю я даю публичные лекции. Каждый раз я спрашиваю у присутствующих: «Кто пришел впервые?». Приблизительно 20 процентов поднимают руки. Значит, через пять лекций новеньких уже не должно быть. Но картина повторяется. Где же они?

— **Куда они исчезают?**

— Оказывается, эти 20 процентов все время меняются. Это люди, которые приходят, слушают, у них возникает ощущение: «Да, это хорошо. Умные вещи. Следует это знать... Если бы не этот постоянный круговорот, проблемы, банк, семья. Нужно отключиться от всего, развлечься... Не сейчас». И уходят.

— **Человек как раз и подумал: «Да, каббала, это красиво...». И вдруг, оказывается, нет времени.**

— «Зачем мне это?!» И я, так сказать, на глиссандо, плавно так, удаляюсь...

— **Но впрыскивание какое-то происходит? Они что-то услышали?**

— Потом все вспомнится и вернется! Никуда они не денутся, все придут к необходимости исправить себя и продвинуться к общему исправления. Но сейчас в человеке поднимается весь «Египет».

– **Эта одна лекция в человеке где-то откладывается?**

– Это работает! И тот Авраам, который побывал в Египте, и Йосеф[27], который тоже там был, и Яаков[28], и Моше – все эти свойства заложены, присутствуют в нас, в нашем эгоизме. Никуда человек не денется! В нем все это уже есть.

– **Значит, Вы не расстраиваетесь, когда человек уходит?**

– Нет. Программа работает. Хотелось бы только хоть чуть-чуть облегчить страдания.

– **Если вдруг кто-то покидает зал во время моих лекций по кинематографии, это задевает мое «я».**

– На такие лекции приходят люди, привлеченные возможностью извлечь пользу для своего эгоизма, и они уходят, если ты не показал им достаточно явно их выигрыш.

Каббалисты, наоборот, работают со свойством отдачи. Я ничего не могу сделать, когда кто-то уходит. Внутренне человек еще не созрел к тому, чтобы сделать следующий шаг. Я не могу сыграть на эгоизме человека.

– **Человеку нужно пройти дополнительные кругообороты или, не дай Бог, страдания?**

– Да, да. Но он дозреет. Может быть, через неделю вернется или через две, а может быть, спустя жизнь или две.

---

[27] *Йосéф* (ивр.) – соответствует русскому Иосиф.
[28] *Яакóв* (ивр.) – соответствует русскому Яков.

– **Ваш учитель рассказывал, что были случаи, когда люди возвращались через много лет.**

– Я был свидетелем этого. Однажды утром на занятия приходит незнакомый человек: «Здравствуйте». – «Здравствуйте». Берет стаканчик кофе, присоединяется к нам, начинает слушать. Буквально через полчаса или час, без всякой связи с первым, приходит еще один человек. Тоже берет кофе, заходит в учебную комнату, садится и слушает. Во время урока РАБАШ вообще ни с кем не здоровался: сделает жест рукой и продолжает – нельзя прерывать занятия, чтобы не нарушить внимание и концентрацию учеников.

Я сидел рядом со своим учителем и тихонечко спросил: «Кто это?». Он прошептал мне на ухо: «Видно, начали возвращаться». Потом РАБАШ рассказал: «Один отсутствовал 8 лет, второй – 10-12 лет, третий – 15». И человек не чувствует, что прошло столько лет – по отношению к духовному он ничего не ощутил.

Бывало такое: возвращается человек, с трудом его узнаешь, настолько он изменился. И вдруг он говорит: «Я все время тут, с вами, в курсе всего», – как будто прошла пара месяцев. А на самом деле, могло пройти 15 лет. Такое ощущение дает нам духовное, оно не связано с осью времени: «Ничего, никуда я не отлучился…, ну, вышел покурить и вернулся».

И ПОЧУВСТВОВАЛ ФАРАОН

– **Итак, Фараон вдруг почувствовал: «Отдача… Сара… Лучше пусть уходит, так спокойней».**

– Фараон не в состоянии воспользоваться свойством отдачи. Он не в состоянии оторваться от своей сути. Такой мощный эгоизм еще не способен подняться до уровня Авраама. Стать мужем Сары – значит стать Авраамом.

Потом Фараон поднимется и до уровня бины, и еще выше. Он способен на большее, чем Авраам, у него огромный эгоизм.

– **Потенциал у него мощнейший?**

– Да, это не Авраам. Свойства Авраама только начинают путь, начинают все это движение. Но, в действительности, все духовное продвижение строится на Фараоне.

– **Значит, вся наша работа заключается в том, чтобы вытаскивать понемногу наружу, частями, свой эгоизм, и хорошенько «промывать» этого Фараона?**

– Конечно, конечно! В этом заключается все исправление.

Воспользоваться свойствами Сары[29] Фараон сейчас не в состоянии, он отказывается. Но! При этом он понимает, что отдача хороша. Ему это ясно, он осознает, что отдача неизмеримо выше его свойств.

То есть после прохождения человеком исправлений уровня бины и сознательного спуска в самое основание своего эгоизма даже самые большие его эгоистические свойства понимают, что надо работать на отдачу.

И сейчас те из желаний, какие возможно оторвать от нижней части своего парцуфа, Авраам передает Саре. Так Фараон приступает к работе на Творца, на отдачу.

Нам только кажется, что какие-то силы в мире работают во зло человеку. Мы ощущаем своё эго как зло в той

---

[29] *Сара́* (ивр.) – соответствует русскому Сарра – в Библии имя жены Авраама (до изменения имен это Аврам и Сара).

степени, в какой не хотим воспользоваться им во благо. Нам надо сменить вектор применения наших желаний, и мы увидим, что всё зло обернулось добром.

ФАРАОН ПРИБЛИЖАЕТ К ТВОРЦУ

– Получается, что Фараон – это классный тренер, который готовит нас к своеобразному прыжку?

– Так и сказано: «*Паро икрив бней исраэль леавину шэ бэшамаим*» (Фараон – *паро́* на иврите) – Фараон приблизил Исраэль к Отцу небесному, приблизил человека к Творцу. Понимаешь? Приближает! Именно спуск в Египет, к Фараону, делает возможным произвести весь этот анализ и прийти к осознанию духовного пути.

– Я думаю, это переворачивает все привычные представления о действительности, в которой мы живем.

– Если человек увидит этот рассказ о Саре, Аврааме и Фараоне как иллюстрацию его внутренних свойств и качеств, то – конечно!

Но кто в этом заинтересован?! Ведь это обязывает человека начать работу над собой. Нужно отыскать эти образы в себе, вжиться в них: «Это проявление моего Фараона, эгоизма, а это – Авраама». Нужно стать психологом своих свойств и качеств.

– Человек может производить такой психологический анализ?

– Да, конечно. Это обязанность каждого человека! После такого внутреннего анализа нужно подняться еще выше, нужно перейти к действию.

Сначала человек не понимает, что он может сделать со всеми этими желаниями. «Какова роль каждого из моих свойств в контексте этого рассказа? Как их идентифицировать и правильно расставить? Я должен осуществить такой сценарий». Это внутренняя драматургия.

– Человек сможет различить: «Это Фараон, сейчас я с ним не работаю, буду следовать за Авраамом»?

– Конечно! Обязательно! Этим нужно заниматься постоянно! Так и сказано: «Своими желаниями и свойствами, на скрижалях своего сердца, человек пишет Тору».

ФАРАОН ОБИДЕЛСЯ

– Далее читаем:

/18/ И ПРИЗВАЛ ФАРАОН АВРАМА, И СКАЗАЛ: «ЧТО ЭТО ТЫ СДЕЛАЛ МНЕ? ПОЧЕМУ ТЫ НЕ СКАЗАЛ МНЕ, ЧТО ОНА ЖЕНА ТВОЯ? /19/ ПОЧЕМУ СКАЗАЛ ТЫ: «ОНА МОЯ СЕСТРА». ТАК ЧТО Я ВЗЯЛ БЫЛО ЕЕ СЕБЕ В ЖЕНЫ? ТЕПЕРЬ ЖЕ ВОТ ЖЕНА ТВОЯ, ВОЗЬМИ И УХОДИ!». /20/ И ОТРЯДИЛ ФАРАОН ДЛЯ НЕГО ЛЮДЕЙ, И ОНИ ПРОВОЖАЛИ ЕГО И ЖЕНУ ЕГО СО ВСЕМ, ЧТО У НЕГО.

Фараон очень вежливо разговаривает с Аврамом: «Зачем ты это сделал? Ну, сказал бы…».

– Похоже, Фараон его боится. Но ведь, на самом деле, Фараон обладает огромной, ужасной силой. Это – смерть, хуже смерти, это – ад…

– Он мог убить Аврама, а не оказывать ему почести.

– Он не может его убить. У Фараона с Аврамом нет контакта. Это два разных уровня – настолько противоположных, что у них нет точек соприкосновения.

А через Сару, находящуюся между ними, как бы осуществляется это взаимодействие, контакт. И поэтому Фараон говорит: «вот жена твоя, возьми и уходи!». Он не может терпеть Аврама в Египте. Пока Фараон думал, что сможет воспользоваться свойством отдачи для получения, он его терпел. А как только убедился, что не сможет этого сделать, сразу же увидел в Саре жену, а не сестру Аврама и поторопился отправить их из Египта.

– **Вот интересно, и раньше у Адама, и здесь у Аврама… Женщина все время является связующим звеном между эгоистическими желаниями и альтруистическими…**

– Всегда! Но это только одна сторона. С другой стороны, женщина способствует установлению нашей связи с Творцом.

– **Грубо говоря, эгоизм является и двигателем прогресса, и его же могильщиком.**

– Сначала могильщиком, а затем – двигателем.

– **Удивительно, какими близкими этому рассказу понятиями выражали свои идеи Маркс и Энгельс!**

ПЕРЕХОД ЧЕРЕЗ ПУСТЫНЮ

– **Читаем далее:**

/1/ И ВЫШЕЛ АВРАМ ИЗ ЕГИПТА, ОН И ЖЕНА ЕГО, И ВСЕ, ЧТО У НЕГО, А С НИМ И ЛОТ, В НЕГЕВ. /2/ АВРАМ БЫЛ ОЧЕНЬ ПОЛОН СТАДАМИ, СЕРЕБРОМ И ЗОЛОТОМ. /5/ А У ЛОТА, ШЕДШЕГО С АВРАМОМ, ТАКЖЕ БЫЛИ ОВЦЫ, И СКОТ, И ШАТРЫ. /6/ И НЕ ВМЕЩАЛА ИХ ЗЕМЛЯ ДЛЯ СОВМЕСТНОГО ЖИТЕЛЬСТВА, ИБО ИМУЩЕСТВО ИХ БЫЛО ТАК ВЕЛИКО, ЧТО ОНИ НЕ МОГЛИ ПОСЕЛИТЬСЯ ВМЕСТЕ.

Снова появляется Лот. Они с Аврамом выходят из Египта с большим имуществом, но оказывается, что не могут дальше оставаться вместе.

– Им не хватает земли.

– **Там земли было столько – видимо-невидимо...**

– Да, Негев. Пустыня.

– **В чем же дело?**

– По дороге они прошли место, где сейчас находится канал, но в то время его еще не было, они пришли в пустыню... Здесь ничего не может вырасти, здесь нет воды – отсутствует свойство бины, отдачи. Человек поднимается на такую ступень, на которой обнаруживает свойство, в котором проявляется неспособность эгоизма наполнить себя. Это не место для жизни, но здесь человек чувствует, что нужно сделать, чтобы приподняться над своим эгоизмом. И тогда он проходит эту пустыню.

На этапе «перехода через пустыню» человек изучает, что такое эгоистическое свойство, преодолевает его и поднимается над ним. И снова оно будет проявляться – и снова нужно приподниматься над ним, и еще, и еще... И так человек идет по пустыне.

– **Этап «переход через пустыню» есть на каждой ступени развития?**

– Да, и во время подготовки, и на каждом из уровней духовного продвижения. Постоянно.

Но дело в том, что Лот и Авраам – это две совершенно различные субстанции в человеке. Авраам – это свойство отдачи, а Лот (его племянник) – это свойство получения. Это свойство в Аврааме еще будет его донимать. Авраам будет его спасать, у него будут проблемы с Лотом. Но таким образом, будто бы мешая, Лот будет помогать дальнейшему развитию Авраама. А сейчас, для того чтобы реализовать себя, Авраам должен отделиться от Лота.

– **Но зачем он тогда спас Лота?**

– Авраам, отражающий более высокое свойство в человеке, свойство отдачи, как старший, понимает, что все его желания, какими бы эгоистическими они ни были, даже «проклятые», – в дальнейшем должны будут исправиться. Это свойство должно быть сохранено, как бы законсервировано, чтобы потом, когда будет возможность, начать его исправление. А сейчас Авраам не в состоянии это сделать. Поэтому между ними возникает трение.

Авраам должен отставить его в сторону, но так, чтобы это желание было удовлетворено. Чтобы оно не мешало. А затем, на более высоких ступенях, когда свойство отдачи окрепнет, с ним можно начинать работу. Таково отношение Авраама к желанию, называемому «Лот». И поэтому Авраам говорит: «Мы должны разделиться, но я предоставляю тебе возможность существовать и в какой-то определенной области действовать. Я же пойду в другую сторону».

Свойства Лота остаются как бы в стороне, а человек, отождествляя себя со свойствами Авраама, продолжает продвигаться в сторону отдачи.

– Получается, что у Авраама есть четкая программа, в соответствии с которой он действует?

– Да, да. Человек сам определяет: сейчас я вышел из Египта; теперь поднялся до следующего уровня желаний – я работаю в пустыне – это Негев.

Везде говорится только о желаниях. Причем, пустыня – это желания неживого уровня, дальше в нас проявляются желания на растительном и животном уровне.

– Это те желания, которые Авраам унес с собой из Египта?

– Да. А желания человеческого уровня – это Авраам, Лот, Сара, Фараон и так далее. Желания и свойства, присущие человеку, рисуют ему картину неживой, растительной, животной и человеческой природы. Вся видимая нами «сцена» существует в нас, как проявление взаимодействий и соотношений различных наших желаний.

– Человеку ясно, какие желания он должен сейчас отставить, а с какими работать?

– Конечно. Как в театре: одна мизансцена сменяет другую, часть актеров уходит со сцены, где-то там, якобы за кулисами, продолжается их жизнь, с ними происходят какие-то метаморфозы. А здесь, на переднем плане, Авраам с Сарой продолжают свой путь по пустыне.

ПУСТАЯ ЧАСТЬ СТАКАНА

– **Вы говорили, что Авраам, Сара – это свойства человека, что они должны пройти этапы пути, чтобы их можно было использовать во благо.**

– Да, мы все время говорим об этом, первое исправленное свойство, которое появляется в человеке, – это свойство милосердия, отдачи. Оно называется «Авраам». Ав – от слова «ведущий», «отец», то есть исходная точка всего дальнейшего развития человека.

– **Еще вы говорили, что Авраам и Сара должны были как бы «окунуться» в Египет...**

– Когда эгоистические свойства, которыми внутренне обладает каждый из нас, проявляются в человеке, это значит, что он окунулся в них, окунулся в свой Египет. И вместе с ними он теперь начинает свое движение. И сейчас его задача состоит в том, чтобы взять эти проявленные в нем эгоистические свойства и исправлять их. И таким образом подниматься все ближе и ближе к Творцу – свойству отдачи и любви.

– **Если это хорошо, когда у человека проявляются большие желания, почему тогда говорят: «Что ж ты проявляешь свои эгоистические свойства? Ты их припрячь». Иногда, правда, возникает путаница между большим эго (большими желаниями) и эгоизмом – обращенностью этих желаний лишь на себя... Так их надо припрятать?**

– Нет, это не путь истины, не путь каббалы. Наоборот, чем больше желания человека, чем больше его эго, тем больше у него возможность роста. Если только он захочет направить свои желания не на рост эгоизма, а напротив, то сможет дойти до уровня Творца.

– По поводу желаний… Вы как-то использовали известное сравнение со стаканом, наполовину пустым. Многие духовные практики советуют смотреть лишь на ту часть в стакане, которая заполнена. Вы же говорите, что взгляд каббалы совсем другой: «Посмотри на эту пустую часть». Каббала объясняет, как наполнить эту пустую часть?

– Да.

– А другие практики этим не занимаются?

– Нет. У них нет средства наполнения, потому они и не занимаются этим. Они лишь призывают человека: «Успокойся. Довольствуйся тем, что у тебя есть. Расслабься. Принизь себя немножко. Согласись с тем, что есть в этом мире, прими его как есть. Ты находишься под волей Божьей, и на этом – всё. Будь добрым, будь хорошим… За это ты получишь вознаграждение – **там**, в будущем мире».

Каббала же говорит: Не существует «там». Никакого «там» нет! Человек умирает, как и все животные. А будет ли у него будущий мир – новое состояние, душа – зависит от того, каковы были его желания здесь и сейчас.

– А как достичь души?

– Если ты хочешь, чтобы в тебе была душа, ты должен развиться до уровня Творца, получить такое свойство.

В то время, когда ты ощущаешь себя существующим в этом теле, ты одновременно должен с помощью науки каббала, по этой методике, создать в себе сам дополнительные свойства, которые вообще не присущи твоему телу, с которыми ты не родился. Ты сам должен создать их в себе.

– **Откуда их взять, если ты с ними не родился?**

– Только из этой методики. Это всё – свыше. А твоя животная суть остается животной сутью, и она умирает. Если ты эту высшую суть в себе смог создать, смог оформить в себе свойства Творца, если ты отождествляешь себя с ними, ты остаешься. Как в этой жизни ты начинаешь ощущать Творца, так ты продолжаешь Его ощущать, когда тело умирает. Ты «прикупил» для себя, ты создал в себе дополнительный орган ощущений, и в нем ты существуешь.

– **И как бы наполняешь эту «пустую часть стакана»?**

– Ты наполняешь эту пустую часть, да. Поэтому каббала и говорит, что человек должен оставить эту земную жизнь в покое. Не в том смысле, чтобы пренебрегать ею или наслаждаться ею, или понизить ее до какого-то мирского низменного уровня – нет. Главное, чтобы твое сердце, твоя забота, все твои мысли были направлены на постижение души, на создание души.

– **Тогда наполняется пустая часть творения?**

– И тогда ты создаешь душу и наполняешь ее, и она наполняется тем, что мы называем «Высший мир». Если нет, то у тебя ничего нет: никакого Высшего мира – ни ада, ни рая. А вот когда ты начинаешь создавать эту душу, то ее попеременные состояния и называются адом и раем. То есть всегда ты раскрываешь их пустые состояния и потом наполняешь и так, постепенно, развиваешь себя.

СТАДА И ПАСТУХИ ВНУТРИ НАС

– **Лот и Авраам вышли из Египта:**
/7/ И ПРОИЗОШЕЛ СПОР МЕЖДУ ПАСТУХАМИ СТАД АВРАМА И ПАСТУХАМИ СТАД ЛОТА; А В ТОЙ СТРАНЕ ОБИТАЛИ ТОГДА КНААНЕИ И ПРИЗЕИ[30]. /8/ И СКАЗАЛ АВРАМ ЛОТУ: «ПУСТЬ НЕ БУДЕТ РАСПРИ МЕЖДУ МНОЮ И ТОБОЮ И МЕЖДУ МОИМИ ПАСТУХАМИ И ТВОИМИ ПАСТУХАМИ: ВЕДЬ МЫ – СЛОВНО БРАТЬЯ!»

– Человек начинает разделять в себе два свойства, которые называются «Лот» и «Авраам». И он считает, что не может сейчас еще исправить свойства «Лот» в себе и поэтому должен разделить плохие свойства и хорошие. Он еще не понимает, как с помощью плохих свойств достигать той же высшей цели, он еще не в состоянии этого сделать.

Так всегда: если в нас есть какие-то качества, с которыми мы не можем правильно действовать, то нам лучше их не использовать, законсервировать, идти вперед. Когда у нас появятся сильные, хорошие свойства, тогда мы можем вернуться снова к этим качествам и уже их исправлять. В настоящее время человек не в состоянии с помощью свойства, которое называется «Авраам», исправлять свойство, которое называется

---

[30] *Презеи* (ивр.) – соответствует русскому Ферезеи – в Библии народ, который вместе с Хананеями населял место, куда пришли Аврам и Лот из Египта.

«Лот», и поэтому он разделяет их в себе. Все те силы, или пастухи Аврама, которые пасут, – это всё свойства. Это целые системы управления нами.

– **Пастухи Аврама и Лота?**

– Да, конечно. Пастухи, указывающие дорогу, – это ведущие стада. Различные наши желания, свойства называются «стадо». А пастух – ведущий эти желания.

– **Красиво.**

– Да, это все красиво. Внутри нас много различных желаний, животных, которых надо вести. И вести к правильной цели могут пастухи Аврама. Пастухи Лота не могут – у них совершено другие цели.

И между ними возникает внутренняя распря – внутри человека. И он не знает, что делать. И поэтому Тора советует: «Раздели, оставь их, скажи: "Давай, пока что, отделимся друг от друга, и все. Лучше разделиться, чем жить во вражде. Останемся нормальными родственниками… на расстоянии"».

В следующий раз Авраам придет спасать Лота и его жену. Это впереди.

А пока, именно благодаря тому, что они разделились, они остаются, так сказать, родственниками. То есть человек понимает, что внутри него находятся эти две силы, и он с одной из них может правильно идти к Творцу, а другую он, пока что, не задействует.

– **Но я вижу – решение за Авраамом. Авраам говорит: «Ты пойди туда, а я пойду туда».**

– Потому что это – ведущая сила, которая понимает, что со второй стороной пока еще ничего не может сделать. Потому что Авраам вообще слаб. Он всего лишь первое возникшее в человеке свойство по пути к Творцу, еще не окрепшее. Авраам – это свойство, работающее **над** эгоизмом. Он не может работать с самим эгоизмом. Поэтому и с Лотом он не может совладать. Он приподнимается и говорит: «Давай отделимся».

Это еще слабый эгоизм – эгоизм Авраама. Когда у него появляется следующая ступень – Ицхак – сын (сын – это следующая ступень за отцом, включающая в себя отца), тогда у него появляется бо́льшая сила, и то недостаточная. Практически, только Яаков может уже бороться со всеми отрицательными свойствами и побеждать их.

– **Из-за того, что Авраам слаб, ему дали просто окунуться в Египет, не побыть там, а окунуться?**

– Да-да. И то, не ему самому, а как мы говорили, через Сару. Через это его свойство.

– **Но все-таки его провели через Египет, он не миновал его, он все-таки окунулся.**

– Да, но провели его определенным образом...

– **То есть человек увидел свой эгоизм?**

– Увидеть – это не значит...

– **Прожить?**

– Да, пройти его и использовать.

ОДЕЯНИЯ НА ИСТИННОЕ ЛИЦО ЭГОИЗМА

– **Дальше Авраам говорит Лоту:**
/9/ «НЕ ВСЯ ЛИ СТРАНА ПРЕД ТОБОЮ? ОТДЕЛИСЬ ЖЕ ОТ МЕНЯ, ЕСЛИ ТЫ – НАЛЕВО, ТО Я – НАПРАВО, А ЕСЛИ ТЫ – НАПРАВО, ТО Я – НАЛЕВО».

Командует Авраам. И говорит Лоту: «Выбирай ты». Не то, что он говорит: «Ты иди туда, а я пойду туда». Это тоже гибкость?

– Эта гибкость, потому что он доверяет своему эгоизму. Он понимает, что, приподнимаясь над ним, он формирует себя. То есть надо не просто отдалиться от эгоизма. Человек формирует свою форму, как мы делаем маску на лице, то есть мы накладываем поверх эгоизма – нашего истинного лица – некий новый материал. И это новое – как бы свойство отдачи, свойство любви, но оно строится над моими эгоистическими свойствами. Я ведь остаюсь в этих свойствах, мне пока нечего с ними делать, невозможно никак работать.

– **Вы говорите вообще о человеке?**
– Да.

– **Он живет с новым свойством – с маской на лице?**
– Да, конечно. Авраам – это маска на эгоизм. Он – дополнение к эгоизму. Эгоизм остается нашим исконным свойством. Он никуда не исчезает. И поэтому Авраам говорит: «Ты выбирай, как делать, а я уж над тобой. Если ты – сюда, то я – туда. Если ты – туда, то я – сюда. Я на тебя одену свою форму».

И так Авраам растет над Лотом, но именно благодаря тому, что Лот проявляет свои соответствующие желания. Лот выбирает для себя место – Сдом, а Авраам для себя – другое место.

– **В окрестностях Кнаана?**

– Да.

– **Если Вы говорите про это новое свойство: «Это маска на эгоизм», то получается, что все люди на земле ходят с маской?**

– Нет. У них никакой маски нет! У них – просто маленький эгоизм и все. Такие маленькие эгоистические личики. И чтобы построить лицо человека, подобного Творцу, надо на животное надеть именно свойство отдачи, и тогда получится свойство человека, или свойство Творца. Это уже наша работа.

Эгоизм постоянно растет, проявляет себя во всевозможных формах, а мы на эти формы накладываем новое свойство – свойство отдачи – и таким образом строим человека. Разница между эгоизмом, то есть нашим животным в нас и человеком в нас, заключается только в поведении: все в себя, для себя или всё вне себя, ради других, как бы наружу.

– **Все для себя – эгоизм, себялюбие, все наружу – новая форма, намерение отдачи, любовь к ближнему?**

– Да. И это – все. И больше ничего. В нашем мире нет критической разницы между человеком и животным. Практически мы все, по своей природе, животные.

– **Не очень приятно это слышать.**

ГЛАВА «ИДИ СЕБЕ»

ПРАВДА ЛОТА?

– **Продолжаем читать.**

/12/ АВРАМ ПОСЕЛИЛСЯ В СТРАНЕ КНААН, А ЛОТ ПОСЕЛИЛСЯ В ГОРОДАХ ОКРЕСТНОСТИ ИОРДАНА И СТРОИЛ ШАТРЫ ДО СДОМА.

Что это – «в городах»? Вот сейчас впервые упоминается Сдом. Впервые упоминается Иордан, окрестность Иордана. Лот приблизился к Сдому. Потом мы узнаем, что Сдом – это город грешников. Это так и должно случиться?

– Лот действует по определенной системе, философии. Лот – свойство, которое находится и в нас, – рассуждает правильно, с его точки зрения. Он говорит: «Для того чтобы построить правильную жизнь на земле, мы должны сделать так, чтобы положенное каждому – сколько ему положено, сколько он заработал, – чтобы оно было у него, и никто не имеет права на это посягнуть». То есть у каждого должна быть своя часть земли, свой дом, свои плоды, семья, дети, жена и так далее – и это является его имуществом, и это имущество надо охранять.

А человек, у которого по какой-то причине ничего нет, – это его проблема: это или Божья кара, или это потому, что он ленится. А создал ли его таким Творец или он ленится сам – это не наше дело, нас это не касается. Что ему положено, то и положено.

Как будто бы он прав... Он говорит: «А какую жизнь ты еще построишь? Начнешь помогать слабым – ты этим разведешь полно всевозможных бездельников. Начнешь, наоборот, угнетать слабых – это же несправедливо, ты приведешь мир к бесправию. А как ты еще можешь сделать? Именно так. Нейтрально».

— То есть подход свойства Лота, его мерки, философия Сдома – это принцип «мое – мое, твое – твое». «Мой дом – моя крепость»?

— Нет! Даже не нужна тогда крепость. Мы договариваемся и живем в этом обществе таким образом, что никто не имеет права посягнуть на чужое, и никто не имеет права, в то же время, помогать чужому, другому, потому что то, что есть у него – это есть у него с Неба, Свыше.

— Это как бы верный подход...

— О! Поэтому-то Авраам говорит: «Я с этим не могу воевать. Не согласен – это верно, но не могу воевать». Потому что Авраам – это свойство отдачи и любви. А свойство отдачи и любви диктует: «Ты должен помогать всем: хорошим, плохим. Ты должен относиться ко всем с добром. Ты не должен судить человека. Вот, надо ему – отдай». К тебе подходят и говорят: «Кому ты отдаешь?! Ты отдал ему последние сто долларов, да он сейчас их пропьет, и ему будет из-за этого еще хуже. Может быть, он из-за этого умрет».

— Что говорит Авраам?

— А Авраам говорит: «Если он хочет, я ему даю». Слепая такая любовь. Разве можно так существовать?! Нет.

Поэтому-то «Авраам» – это не окончательное свойство человека, с помощью которого он может достичь Творца. Это только начальная ступень, потому что она именно отрывает человека от его эгоизма, от прошлого состояния, находится в абсолютной противоположности ему. Но движение к Творцу должно быть построено на совмещении, на симбиозе двух сил.

– **Лота и Авраама?**

– Нет, еще не Лота, потому что Лот – это тоже только разделение: «твое – твое, мое – мое». Это не исправление, не использование эгоистических и альтруистических свойств. Это нечто такое, что не позволяет человеку двигаться вперед, а наоборот, когда Лот со своей женой уходили из Сдома (Авраам его вытаскивал из дома), то жена Лота обернулась и превратилась в соляной столб. Это говорится о том, что если человек хочет остаться в том состоянии, в котором он находится в Сдоме, он просто консервирует себя. «Твое – твое, мое – мое» – в этом состоянии мы не можем двигаться вперед. Мы должны сообщаться. Я должен брать эгоистические свойства, альтруистические свойства в себе и только с их помощью продвигаться.

– **Мы прошли немного вперед и еще дойдем до этого эпизода.**

– Мы должны немного туда и обратно двигаться, чтобы понять всю эту совокупность внутренних свойств человека, ведь весь мир находится внутри нас.

– **А интересно, есть такие люди, например, как Авраам?**

– Да. Но это свойство – отдача (хесед) – очень пассивное, я бы сказал. Одно, само по себе, не в состоянии ничего сделать. Оно лишь начало, которое необходимо…

– **Но будущее не за этим свойством?**

— В зародыше в каждом из нас свойство отдачи, хесед, существует, его надо развить и правильно использовать.

— А вся эта помощь голодным Африки, например. Это тоже, как бы, работа.

— Нет, это не Авраам! Это – из чистого эгоизма. Эти люди такими родились, и эгоизм так ими руководит.

— Но они делают это из чистых побуждений?

— Эти их чистые побуждения – природные. А Авраам – это уже первое свойство исправления. Он уже родился от своего предыдущего состояния – его отца Тэраха – когда поклонялся идолам, когда тоже принимал участие в строительстве Вавилонской башни и понял, что это не путь.

«ЛЮДИ ЖЕ СДОМА БЫЛИ ЗЛЫ…»

— **Продолжим чтение:**
/13/ ЛЮДИ ЖЕ СДОМА БЫЛИ ЗЛЫ И ВЕСЬМА ПРЕСТУПНЫ ПРЕД ТВОРЦОМ.

— В принципе, как мы видим сейчас, эта философия совсем неплоха. Каждый доволен тем, что у него есть. Недовольные же понимают, что это то, что им дано. У тебя есть претензии? Иди к Творцу. Ни к кому ты не имеешь права обратиться. Они заработали то, что у них есть, своим трудом. То, что у них – это их. То, что у тебя – у тебя. Ты родился ленивым, больным, глупым, несчастным, с точки зрения судьбы, скажем – это всё к Творцу. Причем тут остальные? Почему ты от них можешь требовать? Почему они тебе обязаны?

Если бы сегодня мир так существовал…

ГЛАВА «ИДИ СЕБЕ»

– Не было бы войн вообще.

– Никаких войн! Никаких претензий друг к другу. Направление – только на Творца. Это же вообще прекрасно!

– Ну, и чем эта модель плоха для жизни?

– Тем, что нет места твоим действиям, твоему выбору, что у тебя нет инструмента действовать, изменяться, расти – с чем ты придешь к Нему? Ты должен состоять из нескольких противоречивых свойств, для того чтобы работать с ними и, в результате, сравняться с Творцом.

– То есть мы пока ещё разбираемся с одним свойством отдачи…

– Мы потом будем двигаться к Ицхаку, затем к Яакову, и мы поймём, что когда в человеке появляется совокупность этих сил, вот тогда он, обращаясь к Творцу, может, действительно, брать с Него пример и строить из себя подобие.

– Мы, в итоге, должны вобрать в себя дополнительные силы. Поэтому здесь не заканчивается весь путь. Дальше рассказывается, как Авраам расстается с Лотом и идет дальше.

– Это очень серьезный раздел, в нем говорится о дальнейших состояниях, которые человек проходит в себе. Он отделяет уже свой эгоизм. И в нем постепенно начинает создаваться система взаимодействия противоположных сил.

А работа со свойством Авраама становится всё круче и круче…

ЗА СВОЙСТВОМ «АВРААМ»

– Продолжаем читать:

/14/ И ТВОРЕЦ СКАЗАЛ АВРАМУ ПОСЛЕ ОТДЕЛЕНИЯ ЛОТА ОТ НЕГО: «ПОДНИМИ ГЛАЗА СВОИ И ПОСМОТРИ С МЕСТА, НА КОТОРОМ НАХОДИШЬСЯ, НА СЕВЕР И НА ЮГ, НА ВОСТОК И НА ЗАПАД. /15/ ИБО ВСЮ СТРАНУ, КОТОРУЮ ТЫ ВИДИШЬ, – ТЕБЕ ОТДАМ ЕЕ И ПОТОМСТВУ ТВОЕМУ НАВЕКИ.

– Человек как бы издали, с высоты, видит свой эгоизм, все свои желания.

– **Всю свою страну?**

– Да. И он представляет себе уже издали, насколько это можно представить, не окунаясь в свои всевозможные огромные желания, во всю свою внутреннюю бездну, он начинает видеть, что это все ему предстоит исправить, взять под свой контроль, под свою власть: с исправленным свойством Авраама владеть этой землей – этими желаниями.

– **Навеки?**

– Да, навеки. И именно в таком состоянии он сможет достичь равновесия, связи, слияния с Творцом.

– **А что это за «голос Творца» в нем?**

– Это та точка в сердце от Творца, которая его все время ведет, и она ему указывает: «Все твои желания, все твои свойства, все, что в тебе есть – ты должен из них сделать подобие Мне».

/16/ И Я СДЕЛАЮ ПОТОМСТВО ТВОЕ КАК ЗЕМНОЙ ПЕСОК, ТАК ЧТО, МОЖЕТ ЛИ КТО ИСЧИСЛИТЬ

ЗЕМНОЙ ПЕСОК? ТАК И БУДЕТ ИСЧИСЛИМО ПОТОМСТВО ТВОЕ. /17/ ВСТАНЬ, ПРОЙДИ ПО ЭТОЙ СТРАНЕ, В ДЛИНУ ЕЕ И ШИРИНУ, ИБО ТЕБЕ Я ОТДАМ ЕЕ.

– То есть с этим своим свойством, которое называется «Авраам» (свойство полной отдачи), начинай исправлять все свои желания вдоль и поперек. «С востока на запад и с севера на юг» – это называется «с точки зрения отдачи и получения». «С севера на юг» – называется «отдача и получение». «С востока на запад» – это тоже «отдача и получение», только в других координатах.

– **В соответствии с тем, что Вы сказали, я заглядываю, что дальше происходит. Пошли войны…**

– Да. И сразу же внутри человека возникают огромные проблемы, потому что он начинает исправлять свои желания со свойством Авраама, и не так-то это просто. Тут уже начинается исправление.

ИСПРАВЛЕНИЕ

– Исправление – это всегда война. Но война не такая, как мы видим в нашем мире. Это внутренняя борьба человека. Он должен отделиться, противопоставить себя своим желаниям, увидеть, каким образом он сможет одолеть их. Естественно, что у него нет никакой возможности одолеть эти желания, потому что они являются естественными, природными – нет возможности их сокрушить!

– **Что же ему делать?**

– Призывать к себе силу Творца, притянуть к себе силу отдачи, света. С этой помощью он побеждает.

Все желания, которые проявляются сейчас перед ним, представляются ему огромными, страшными. Их невозможно преодолеть, победить. Но именно это вызывает в нем необходимость связи с Творцом. Все жуткие, эгоистические свойства, которые сейчас в нем пробуждаются, на самом деле, подталкивают человека к Творцу. Поэтому они называются «помощь против Тебя».

– **Почему здесь говорится: «Вели они войну с Берой, царем Сдома и с Биршей, царем Аморы[31]»? Почему войны ведутся именно с ними?**

– Это – названия тех сил, которые находятся в человеке. Причем эти имена обозначают очень четкие духовные состояния.

Они говорят о том, какие желания участвуют в этом процессе, в каких совокупностях, и как они соответствуют свойству Авраам. То есть человек начинает видеть силы природы, которые открываются в нем.

– **Как в нашем мире мы изучаем все частицы атома, затем сложение их в молекулы, потом соединение молекул, достижение каких-то органических свойств…**

– А здесь человек начинает изучать, откуда происходит его природа, что находится в ее основе, каким образом он, углубляясь в нее, может начать ее исконно, изнутри, из самого ее внутреннего состояния, преображать в свойство отдачи.

– **Человек начинает разбираться в себе в результате этой войны?**

---

[31] *Амо́ра* (ивр.) – соответствует русскому Гоморра – в Библии город, который вместе с Содомом, был уничтожен Богом за грехи его жителей.

— Да.

— **Но война должна быть?**

— Война — это противоположность двух свойств. И постепенная победа означает, что посредством эгоистических свойств он начинает альтруистически двигаться вперед с намерением отдачи, во все большем подобии Творцу. Свое подобие Творцу, свое развитие как человека (*Адам* — от слова подобный) он строит именно на том, что побеждает все эти эгоистические свойства и делает из них подобие.

— **Убитые в этой войне — это эгоистические свойства?**

— Есть свойства, которые он не может исправить, «увести в плен», сделать их своими и т. д. Он над ними только приподнимается. Есть свойства, из которых он делает рабов, есть свойства, которые он убивает, есть свойства, которые он изгоняет из себя — есть всевозможные свойства. В конечном итоге, все это — те свойства, с которыми он сейчас не взаимодействует: не женится, например, на их женщинах, не берет к себе, не привлекает к себе — эти свойства откладываются на потом. Когда он будет намного сильнее, он сможет их вобрать в себя.

Это и есть внутренний мир человека: все желания остаются в нем, меняется лишь намерение.

КАЖДОЕ СЛОВО ТОРЫ — СОСТОЯНИЕ

— **Сколько же частностей в Торе! Каждое слово, имя! Я даже затрудняюсь прочитать...**

— Это всего лишь поверхностное сообщение нам о том, что находится внутри нас, и каким образом мы должны проходить этот путь. Но когда ты его проходишь, ты не замечаешь всего многообразия, обилия свойств и желаний, потому что это – твоя жизнь. Ты должен все эти состояния пройти.

Каждый раз это проявляется как тьма и свет. Это дает тебе все более полные картины Высшего мира: я, Творец и что между нами; как я приближаюсь к Нему, как я взаимодействую, как я начинаю обретать Его формы, обретать Его силы, как я при этом вдруг раскрываю еще целый уровень моего существования.

Это захватывает! Это всё – такое приключение, как у маленького ребенка, который открывает для себя мир. Поэтому здесь нет усталости, здесь нет страха, здесь, наоборот – обновление, раскрытие… Раскрытие!

– **Как начинающий читатель, я должен вчитываться в эти имена, которые непонятны? Вот я возьму, какое хотите, имя: Бирша, царь Амора и еще царь Цвоима[32]…**

– Нет-нет! Надо лишь понимать общую канву повествования, а затем, когда начнешь проходить вглубь, сможешь понимать и внутренний смысл этих слов.

– **Эти имена универсальны и для меня, и для любого другого?**

– Для всех.

– **Для Африки, России?**

– Неважно, для кого. Абсолютно для всех!

---

[32] *Цвоим* (ивр.) – соответствует русскому Севоим – в Библии название одно из владений, с царем которого воевал Аврам в войне против девяти царей.

– То есть это все написано на универсальном языке?

– Конечно. Любая душа создана по образу и подобию Творца. Но отпечаток этого образа будет личный у каждой души.

СКАЧОК ЭГОИЗМА

– **Продолжим чтение Торы. В результате всех этих войн вот что происходит:**

/10/ В ДОЛИНЕ ЖЕ СИДИМ – МНОЖЕСТВО СМОЛЯНЫХ ЯМ, И КОГДА ЦАРИ СДОМА И АМОРЫ БЕЖАЛИ, ТО УПАЛИ ТУДА, А ОСТАЛЬНЫЕ ЖЕ УБЕЖАЛИ В ГОРЫ. /11/ А ТЕ ЗАБРАЛИ ВСЕ ИМУЩЕСТВО СДОМА И АМОРЫ И ВСЕ СЪЕСТНЫЕ ПРИПАСЫ ИХ И УШЛИ. /12/ ОНИ ВЗЯЛИ ТАКЖЕ ЛОТА, ПЛЕМЯННИКА АВРАМА, С ИМУЩЕСТВОМ ЕГО И УШЛИ; А ОН ЖИЛ В СДОМЕ.

Что за смоляные ямы, в которые упали цари Сдома и Аморы? Что это такое вообще?!

– Они упали со своего уровня власти, силы, царства. И это олицетворяет их полное, как бы, уничтожение, низвержение, до самого низшего уровня.

– **Смоляные ямы – это самый низший уровень? Подняться оттуда невозможно?**

– Нет, невозможно. То есть одни силы упали, а другие свойства, силы, желания, которые были в человеке, избавились от власти эгоистического направления. И теперь они становятся просто нейтральными. Ты можешь брать их и начинать использовать на отдачу, на любовь к ближнему и Творцу, а не с эгоистическим направлением к себе.

– **Как я понимаю, Лот был взят в плен. И вот продолжение:**

/14/ И КОГДА УСЛЫШАЛ АВРАМ, ЧТО РОДСТВЕННИК ЕГО ПЛЕНЕН...

– Пленен – взят в плен эгоистически бо́льшим, чем он сам. Потому что Лот всегда стоял на своем: «Твое – твое, мое – мое». Но это еще не самый большой эгоизм. Эгоизм самый большой – «мое – мое и твое – мое».

– **Вдруг проявился ещё больший эгоизм?**

– Да, появился такой эгоизм, который покорил, взял в плен свойство Лота.

– **В человеке происходит скачок эгоизма?**

– Да. И тут Авраам уже не может просто отделиться от него и ждать. Он должен прийти ему на помощь и хотя бы вернуть его в прошлое состояние. Это он и делает. В человеке возникает такая картина внутренних соответствий сил, когда те силы, которые были более или менее нейтральны, вдруг под возросшим эгоизмом с левой стороны тоже примыкают к этому эгоизму, идут вместе с ним. И он увлекается этим эгоизмом. И тогда единственное свойство «Авраам», которое еще осталось у него, обязано прийти и воевать с этими поработителями Лота.

– **Это тоже взгляд со стороны Авраама?**

– Да, но этим уже определяются три состояния: Авраам, Лот и та крайняя левая сила, которая взяла Лота в свой плен. Человек начинает видеть все больше и больше составных частей в своем внутреннем наборе свойств и сил: вот эти цари потонули в смоляных ямах, эти – бежали и т.д. Идет внутренняя борьба за власть между большими и меньшими эгоистическими свойствами: какое из этих свойств куда поведет.

– Это означает, что у Авраама уже возникает ощущение, что можно подтянуть Лота, вытащить его оттуда и начинать его исправлять. То есть наступает это время?

– У него нет другого выхода. Он должен двигаться дальше. Но он понимает, что если не будет Лота, то он окажется перед страшнейшими эгоистическими властителями, «царями в нем». Человек начинает бояться, что они погубят то единственное намерение, движение, надежду, к которой он стремится. И оставаться в каком-то промежуточном состоянии тоже не может – тогда все перейдет в левую линию. И эта маленькая искорка, которая называется Авраамом в нем, может исчезнуть.

ПРЕСЛЕДОВАНИЕ

/14/ И КОГДА УСЛЫШАЛ АВРАМ, ЧТО РОДСТВЕННИК ЕГО ПЛЕНЕН, ВЫСТРОИЛ ОН СВОИХ ВОСПИТАННИКОВ-ДОМОЧАДЦЕВ, ТРИСТА ВОСЕМНАДЦАТЬ ЧЕЛОВЕК, И ПОГНАЛСЯ ДО ДАНА. /15/ НОЧЬЮ ОН БРОСИЛСЯ НА НИХ ВРАССЫПНУЮ, САМ И РАБЫ ЕГО, И БИЛ ИХ, И ПРЕСЛЕДОВАЛ ДО ХОВЫ, ЧТО К СЕВЕРУ ОТ ДАМАСКА.

– До обязательности: *Хова* в переводе с иврита – обязанность. А *Дан* от слова *дин* – это суд. То есть до того состояния, когда совершает суд над ними.

— Когда здесь говорится: «Погнался до Дана», — это значит, погнался до этого суда?

— Да, до суда, до противостояния. И потом заставил и их, в том числе, бежать до Ховы (обязанности). И притом, с юга на север — со стороны отдачи, милосердия в сторону суда. Север — это суд, это жесткость.

— Что это — «Дамаск»? К географии имеет какое-то отношение?

— Мы коснемся этого в дальнейшем, когда будем говорить про Элиэзера[33] из Дамаска.

СИЛА, КОТОРАЯ ПОМОГАЕТ

— Итак, продолжим:

/1/ ПОСЛЕ ЭТИХ СОБЫТИЙ БЫЛО СЛОВО ТВОРЦА К АВРАМУ... «НЕ БОЙСЯ, АВРАМ, Я ЗАЩИТНИК ТВОЙ, А НАГРАДА ТВОЯ ОЧЕНЬ ВЕЛИКА». /2/ И СКАЗАЛ АВРАМ: «ВЛАСТИТЕЛЬ ТВОРЕЦ! ЧТО ДАШЬ ТЫ МНЕ? ВОТ Я ОТХОЖУ БЕЗДЕТНЫЙ, А ДОМОПРАВИТЕЛЬ МОЙ — ЭТО ЭЛИЭЗЕР ИЗ ДАМАСКА». /3/ И СКАЗАЛ АВРАМ: «ВЕДЬ НЕ ДАЛ ТЫ МНЕ ПОТОМКА, И ВОТ, ДОМОЧАДЕЦ МОЙ НАСЛЕДУЕТ МНЕ». /4/ И ВОТ СЛОВО ТВОРЦА ЕМУ: «НЕ БУДЕТ ТЕБЕ НАСЛЕДОВАТЬ ЭТОТ, НО ЛИШЬ ПРЯМОЙ ПОТОМОК ТВОЙ БУДЕТ НАСЛЕДОВАТЬ ТЕБЕ».

---

[33] *Элиэ́зер* (ивр.) — соответствует русскому Елиезер — в Библии Е. из Дамаска, жил в доме Авраама, должен был стать его наследником в случае, если бы брак Авраама оказался бездетным. Обычно полагают, что Е. был тем рабом, который сватал для Исаака жену из родственниц Авраама.

– Кто это – Элиэзер из Дамаска?

– *Эли-э́зер* – это значит «Творец помогает». Помощь Творца: (*э́ли* – Творец мой, *э́зер* – помощь). Эта сила помогает Аврааму, причем от сил очень жестких, противоположных Аврааму во всем. Но ведет человека высшая сила, помогает, дает ему возможность постепенно стать сильнее. Можно сравнить с ребенком. Что он делает? – Ничего. А с каждым днем становится сильнее. Вдруг ручки, ножки сильнее, встает или ползает, но становится сильнее. Природой так устроено наше продвижение в духовном мире, что в человеке изначально развиваются две противоположные силы. Сила Аврама считается южной силой: отдача, любовь, милосердие – это его основные свойства. И дается ему в помощь северная сила из Дамаска – помощь Творца – Элиэзер.

Это на самом деле – скрытая сила Творца. Что говорит Авраам? «Если эта сила будет вместо меня, то кто я такой? Я же хочу – я – достичь Творца. А если эта сила будет вместо меня, то это не я, это не моя работа, это не человек достигнет Творца, это будет работа самого Творца. Но где же тогда я? Творение пропадает! Мне надо, чтобы я был в этом, чтобы мое потомство произошло из свойств самого человека с помощью Творца, но не одной лишь силой Творца.

Поэтому он просит у Творца: «Дай мне из себя родить следующую ступень, то, что является следующим моим этапом развития. Вот я – свойство отдачи, свойство милосердия. А дальше? Какое следующее свойство может из меня родиться?».

И именно благодаря помощи Элиэзера, который находится рядом с Авраамом, рождается следующая ступень Авраама.

— Благодаря ему у Авраама рождается мысль просить о следующей своей ступени? О своем сыне?

— Да, да. Если бы Элиэзера не было, то он бы не задумывался, как просить, о чем просить. Именно благодаря этому противопоставлению себя и Элиэзера, он говорит: «А где же я буду в следующем состоянии? Дай мне, чтобы я смог родить».

— Эта просьба и есть молитва?

— Конечно, родить в себе следующее состояние, более близкое к Творцу. Нам кажется, Авраам – это близкое состояние. Это – основа всего. От него возникли все восточные философии и все религии. Они называются авраамовыми религиями: иудаизм, затем христианство и ислам. Но, на самом деле, Авраам считает, что не это должно быть, потому что он желал бы покорить свою природу, а сейчас он еще этого не видит. Как же он может двигаться вперед?

ЖИВОТНЫЕ ВНУТРИ ТЕБЯ

— Далее описывается первый союз Авраама с Творцом – «брит между рассеченными».

/6/ И ПОВЕРИЛ В ТВОРЦА, И ЗАЧТЕНО ЕМУ ЭТО В ПРАВЕДНОСТЬ. /7/ И СКАЗАЛ ЕМУ: «Я – ТВОРЕЦ, КОТОРЫЙ ВЫВЕЛ ТЕБЯ ИЗ УР-КАСДИМА[34], ДАБЫ ДАТЬ ТЕБЕ ЭТУ СТРАНУ В НАСЛЕДИЕ». /8/ НО ТОТ СКАЗАЛ: «ВЛАСТИТЕЛЬ ТВОРЕЦ! КАК УЗНАЮ Я, ЧТО БУДУ НАСЛЕДОВАТЬ ЕЕ?». /9/ И ОН СКАЗАЛ ЕМУ: «ВОЗЬМИ

---

[34] *Ур-Касди́м* (ивр.) – соответствует русскому Ур Халдейский – в Библии место, откуда Господь вывел Аврама.

мне трех телиц, трех коз и трех ягнят, а также горлицу и молодого голубя». /10/ И взял он ему всех этих, и разрезал их пополам, и положил часть каждого против другой, а птиц не разрезал. /11/ И спустились на трупы хищные птицы, но Аврам отогнал их.

Вот такая картина. Тут просто настоящее кино.

– Представь себе, что всё это кино – свойства внутри человека. Все для того, чтобы еще больше приблизиться к Творцу. Творец ему говорит: «Ты можешь это сделать. В тебе существуют внутренние свойства. Но эти внутренние свойства ты должен выразить сейчас, вытащить их наружу. В тебе есть эгоистические свойства, но они были задавлены Авраамом, который в тебе. Начинай их вытаскивать: птицы, животные, то есть различные эгоистические желания, их проявления. Начни их вытаскивать, начни их разрезать, начни видеть, что у них внутри. Вытащи их внутренности наружу! И ты увидишь, что если ты, Авраам, берешь эти эгоистические свойства, то с их помощью ты можешь приблизиться ко Мне и при этом создать такие условия, когда из тебя родится уже следующая ступень».

НЕТ МИРА СНАРУЖИ

– **В одной из серий «Гарри Поттера» есть такой кадр: Гарри, читая книгу, ныряет в ее содержание и оказывается в волшебной стране.**
Это напомнило мне, как мы сейчас ныряем, но не в какую-то волшебную страну вне нас, а в себя, и там открываем эту волшебную страну. Совсем другое впечатление! Вдруг оказывается, что мы не знаем, что та-

кое мы сами, что окружающий нас мир – это мир внутри нас.
Так мы ныряем в Тору и внутри себя открываем потрясающий мир!
Как объяснить простому человеку, что такое мир внутри нас?

– Нет мира снаружи. Мир – внутри нас. Недаром сказано мудрецом, что человек – маленький мир, и все миры – в нем.

Читая любой каббалистический источник, следует понимать, что каббалист описывает свои внутренние ощущения. Не наш мир: ботанику, зоологию или анатомию, психологию, а другой уровень мира – высший, то, что ощущает своей душой, альтруистически направленными желаниями.

Чтобы почувствовать духовный мир каббалиста, мы должны попытаться войти в те же свойства, которые являются для автора средой обитания. В этом разница между святой книгой и любой другой.

Бааль Сулам приводит в пример постепенное овладение своей профессией любым ремесленником: портным, сапожником. По мере углубления в свою специальность, каждый чувствует, как поддается материал, с которым он работает. Он становится мастером, искусником своего дела.

– Каждый может стать мастером в своём деле?

– Мы обязаны стать мастерами. Читая эти книги, пытаясь их освоить, ощутить, мы постепенно начинаем чувствовать живое движение этих образов. Они начинают оживать в нас.

ГЛАВА «ИДИ СЕБЕ»

ВОЗВРАЩЕНИЕ ИЗ ЕГИПТА

– Авраам и Сара вышли из Египта с духовными приобретениями. Вышли на свой духовный уровень.

Человек, который уже начал заниматься каббалой и уже почувствовал свет, вдруг оказывается в Египте, погруженным в эгоизм, где нет света, и все плохо. Он не знает, что делать. И начинает проходить такие же этапы, как Авраам и Сара. Постепенно они все-таки выходят из этого Египта. Но человек вбирает из своего эгоизма то, что ему необходимо в дальнейшем пути, и тогда поднимается на другую ступень и возвращается в ту же Землю Израиля (*Эрец Исраэ́ль*), но уже на ступеньку выше. Снова повторю, что Земля Израиля – это стремление вперед. *Исраэль – яша́р Эль –* в переводе означает «прямо к Творцу». Каждая следующая ступень все более приближена к Творцу.

– **Возвратившись из Египта, Аврам воздвигает жертвенник Творцу, приносит на нем в жертву египетских животных, то есть свои животные эгоистические желания. Далее говорится:**

/12/ СОЛНЦЕ БЫЛО К ЗАХОДУ, КАК НАПАЛ НА АВРАМА КРЕПКИЙ СОН, И ВОТ УЖАС, МРАК ВЕЛИКИЙ НАПАДАЕТ НА НЕГО.

– Солнце, день, ночь, сон, бодрствование – это смена состояний в человеке, не зависящая от астрономических часов.

– **Что это за состояния?**

– Движение в духовном мире осуществляется внутри нас, а не снаружи. Это внутренние переживания, постижения, раскрытия человека. На определенном этапе он начинает чувствовать, что уже может пользоваться своими свойствами, силами, качествами. И вдруг падает в какой-то сумбур, смятение, несоответствие своему постижению. Вплоть до такого полусознательного состояния, называемого сном, когда он практически ничего не понимает, отключается от явной духовной действительности.

– **Сон это как смерть?**

– Похоже. Хотя смерти на самом деле нет, в том смысле, в котором мы ее себе представляем.

Полное отключение от духовного мира называется смертью. Сон – 1/60 часть смерти. День – ощущение раскрытия Творца. Абсолютное отсечение от Него – смерть.

– **Поскольку Творец – источник жизни, люди, полностью не ощущающие Творца, называются мертвыми?**

– Нет. Не имеются в виду обычные люди.

– **Кто же?**

– Люди, которые отчасти уже постигли Творца и вдруг падают из этого постижения. Если у них обрывается эта связь, они говорят о себе, что находятся в мертвом состоянии.

Иной смерти нет. Даже то, что кажется нам смертью, является всего лишь барьером, за которым включаются новые органы чувств.

– **Необычайно интересная, волнующая многих тема.**

– Безусловно, это всех волнует.

– Что там, за пределом?

– После жизни человек обретает те состояния, которых он достиг при этой жизни. Ничего не постигший проходит все, так называемые «загробные», запредельные состояния бессознательно и снова оказывается в нашем мире – рождается, растет, и ему снова дается возможность услышать то, о чем мы сейчас говорим, и приподняться уже в этом мире, в этой жизни, в этом теле на духовный уровень. Тогда уже он не исчезает.

– **Очень надеюсь, что люди это услышат!**

ПРЕДВИДЕНИЕ

– **Продолжаем читать:**

НАПАЛ НА АВРАМА КРЕПКИЙ СОН, И ВОТ УЖАС, МРАК ВЕЛИКИЙ ПАДАЕТ НА НЕГО.

С одной стороны, напал сон, с другой – ужас великий и мрак.

/13/ И СКАЗАЛ ОН АВРАМУ: «ЗНАЙ, ЧТО ПРИШЕЛЬЦАМИ БУДЕТ ПОТОМСТВО ТВОЕ В ЧУЖОЙ СТРАНЕ, И СЛУЖИТЬ БУДУТ ИМ, А ТЕ БУДУТ УГНЕТАТЬ ИХ ЧЕТЫРЕСТА ЛЕТ».

– **Чужая страна – это Египет?**
– Да.

– **Это предвидение?**
– Вещий сон.

– **Еще одно особое состояние?**

– Сон – исчезновение связи с той духовной ступенью, которую ты уже постиг. Но после такого отключения появляется возможность увидеть, ощутить следующую ступень. Это еще не явное постижение, когда ты держишься двумя руками за реальность этого мира, а такое, когда ты немножко отключаешься, и это позволяет тебе соединять вещи, которые раньше никогда не были соединены. Ты можешь понемногу подниматься, может быть, еще в своем воображении, но при этом ты начинаешь воспринимать образы, пока еще не явные, но они уже к тебе приближаются.

– **Это называется – «слышать голос»?**

– Это называется – «слышать». Имеется в виду один из четырех уровней постижения духовного, а не обычные зрение и слух. Есть пророки, которые говорят: «Я видел (или слышал). Мне голос был».

– **Он слышит про 400 лет.**

– 400 лет – это четыре этапа, которые человек должен пройти в погружении в свой эгоизм, чтобы полностью им пропитаться и с ним начинать духовное восхождение. Потому что все духовное восхождение построено исключительно на применении нашего эгоизма. И если мы не раскроем его в себе, то не сможем двигаться вперед. Наш эгоизм выстроен на четырех ступенях, которые так и называются: первая, вторая, третья, четвертая.

– **Это говорится о будущем «погружении в Египет»?**

– Да. Говорится о будущем египетском пленении, об изгнании.

Начинаются более глубинные, внутренние разборки в человеке…

ДВЕ СИЛЫ В ЧЕЛОВЕКЕ

– **Продолжим текст Торы.**
/14/ НО И НАД НАРОДОМ, КОТОРОМУ ОНИ СЛУЖИТЬ БУДУТ, ПРОИЗВЕДУ Я СУД, А ОНИ ПОСЛЕ ВЫЙДУТ С БОЛЬШИМ ДОСТОЯНИЕМ. /15/ ТЫ ЖЕ ОТОЙДЕШЬ К ОТЦАМ ТВОИМ. В МИРЕ ПОГРЕБЕН БУДЕШЬ В ДОБРОЙ СТАРОСТИ. /16/ ЧЕТВЕРТОЕ ЖЕ ПОКОЛЕНИЕ ВОЗВРАТИТСЯ СЮДА, ИБО ДОТОЛЕ НЕ ПОЛНА ЕЩЕ ВИНОВНОСТЬ ЭМОРЕЯ[35]».

– Это написано для каждого из нас. Все эти персонажи: египтяне, Фараон, Моисей, Авраам – это личные свойства внутри человека.

Он обязан погрузиться в эгоизм на глубину всех четырех стадий, до самой низшей. Он должен ими пропитаться, вобрать в себя, раскрыть их в себе. И лишь когда он овладеет ими (в четвертом поколении), настанет время собственного суда. Его осветит свет Творца, и он сможет увидеть, как из-под этого огромного четырехэтажного эгоистического пласта можно подняться и начать его исправлять.

– **Каким способом это возможно?**

– Две силы будут действовать в человеке: одна – сила отдачи, Творца, а другая – сила получения, эгоистическая. И благодаря их противостоянию, благодаря суду, который он произведет с помощью света, озарения, человек поднимется.

---

[35] *Эморéи* (ивр.) – соответствует русскому Амморéи – в Библии один из народов, населявших землю, обещанную Господом Аврааму.

Он выйдет из Египта с огромным эгоизмом. Это и есть его большое обретение, сделанное в Египте, без которого он не сможет подниматься.

Поэтому Авраам должен был умереть в человеке еще раньше. Ведь это очень маленькое свойство – свойство чистой отдачи. Он просто вселюбящий и всеотдающий, он не может при этом подниматься. Человек нуждается в эгоизме, исправляя который он будет подниматься до уровня Творца.

Поэтому Авраам это только начальная точка. Но она основополагающая – из нее человек черпает свойство отдачи. Но это свойство надо применять над эгоизмом, поэтому Авраам обязан умереть и возродиться уже в новых обличиях.

Ступени, следующие за Авраамом: Ицках и Яаков, праотцы, затем мудрецы и предводители – это все тот же Авраам, находящийся на более высокой ступени и под другими именами.

СОЮЗ ТВОРЦА С АВРААМОМ

– **Об Аврааме не только в иудаизме, но и в последующих монотеистических религиях, христианстве и исламе, говорится, что он праотец всех народов.**

– Относительно Творца всё человечество является народом.

Авраам – это свойство, которое является основополагающим, ведущим свойством, с помощью которого человек достигает духовного состояния. Поэтому он называется праотцом.

— Еще один вопрос — что такое «умереть в доброй старости»?

— «Умереть в доброй старости» — это когда все, что у него есть, переходит к детям, и они пользуются тем, что он им уготовил. Эта ступень отмирает, но она возрождается в следующих.

— **Итак, заключается союз между Аврамом и Творцом. Определяются границы свойства отдачи.**

/17/ И ЕДВА ЗАШЛО СОЛНЦЕ, НАСТАЛА ТЬМА, И ВОТ, ПЕЧЬ ДЫМЯЩАЯСЯ И ПЫЛАЮЩИЙ ОГОНЬ, КОТОРЫЙ ПРОШЕЛ МЕЖДУ ТЕМИ ПОЛОВИНАМИ.

Имеются в виду жертвенные животные, рассеченные пополам.

/18/ В ТОТ ДЕНЬ ЗАКЛЮЧИЛ БОГ С АВРАМОМ СОЮЗ, СКАЗАВ: «ПОТОМСТВУ ТВОЕМУ ОТДАЛ Я ЭТУ СТРАНУ, ОТ РЕКИ ЕГИПЕТСКОЙ ДО РЕКИ ВЕЛИКОЙ, РЕКИ ПРАТ[36]...

— **Это границы так определены? Существует много разных суждений вокруг этой темы.**

— От Нила до Прата. Это не имеет отношения ни к нашему миру, ни к политике, ни к географии. В каббале вообще не говорится о нашем мире. Нет никакой надобности в определении земных границ.

Говорится только о границе от эгоистической реки Нила (так называемый Иор), откуда черпает свою жизнь весь Египет, весь эгоизм, и до альтруистической реки Прат, от которой произошел Аврам, и откуда он черпает свою силу. Эти две реки, два потока, нисходят свыше,

---

[36] *Прат* (ивр.) — соответствует русскому Евфрат.

из Одного Единого Творца. Лишь одна сила питает все желания человека – эгоизм с левой стороны и с правой стороны, чтобы дать человеку возможность существовать между этими двумя потоками, между этими двумя силами. Земля Израиля (*Эрец Исраэль*) находится между этими двумя силами, между этими двумя реками. И вся эта система желаний поэтому и называется *Эрэц Исраэль*, в переводе с иврита *Исраэль* – это желание, устремляющее человека к Творцу.

Из чего состоят эти силы? Они состоят из эгоистических желаний, взятых от Нила и исправленных другими, альтруистическими желаниями, взятыми из Прата. И когда они соединяются вместе, то представляют собой исправленное желание, которое поднимает человека до уровня Творца.

– Это звучит так, что возникает ощущение пространства между эгоизмом и альтруизмом.

– Потому и указываются две границы, между которыми ты должен действовать, не выходя из них.

– Что существует за этими границами?

– За этими границами всё, что ты не можешь устремить к Творцу. За ними – весь остальной мир. Но знай, что ты должен отказаться от всего, что находится за этими границами – ты не должен этим заниматься. Там огромные страны, огромное количество желаний, народов.

Ты совершенно не должен работать с теми огромными желаниями, побуждениями, свойствами, которые есть внутри тебя. Ты не имеешь права обращать на них внимания, ты должен их отсечь от себя. Все свое внимание ты должен устремить только на построение Земли

Израиля – желаний, устремленных прямо к Творцу. Только оттуда ты можешь брать желания, исправлять их и подниматься над ними.

– **Какое количество желаний (я не говорю – людей) может вместить это пространство?**

– Абсолютно все!

– **Говоря аллегорически, любой из народов мира, кто захочет, может жить между Нилом и Пратом?**

– Да, об этом сказано очень поэтически: в конце дней Земля Израиля вберет в себя весь мир, все смогут войти в ее границы и существовать в ее пределах. Все войдут в исправление и примут участие в строительстве Дома Святости (Храма). Соединение между людьми будет столь совершенным, что в этом соединении полностью проявится Творец.

– **Дом Святости будет между Нилом и Пратом? Такое состояние единства возникнет в сердце каждого?**

– Да.

– **Место, которое вмещает в себя всех?**

– Вы сами понимаете, что мы говорим аллегорически.

Сарай и Агарь

– **Продолжаем чтение Торы.**

/1/ А САРАЙ, ЖЕНА АВРАМА, НЕ РОЖАЛА ЕМУ, А У НЕЕ РАБЫНЯ ЕГИПТЯНКА, ПО ИМЕНИ АГАРЬ. /2/ И СКАЗАЛА САРАЙ АВРАМУ: «МЕНЯ, ВОТ, БОГ ЛИШИЛ ПЛОДОРОДИЯ; ВОЙДИ ЖЕ К РАБЫНЕ МОЕЙ, МОЖЕТ БЫТЬ, БУДЕТ У МЕНЯ ПОТОМСТВО, БЛАГОДАРЯ ЕЙ».

КАКОЙ-ТО ОЧЕНЬ УЖ НЕПОНЯТНЫЙ ШАГ...

– Для нас эти события действительно непонятны. Как это может быть, чтобы наложница рожала, и дети ее считались бы не только сыновьями Авраама, но и сыновьями Сары?

Все становится понятным, если вспомнить, что здесь снова говорится о свойствах человека.

Вернемся к Саре. Она еще даже не Сара, а Сарай. Эти свойства в человеке не могут быть прилеплены к Авраму, для того чтобы создать следующую ступень. Сарай, которая вобрала эгоизм в Египте, является женской эгоистической частью относительно Авраама, но эгоистической частью, готовой для духовного восхождения, то есть она готова примкнуть к свойству Авраама и создать, при этом, новую ступень.

Мы уже знаем, что свойство отдачи в человеке называется Авраам. Используя его, человек дойдет до Творца, поэтому Авраам – основоположник, праотец моего восхождения.

Следующая задача – выбрать праматерь моего духовного восхождения. На данном этапе необходимое для этого свойство – еще нечто промежуточное между Сарай и Сарой.

– **Мы говорим о внутренних свойствах человека?**

– Да. Для выполнения этой задачи человек должен решить, какое количество эгоизма ему необходимо, чтобы сделать его праматерью. Он начинает выбирать, отшелушивать, отделять от общего эгоистического свойства то, которое способно соединиться с Авраамом и дать потомство – следующую ступень его восхождения. Он решает, сколько эгоизма может взять сейчас, чтобы приподняться. Эта меньшая часть эгоистического свойства Сарай называется Агарь.

– Рабыня?

– Да. Следующее состояние человека строится на симбиозе двух частей: эгоистической (Агарь) и альтруистической (Авраам). На связи между ними возникает состояние Ишмаэль – в переводе с иврита – «услышит меня Творец».

– **Поэтому Сарай желает получить потомство «благодаря ей» – рабыне Агарь?**

– Человек понимает, что не продвинется вперед без свойства Агарь. Здесь нет внутренних междоусобиц или войн. Происходит постепенное вылущивание, прояснение, постепенный анализ своего эгоизма и своих хороших свойств, понимание, в каких сочетаниях они могут дать продвижение вперед.

АГАРЬ И САРАЙ – ДВЕ СТУПЕНИ ПОДЪЕМА

– **Продолжаем чтение.**
И СОГЛАСИЛСЯ АВРАМ С САРАЙ.
/3/ И ВЗЯЛА САРАЙ, ЖЕНА АВРАМА, СЛУЖАНКУ СВОЮ, ЕГИПТЯНКУ АГАРЬ, ПО ОКОНЧАНИИ ДЕСЯТИ ЛЕТ ПРЕБЫВАНИЯ АВРАМА В СТРАНЕ КНААН, И ДАЛА ЕЕ АВРАМУ, МУЖУ СВОЕМУ, В ЖЕНЫ.

– Прошло десять лет, это целая ступень – 10 сфирот. Книга Зоар пишет об этом очень подробно.

/4/ И ВОШЕЛ ОН К АГАРЬ, И ОНА ЗАЧАЛА; НО КАК УВИДЕЛА ОНА, ЧТО ЗАЧАЛА, ТО ГОСПОЖА ЕЕ ЛИШИЛАСЬ УВАЖЕНИЯ В ГЛАЗАХ ЕЕ. /5/ И СКАЗАЛА САРАЙ АВРАМУ: «ОБИДА МОЯ ИЗ-ЗА ТЕБЯ! Я ОТДАЛА РАБЫНЮ МОЮ В ТВОЕ ЛОНО, А КАК УВИДЕЛА ОНА, ЧТО ЗАЧАЛА, ТО ЛИШИЛАСЬ Я УВАЖЕНИЯ В ГЛАЗАХ ЕЕ. ПУСТЬ БОГ СУДИТ МЕЖДУ МНОЮ И ТОБОЮ!».

КРИТИЧЕСКАЯ СИТУАЦИЯ!

– Ничего страшного! Все нормально.

Существует сильное эгоистическое желание Сарай, стремящееся, но не способное соединиться с альтруистическим свойством Авраам. Поэтому вместо свойства Сарай я использую менее эгоистическое, более слабое, промежуточное состояние Агарь.

Но, в принципе, именно Сарай является тем желанием, благодаря которому я поднимусь. А промежуточное состояние – Агарь – помогает мне лишь немного приподняться, набраться сил, соединиться с Авраамом и создать следующую ступень.

На следующем этапе действительно возникает суд, некая «разборка» – сравнительный анализ между свойствами Агарь и Сарай. Мы видим, что Агарь возникает по прошествии 10 лет со времени развития свойства Сарай, но именно благодаря ей, Агари, человек поднимается на следующую ступень.

Начиная с этой новой ступени, мы в состоянии использовать более эгоистическое свойство Сарай и подниматься теперь вместе с ним. В связи с этим изменением, Сарай получает имя Сара, которое соответствует ее новому положению.

— Сара произносит горькое слово «обида».

— Потому что человек не в состоянии мгновенно обрести альтруистические желания. Он не может одним махом подняться на ту ступень, где вся сумма эгоистических свойств, приобретенных в Египте, отдается Творцу. Эти свойства уже обработаны, но еще нет возможности использовать их на отдачу. Об этом человек сожалеет. Ему обидно.

И говорит Авраам: «Разве я виноват в том, что я не в состоянии подняться вместе с Сарой?».

Внутри нас, нашего внутреннего «театра», обыгрываются эти персонажи. И надо попытаться разобраться в себе: где эти чувства, которые разговаривают между собой таким образом, как они действуют внутри себя. Я как-то сравнивал это с театром кабуки. В человеке разыгрываются его внутренние свойства, но во внешних персонажах. Это очень интересно – взять внутренний мир человека, вытащить его наружу, превратив в персонажи, которые разыгрывают его внутреннюю трагедию.

— **И мы чувствуем полное сопереживание, ведь всё это внутри нас.**

— Абсолютно все внутри меня. Ты задавал вопрос о постижении мироздания. Оказывается, все, что я вижу, – это на самом деле внутри меня. Этот театр представляется мне снаружи, хотя он внутри. Творец желает мне показать мои внутренние свойства. Все, что я вижу в этом мире, – это проекция моих внутренних свойств.

— **Шаг за шагом мы погружаемся в постижение образов Торы: Агарь, Сарай, Ишмаэль**[37]**... Так постепенно**

---

[37] *Ишмаэль* (ивр.) – соответствует русскому Исмаил – В Библии сын

мы начнем постигать мир вокруг нас и поймем, для чего мы существуем и кто мы такие.

ЧТО ПРОИСХОДИТ ПОСЛЕ РАЗОЧАРОВАНИЯ

– Итак, Агарь убежала из дома Аврама. Что значит – «убежала Агарь»?

– Весь наш духовный путь состоит из определенных этапов. Так же как в нашем мире он включает в себя встречу, постижение, исследование возможных реализаций, попытки и разочарование. В жизни так происходит во всем. Это и есть движение вперед.

– Что приходит после разочарования?

– В духовном мире после разочарования приходит понимание того, что я могу получить силы для достижения следующей ступени: если я свяжусь с правой линией – свяжусь с Творцом.

– Разочарование – это хорошо?

– Без разочарований нельзя двигаться вперед. Посмотри на людей, которые что-то изобретают, пишут. Что такое муза? Это поиски. В нашем мире все разочарования: круговорот, внутренние водовороты – строят в нас всё. А в духовном поиске тем более!

В нашем мире, может быть, это еще не так заметно, потому что человек движется в поисках себя, как бы сам. Но все же понимает: чтобы изобретать, нужно какое-то

Аврама от наложницы Агарь.

просветление свыше. Муза это тоже нечто, что приходит извне и что надо успеть «схватить за хвост».

В духовном мире абсолютно четко, явно ты управляешь своей связью с Творцом. Ты должен взять от Него определенные силы для того, чтобы идти вперед. Ты сам должен вызвать на себя воодушевление, просветление.

– Каким образом?

– Это решается с помощью конфликта между желаемым и достигнутым. Есть достигнутое – Агарь и сын Ишмаэль (то есть «услышал меня Творец»). Но только «услышал» – это еще не полное постижение. Должно быть – «увидеть», а не услышать.

Полного, явного постижения я могу достичь только с помощью самой Сары, а не свойствами Сарай и Агарь. Когда от Сарай я перехожу к свойству эгоизма Агарь и потом возвращаюсь, я прохожу и достигаю свойства Сара, то есть исправленного желания. И тогда уже могу родить следующую свою ступень, на которой я увижу: не услышу – ступень Ишмаэль, а увижу – ступень Ицхак. Все эти переходы необходимы в нас.

– **Необходим Ишмаэль, чтобы родился Ицхак?**

– В каждом случае мы идем по этим ступеням. Постоянно говорится и о каждом человеке, и о том, что происходит в каждом из нас.

«И НАШЕЛ ЕЕ ПОСЛАННИК ТВОРЦА…»

– **Что же происходит с Агарью?**

/7/ И НАШЕЛ ЕЕ ПОСЛАННИК ТВОРЦА У ИСТОЧНИКА ВОД, В ПУСТЫНЕ ПРИ ИСТОЧНИКЕ…

— Посланник (*малáх*) – это сила. Она приходит, когда человек находится именно в таком состоянии, когда понимает, что хотя его большое желание давит на него, но он не может двигаться с ним дальше. Желание, которое было в нем, он реализовал – оно исчерпано. И человек пребывает в разочаровании: «А как дальше действовать?». Это называется, что сам он находится в пустыне. Но с другой стороны, все-таки рядом с ним есть источник.

— **Он находит источник вод в пустыне?**

— Да. Разочарование гонит его вперед, но он не понимает, как идти дальше. И находит источник в этой внутренней пустыне. Источник, как оживляющую силу, как надежду. А дальше что? И здесь его не оставляет Творец и посылает силу поддержки (малаха). Человек может чувствовать эту силу в виде голоса или образа.

И СКАЗАЛ ОН: «АГАРЬ, РАБЫНЯ САРАЙ, ОТКУДА ПРИШЛА ТЫ И КУДА ИДЕШЬ?».

— То есть, в человеке возникает внутренний вопрос: «Куда я иду? Зачем я иду? Для чего я иду?». Я должен проанализировать его в себе и дать ответ.

И ОНА СКАЗАЛА: «ОТ ГОСПОЖИ МОЕЙ, САРАЙ, БЕГУ Я».

— «Не вперед, а только откуда я бегу». Понятно, что раскрывается мне большой эгоизм, я не в состоянии с ним справиться. Что же мне делать дальше?!

/9/ И СКАЗАЛ ЕЙ ПОСЛАННИК ТВОРЦА: «ВОЗВРАТИСЬ К ГОСПОЖЕ ТВОЕЙ И СМИРИСЬ ПОД РУКАМИ ЕЕ».

— Надо обрести свойство смирения – это то, чего не хватает Агари на этом уровне. И когда она вернется, тогда две силы – она и Сарай – вместе совпадут и дадут нам следующий этап.

/10/ И СКАЗАЛ ЕЙ АНГЕЛ ТВОРЦА: «ВЕСЬМА УМНОЖУ ПОТОМСТВО ТВОЕ, И ОНО НЕИСЧИСЛИМО БУДЕТ ОТ МНОЖЕСТВА».

— Говорится о потомстве Агари?
— Агарь должна вернуться вместе с Ишмаэлем к Сарай. Ступень, называемая Агарь, должна помогать Сарай, пока та не родит сына, то есть до тех пор, пока следующим бо́льшим эгоизмом не породится следующая ступень. И тогда предыдущая оказывается внутри новой ступени, постепенно уходит в сторону и становится с правой стороны от Авраама в раскладке всей карты ступеней.

И затем мы будем наблюдать, как рождается Ицхак. Он будет стоять с левой стороны. Так начинает развиваться «генеалогическое древо» – взаимоотношение противоположных тенденций в человеке, вплоть до создания упорядоченной системы внутренних сил его души.

РОЖДЕНИЕ ИШМАЭЛЯ

— Но пока что от Агарь и Аврама рождается Ишмаэль. И вот что о нем написано:

/11/ И СКАЗАЛ ЕЙ АНГЕЛ ТВОРЦА: «ВОТ, ТЫ БЕРЕМЕННА И РОДИШЬ СЫНА, И НАРЕЧЕШЬ ЕМУ ИМЯ ИШМАЭЛЬ, ИБО ТВОРЕЦ УСЛЫШАЛ СКОРБЬ ТВОЮ. /12/ И БУДЕТ ОН ДИКАРЬ-ЧЕЛОВЕК: РУКА ЕГО НА

ВСЕХ, А РУКА ВСЕХ НА НЕГО, И ПРЕД ЛИЦОМ ВСЕХ БРАТЬЕВ СВОИХ РАЗМЕСТИТСЯ ОН».

Имеется множество разных последствий от рождения этой ступени в человеке.

– Это мы видим сегодня. А на протяжении истории человечества, в древнем мире, это было не так заметно. Оттуда же идет и распространение ислама во всем мире.

Но продолжим рассмотрение, как все эти свойства развиваются в человеке. Агарь со своим зародышем Ишмаэлем приходит к Сарай, и продолжается это действие. Если она возвратится к Сарай, то сможет продвигаться вперед. То есть человек сможет реализовать свои свойства внутри Сарай и тогда двигаться дальше.

– Что такое: «И будет он дикарь-человек: рука его на всех…».

– О, это мы еще увидим впереди! Эта история еще впереди нас, в нашем будущем. Это уже видно у пророков, которые говорят о нашем времени.

Ислам действительно заявит о себе в полную мощь. Сказано: «Рука его на всех, и руки всех на нем» («*ядо бе-коль, вэ яд коль бо*»). С одной стороны, ислам будет стремиться распространить свое влияние на весь мир, как сегодня мы уже видим. С другой стороны, весь мир будет одновременно и зависеть от него, и подавлять его. В итоге, это противостояние выразится в их общем союзе против Израиля.

– Пророки писали обо всех этих будущих противостояниях между потомками сынов Ишмаэля, Эсафа и Яакова?

– Тут действует целая раскладка сил. Мы еще не видим всех сил. Авраам является всего лишь первой частью этих сил. Всего 10 главных сил – 10 сфирот. И нам надо их все разобрать: Авраам, Ицхак, Яаков, Моше, Аарон, Йосеф, Давид. Когда мы их разбираем, рядом с каждой из этих сил стоит другая сила: относительно Авраама – Ишмаэль, относительно Ицхака – Эсаф. Яаков практически не имеет внешних сил, в нем есть только внутренние силы. Он – порождение включения сил левой стороны в правую, начало средней линии. И потом идет Моше – тоже правая линия под Авраамом. Аарон – левая линия под Ицхаком. И Йосеф – следующая за Яаковом.

– **Соединяющая?**

– Да, продолжение его. Поэтому на всем пути в Египте мы увидим, как от Яакова идет Йосеф. И от Йосефа идет путь к построению, к завершению всего сосуда, кли, всей души. Это – Давид, последняя ступень, малхут, царство желаний, и называется – Царем, потому что царство образуется снизу вверх.

– **Отсюда – «царь Давид»?**

– Да. Мы говорим: «Освободитель, сын Давида (*машиах бэн Давид*)», то есть раскроется сила, которая изнутри, от самого низшего уровня, начнет возвышать все человечество.

Но невозможно понять эти силы без стоящих рядом с ними: Ишмаэль, Эсаф, Фараон, Аман, прочие дополнительные силы. Они очень важны, потому что своими помехами, или как бы помехами: войнами, всевозможными препятствиями, – они поднимают эту систему. Вся система сил: Авраам, Ицхак, Яаков, Моше, Аарон, Йосеф,

Давид – поднимается благодаря именно этим эгоистическим силам, которые существуют вокруг неё.

ОНИ ОБЪЕДИНЯТСЯ ПРОТИВ ИЗРАИЛЯ

– **Один вопрос, забегая вперед. Вы сказали, что потом эти совершенно противоположные силы объединятся и станут против Израиля. Грубо говоря, пойдут войной на Израиль?**
– Да, естественно. Войной.

– **То есть эти противоположные силы могут объединиться?**
– Обязательно объединятся!

– **Какова цель их объединения? Уничтожение Израиля?**
– Да.

– **Почему?**
– Потому что он становится на пути проявления Божественного изобилия в них. Происходит так.

Они должны правильно подсоединиться к системе, и тогда все получат высший свет, постижение Творца, вечность и совершенство. Но это находится в противоречии с этими индивидуальными силами. Силы Эсафа[38] (от которой берет начало христианская религия) и силы Ишмаэля (от которой – ислам) противоположны, находятся с двух сторон от средней линии.

---

[38] *Эсаф* (ивр.) – соответствует русскому Исаф – младший из сыновей-близнецов патриарха Исаака и Реввеки.

В иудаизме календарь выстроен по средней линии, солнечно-лунной. У христиан – солнечный, у мусульман – лунный.

– Что это значит, что у нас счет дней и лет ведется по средней линии?

– Все построено на трех линиях. И здесь возникает противоречие. Сейчас они находятся в войне друг против друга, как бы «прощупывают» друг друга, проверяют, как они могут контактировать между собой. Контакта между ними не получится. Контакт получится только через носителей средней линии. Этот контакт может быть осуществлен двумя путями: или соединиться между собой ради уничтожения средней линии, или присоединиться к ней и достичь единства, Творца.

Тут раскрывается много возможностей, сил. Известно, что так называемый «общий поход всего мира на Иерусалим» (он описывается в «Пророках») должен происходить «в конце мира». Надо, конечно, знать, что здесь имеется в виду.

– Завершение общего исправления, когда будет разрушено скрытие (ивр. – хурба́н аЭлем) переводят неточно, как «конец мира».

– Мы это видим сейчас. Появляются такие тенденции, когда, с одной стороны, кажется, что мусульманская и христианская системы противоположны друг другу, но на самом деле они вдруг обнаруживают, что в их взаимодействии им мешает именно Израиль. Почему? Это скоро должно выясниться.

В чем проблема? Вот Европа, вот Азия – пожалуйста, идите туда. Кто мешает? Почему тут Израиль вклинился, даже географически?

ИЗРАИЛЬ МЕШАЕТ

– **Какая-то едва видная точка на карте...**

– Да, мешает. Европа должна будет обнаружить Израиль, с одной стороны, как помеху. «Помеху», потому что ей будет казаться, что из-за Израиля невозможен мир с арабами. С другой стороны, Европа увидит, что Израиль – это граница, которая защищает их от арабского нашествия.

И арабы тоже увидят, что Израиль мешает им в их нашествии на Европу. Вроде бы, чего тут опасаться – маленький кусочек, точка на карте. Это раньше все купцы с Востока на Запад и обратно, в Египет и в Ливан, должны были проходить через царство Давида. Сейчас же этого нет.

Но обнаружится, что только таким образом устроены духовные силы: по принципу от Нила до Прата, в стране срединной – Израиль. С двух сторон от него находятся народы мира.

– **Вы говорите: «Нам, мы, они, нас, мы находимся...»**

– Я отождествляюсь со средней линией. Это, конечно, не имеет отношения к религии.

Люди, которые идут к Творцу, отождествляют себя со средней линией. Она называется *яшар Эль – Исраэль*, то есть прямо к Творцу, потому что эти люди вбирают в себя от всех окружающих отдающие и получающие свойства и устремляют их к Творцу. В итоге средняя линия является прибежищем всех. И поэтому весь мир, с одной стороны, ненавидит эту землю, этот народ, эту систему, ненавидит эту методику. Но, с другой стороны, будет обязан это принять в той мере, в которой убедится, что с эгоизмом ничего нельзя достичь. Мир захочет приподняться над эгоизмом и тогда поневоле обратится к каббале.

Наша задача – распространить ее прежде, чем начнутся страшные, огромные страдания, чтобы люди убедились и представили себе заранее, как добрым и легким путем мы можем прийти к общему согласию.

– Если это написано, то как можно приостановить, как обойти будущие страдания?

– Написано только в одностороннем порядке. Написано, как это может происходить под воздействием природы, но не описана роль сознательного участия человека. Мы можем вклиниться в этот процесс. Для этого мы получили каббалу и созданы такими, чтобы исправить этот процесс. Если природа силой будет гнать нас, то мы будем как животные, мы не достигнем человеческого уровня развития.

Вся задача заключается в том, чтобы распространить методику исправления, чтобы человек захотел себя исправить, подняться. И тогда в мере его исправления и самостоятельного подъема, все эти действия: борьба, уничтожения, катаклизмы – все, что нам угрожает, все, что давит на нас, чтобы вынудить к подъему, обратится в прекрасный добрый путь, легкий и удачный, и понятный всем.

– Правильно ли сказать: «Если эта средняя линия становится проводником света, то он достается всем»?

– Абсолютно всем. Добро, благо, проходит через эту систему на всех. Всё сразу же образуется в шар, то есть все становятся равны, связаны между собой, все находятся в гармонии. Здесь нет высших – низших, первых – последних.

– **Если система не является проводником, то она закупоривает пути – ее надо пробивать?**

– Закупорка – это катаклизмы, это уничтожение человечества.

– **Путь один – чтобы прошел свет?**

– Да. И каббала говорит о том, что перед нами находятся два пути. Путь, когда мы идем вперед радостно, спокойно, обеспечивая себя всем необходимым, раскрывая все, сглаживая все конфликты и, практически, отменяя все экологические катаклизмы, которые нам грозят.

Или путь, который будет сопровождаться мировыми, огромными войнами, всевозможными природными катаклизмами. Они погубят большую часть человечества, останется маленькая толика людей, может быть, всего лишь несколько десятков человек на всей земле. Но они будут являться аккумуляторами в себе всех душ, и именно они исправят все души.

Ведь дело не в количестве тел. Когда есть огромные страдания, люди собираются вместе. И тогда нет необходимости в массе людей. Нам кажется, что война уничтожает людей. На самом деле – нет. В нашем мире столько людей, сколько необходимо для исправления. Если приходят какие-то страдания, и люди соединяются вместе, благодаря этим страданиям, значит, большое количество их должно умереть, нет никакого смысла в их существовании. В нашем мире все наоборот – причина и следствие выглядят обратными.

– **Можно сказать, что болезни, эпидемии, войны, природные катастрофы, – всё имеет только одну цель?**

— И одну причину. Великий каббалист Бааль Сулам говорит, что причина всех страданий – незнание нами законов высшего управления, законов высшей природы, Творца.

— **Если каждый в отдельности и всё человечество осознают эту причину, то исчезают все эти страдания?**

— Если они захотят двигаться вперед, к совершенству, то они не нужны!

— **Не ощущаются?**

— Человек как бы «подминает» их под себя, включает в себя в своем движении к Творцу. И они совершенно отменяются во всех своих отрицательных проявлениях.

«…ХОДИ ПЕРЕДО МНОЙ И БУДЬ НЕПОРОЧЕН»

И БЫЛО АВРАМУ ДЕВЯНОСТО ДЕВЯТЬ ЛЕТ, КОГДА ТВОРЕЦ ЯВИЛСЯ АВРАМУ И СКАЗАЛ ЕМУ: «Я – ТВОРЕЦ ВСЕМОГУЩИЙ, ХОДИ ПЕРЕДО МНОЮ И БУДЬ НЕПОРОЧЕН…».

— «Ходи передо Мной», то есть подниматься можешь и «в свете Лица Моего» ты можешь брать свет – с помощью его подниматься. Уже отчетливо проявляется в тебе свойство отдачи: «передо Мной ты ходишь».

«Ходи передо Мной» – значит, ты можешь двигаться вперед со свойством Творца, со свойством отдачи.

Аврам достиг определенного этапа. Ему 99 лет, и не хватает лишь одного – последней ступени: 10 сфирот, в каждой из которых содержится еще 10, – ста лет ему надо достичь. И вот тут ему не хватает возможности родить следующую ступень. Перейти за сотую ступень он может, только если породит ее. Выход из предыдущей ступени на следующую – это рождение новой ступени. Называется она «Ицхак».

/2/ «И ЗАКЛЮЧУ Я СОЮЗ МЕЖДУ МНОЮ И ТОБОЮ, И ВЕСЬМА-ВЕСЬМА РАЗМНОЖУ ТЕБЯ»./3/ И АВРАМ ПАЛ НИЦ, И ГОВОРИЛ С НИМ ВСЕСИЛЬНЫЙ ТАК...

Что значит, «размножу тебя»? Как можно размножить свойство отдачи?

– Свойство отдачи – это свойство чистого сердца, открытого для всех – подходи, бери. Это свойство Авраама. Это свойство растекается, как вода. Это свойство, когда открыты руки и сердце. Но в неограниченном виде с ним невозможно двигаться вперед.

Это свойство даже показывает какую-то слабость человека, когда он просто добрый. Как бывает, когда тебя любят? Мать беззаветно любит детей, и они делают с ней все, что угодно – она ничего не может поделать. Любовь – это страшная сила, отрицательная, в том числе. Так действует это свойство и с Авраамом.

От него всё уходит, из него всё, как из источника, выливается. Размножиться он может только при условии, что начнет соединять эгоизм с собой. Все размножение построено на совпадении, на соединении двух противоположных свойств: эгоистического и альтруистического, мужского и женского – плюса и минуса.

Поэтому Творец ему говорит: «Ты должен соединиться с противоположной тебе ступенью, с так называемой женской частью».

ГЛАВА «ИДИ СЕБЕ»

– **Я хотел бы вернуть Вас немного назад. В этой главе Аврам уже спустился в Египет и поднялся оттуда. Как Вы сказали, окунулся на мгновение и вышел, потому что не был готов к тому, чтобы находиться там...**

– Нет, он был готов к этому. Но чтобы увеличить свойство *хэсэд* (свойство милосердия), нет необходимости в большем возрождении эгоизма – достаточно маленького погружения в эгоизм, то есть в Египет. Достаточно для того, чтобы Авраам полностью себя реализовал. И дальше идет следующая линия: новое свойство должно проявиться в общем эгоизме после свойства Авраам. Это следующее свойство называется Ицхак.

– **Меня волнует вопрос – понятны ли читателю эти объяснения? Например, Вы говорите хэсэд...**

– Я думаю, что постепенно человек сам соединит в себе все эти кубики в мозаику. И это будет его хорошими усилиями, его работой.

По дороге он будет спрашивать и находить ответы: почему именно так устроен мир и вся глобальная природа, которая называется Творцом, почему именно таким образом функционирует она, и вместе с ней – мы как ее интегральная часть. Он узнает о себе и себя в этой природе и обнаружит себя, существующим гармонично внутри нее.

Все это произойдет именно благодаря усилиям и непосредственному обучению. Это похоже на познание ребенком нашего мира. Мы не можем толком объяснить ему, а он исследует, ломает, собирает и, таким образом, начинает понимать этот мир, причем изнутри, естественно, просто.

– **Вы как бы говорите: «Потрудитесь»?**

— Ну, конечно. Если ребенку ты говоришь: «Вот это называется шкаф, а это – телевизор, тут – стол и стул», – ты просто употребляешь эти слова, и он впитывает их. Таким образом ребенок адаптируется в нашем мире. Так происходит и с нами. Так же устроена Книга Зоар, которую мы изучаем.

НЕМНОГО О КНИГЕ ЗОАР

– Давайте немножко коснемся Книги Зоар, мы еще ничего не говорили о ней.

– Книга Зоар... Мы ее все время, не указывая на это, практически и применяем, потому что на библейский рассказ она накладывает свою адаптацию, свое изложение. Внутреннее видение.

– Что думали 10 молодых каббалистов, которые сидели и писали Книгу Зоар.

– Им было, наверное, под сорок.

– Они думали, что эта книга понадобится людям только через две тысячи лет?

– Да, несомненно. В самой книге сказано об этом: они пишут ее для того, чтобы скрыть, и она должна раскрыться только в наше время.

– Через две тысячи лет нужно пояснять то, что написано в Торе?

– Нет. И Тора тоже написана практически не для того времени. Моше писал ее по мере того, как группа каббалистов, этот так называемый народ, продвигалась в своем внутреннем постижении. Все, что с ними случалось, он и описывал. И постепенно написал. Весь подъем, все развитие свойства отдачи в этой группе – все, что он написал, это и есть Тора.

ИДТИ ЗА МОШЕ

– Просто закодировал развитие в именах: Ноах, Авраам?

– Нет, он не закодировал. Эти имена имеют свой смысл, свое происхождение, свое объяснение, почему именно так называются.

– Когда он говорит: «Авраам», – он это чувствует?

– Да. Кстати, имена имеют различные происхождения. Ведь всё идет вместе из всего мира. Вообще имена, которые дает человек, они тоже не просто так им даются. Он сам не знает, почему, но называет их в соответствии с силой своего участия в мире. Ничего случайного здесь нет. Мы находимся в рамках сил, которые вызывают в нас желания, мысли, и поэтому мы так действуем, так называем. Каббала рассматривает все, как одно общее целое.

– И наша задача как бы подключиться к дыханию Моше? Он нас ведет, а мы подключаемся к нему и идем за ним?

– Здесь мы имеем дело с ним, конечно, как с главным автором.

– И мы должны быть, как дети, в своем движении? Не включать особенно свою голову?

– А мы ничего не сможем здесь сделать. Мы можем включать что угодно, это не включается, потому что говорится о вещах, которые от нас скрыты.

Мы должны только своим желанием, наивным желанием, вызвать на себя излучение с того уровня, о котором он говорит. И тогда невольно, непосредственно начнем его понимать, как ребенок понимает окружающий мир, не овладев предварительно какими-то знаниями, а просто потому, что ему все время об этом говорят.

– Я понимаю, что играю в эту игру. Я становлюсь, якобы, наивным?

– Конечно. Как же иначе?! Да я и не играю. Я пытаюсь уподобиться, пытаюсь войти, пытаюсь ощутить то, о чем говорится в этой книге. И я хочу быть внутри нее, войти в нее, как в страну чудес. Я хочу войти в этот мир сил (это не образы, в духовном мире нет образов и объектов), в мир бестелесных ощущений.

– Как это происходит? Что происходит в этот момент с человеком?

– Человек начинает видеть, что образует в нем видение картины этого мира. Вместо картины, которая находится перед ним сейчас, он начинает обнаруживать стоящие за ней силы, которые все формируют: волю, цель, план. Он понимает, почему так происходит, и видит людей и то, что ими управляет, видит, что за ними и за ним самим, в том числе, есть как бы рука Создателя.

Здесь у человека уже начинается работа именно с этой вынуждающей силой. Работа такая: я не желаю, чтобы она была вынуждающей. Я хочу, наоборот, обогнать ее своим желанием, чтобы заранее предупреждать те желания, которые возникают в ней. Чтобы я был настолько исправлен, догадлив, понятен, понятлив, что еще до того, как возникнут какие-то побуждения на меня со стороны природы, со стороны Высшей силы, я сам бы уже чувствовал их, знал, предупреждал.

– **Красивое состояние. Как бежать перед пулей.**

– Это и есть гармония с природой, которую мы должны достичь. Да, бежать вперед перед пулей.

– **То есть опережать страдания?**

– Да.

«ПАСТЬ НИЦ»

– **Вернемся к тексту Торы.**
/3/ И АВРАМ ПАЛ НИЦ, И ГОВОРИЛ С НИМ ВСЕСИЛЬНЫЙ ТАК: /4/ »Я – ВОТ МОЙ СОЮЗ С ТОБОЮ: ТЫ БУДЕШЬ ОТЦОМ МНОЖЕСТВА НАРОДОВ. /5/ И НЕ БУДЕШЬ ВПРЕДЬ ИМЕНОВАТЬСЯ АВРАМОМ, НО АВРААМ БУДЕТ ИМЯ ТВОЕ; ИБО Я СДЕЛАЮ ТЕБЯ ОТЦОМ МНОЖЕСТВА НАРОДОВ».

– **Авраам – отец народов?**

– Да. В каббале, в Торе, под понятием «народ» имеется в виду совокупность желаний, связанных между собой единой целью, двигающихся по единому плану и устремленных к одному. То есть различные желания обозначаются определенным именем и представляются как бы отдельным человеком: Ицхак, Яаков и прочие. Все персонажи в Торе представляют собой какое-то определенное свойство. Когда все эти свойства объединяются для того, чтобы взаимно дополнить друг друга и при этом достичь определенной цели, то они называются народом.

— **Что такое «пасть ниц перед Творцом»?**

— «Пасть ниц» — то есть уменьшить себя, преклонить себя, свое свойство перед Творцом. Творец — это свойство бины, свойство полной отдачи и абсолютной любви. И Авраам, который является подобным Ему, но намного меньшим свойством, преклоняет себя, то есть он полностью присоединяет себя к этому свойству.

Здесь ни в коем случае не говорится о теле. В словах и действиях выражаются определенные сочетания, подобия, сближения или удаления друг от друга этих свойств.

— **Вы как-то говорили, что пасть ниц — это сравнять: голова находится на одном уровне с ногами… Что это за состояние?**

— У Авраама это еще не особенно выражено, потому что у него нет особого эгоизма в этом свойстве. Когда эгоистические свойства, называемые «нижняя часть тела», и альтруистические свойства — «верхняя часть тела» — полностью сравниваются, аннулируются относительно более высокой ступени, тогда это называется «пасть ниц».

— **Как животное состояние?**

— Животное — да, потому что у него нет эгоизма. У него такое состояние, когда голова и туловище находятся на одном уровне.

— **Нельзя сказать, что человек здесь уподобляется животному?**

— Нет. Он падает ниц — это преклонение, это его силовое состояние.

– То есть это его воля?

– Да, конечно.

– Я тут заглянул в «Великий комментарий». Можно сказать, что «Великий комментарий» – это такой же уважаемый источник?

– Это достоверный источник, да. Он написан еще раньше Торы и начинался с Древнего Вавилона. Это четыре с половиной тысячи лет назад.

– **Он составлен каббалистами?**

– В разные периоды времени его писали различные люди, которые находились в духовном постижении.

ЧТО ОЗНАЧАЮТ ЭТИ ЦИФРЫ

– **Известно, что сумма цифровых значений букв имени Авраам составляет 248.**

– Потому что наше духовное тело, то есть все наши желания, делятся на 248 и 365. 248 органов (эварим) – это желания отдачи, чистые желания отдачи, которые мы можем сравнительно легко исправить. Это основа имени Авраам в цифровом обозначении – 248, а 365 желаний (нижняя часть) у него просто закрыты, он ими не пользуется. 248 – это гематрия имени Авраам.

– **Что такое гематрия?**

– Это числовое значение букв, которое обозначает сравнительную мощность этих букв. Но эта мощность не просто в виде силы, а еще и в виде ее характера. Обозначение состояния может быть выражено не только буквами, но и гематрией. Гематрия выражает собой характер и величину силы.

– **А четырехбуквенное имя Творца?**

– Четырехбуквенное имя является скелетом любого творения. А его разложение на частные силы и наполнение светами – это уже гематрия.

СОЮЗ С ТВОРЦОМ

– **Далее сказано так:**

/9/ И СКАЗАЛ ВСЕСИЛЬНЫЙ АВРААМУ: «ТЫ ЖЕ СОБЛЮДАЙ СОЮЗ МОЙ, ТЫ И ПОТОМСТВО ТВОЕ ПОСЛЕ ТЕБЯ, ВО ВСЕ ПОКОЛЕНИЯ ИХ. /10/ ВОТ СОЮЗ МОЙ, КОТОРЫЙ ВЫ ДОЛЖНЫ СОБЛЮДАТЬ МЕЖДУ МНОЮ И МЕЖДУ ВАМИ И МЕЖДУ ПОТОМСТВОМ ТВОИМ ПОСЛЕ ТЕБЯ: ОБРЕЗАН ДА БУДЕТ У ВАС ВСЯКИЙ МУЖЧИНА».

– То есть все эгоистические желания ты должен от себя отрезать.

– **Обрезание – это обрезать эгоизм вообще или не пользоваться им во зло?**

– Те эгоистические желания, которые пока ты не можешь исправить, ты должен изначально обрезать в себе. Как сказано: «Обрежь край сердца своего». Край – это ту крайнюю часть, которую ты никак не можешь использовать на исправление, ее ты должен обрезать. Потом в конце исправления, в полном исправлении, она исправится сама по себе.

– **Написано далее:**

/11/ ВЫ ОБРЕЗАЙТЕ ВАШУ КРАЙНЮЮ ПЛОТЬ. И БУДЕТ ЭТО ЗНАКОМ СОЮЗА МЕЖДУ МНОЮ И МЕЖДУ ВАМИ.

Союз с Творцом основан на том, что человек должен обрезать от своего «я»?

– Если ты идешь на это, значит, все остальные желания ты уже постепенно исправляешь и входишь в контакт с силой отдачи. В тебе она уже существует. И в мере подобия ты, как отдающий общей природе, силе природы, отдающему, Творцу, – ты становишься рядом с Ним. Возникает контакт, союз (*брит мила́*).

ЛЮБОЕ ЖЕЛАНИЕ ИСПОЛЬЗОВАТЬ НА ОТДАЧУ

/12/ ВОСЬМИ ДНЕЙ ОТ РОДУ ДА БУДЕТ ОБРЕЗАН У ВАС КАЖДЫЙ МУЖЧИНА ВО ВСЕХ ПОКОЛЕНИЯХ ВАШИХ: И ТОТ, КТО В ДОМЕ РОЖДЕН, И ТОТ, КТО КУПЛЕН ЗА ДЕНЬГИ ИЗ ЛЮБОГО ДРУГОГО НАРОДА, КОТОРЫЙ НЕ ИЗ ПОТОМКОВ ТВОИХ...

– То есть не важно, какие желания. Они могут быть исправленными больше или меньше, они могут появиться у человека только сейчас. Он может эти желания приобрести у других людей, как, например, с помощью рекламы мы покупаем всевозможные товары.

Мы не должны обращать внимания на то, как и откуда взялись эти желания. Мы вообще можем не понимать, откуда они происходят. Просто мы должны любое желание использовать на отдачу. Это значит – использовать все его восемь сфирот.

— **Можно подробнее?**

— На языке каббалы: из кетэра исходит желание. Затем идут хохма, бина, хэсэд, гвура, тифэрэт, нэцах, ход, есод – восьмой день. Далее уже не имеем права ничего использовать, потому что мы не в состоянии исправить желания, которые находятся ниже восьмого дня. Поэтому не используем саму малхут, мы используем только ту ее часть, которая может уподобиться предыдущим девяти сфирот. Мы не учитываем при этом кетэр и малхут, потому что *кетэр* – это от Творца, это источник Творца, и *малхут* – последняя, то есть первую и десятую сфиру мы не учитываем.

— **Творца и творение?**

— Да. Они просто должны прийти в контакт друг с другом.

Восемь средних, которые между ними, мы должны принять во внимание. Мы работаем с ними. Эти восемь сфирот мы адаптируем к себе.

А малхут, крайнюю плоть, обрезаем, то есть мы не принимаем во внимание ее желания, их невозможно исправить. Используем малхут, которая может включиться в предыдущие девять сфирот. Подняться к свойству отдачи. Это называется свойство есод. Вот с этими желаниями мы работаем. Человек не в состоянии сделать большего.

— **Если он не делает этого?**

— Если человек не производит над собой такое действие, не ограничивает себя в использовании желания наполнить своё Я, себя, и только таким образом производить действия, решать проблемы, то тогда он не войдет в духовное. Поэтому первое условие движения к духовному – человек отрезает от себя эгоистические желания, которые не может исправить. Такой вид работы со своими желаниями называется обрезанием.

ДУХОВНАЯ АДАПТАЦИЯ

– Получается, что человек «рождается», начинает пробуждаться к духовному и должен почти сразу пройти этот процесс – обрезание?
С этого начинается его рост?

– Продвижение человека зависит от того, насколько он предоставит себя в распоряжение высшего парцуфа, высшей ступени. Как в нашем мире относительно отца и матери, так же и в духовном мире, он должен просто адаптировать, аннулировать себя – «пасть ниц». И тогда происходит это действие – обрезание, которое высшая ступень производит в нем. Высшая ступень своим светом организовывает в человеке его свойства таким образом, что он уже понимает, какие свойства относятся к малхут, к нижней части, которые «отрезаются» при этом. Эти желания, эти свойства уже не используются далее. То есть он считается духовно обрезанным. Всё.

– Получается, что мы берем из этих десяти сфирот кетэр, Творца, и малхут, творение... И остается восемь сфирот в середине. В чем жизнь человека?

– В чем? В том, чтобы адаптироваться с ними, с этими восемью сфирот и таким образом уподобиться кетэру.

– Что такое «адаптироваться с ними – с восемью сфирот»?

— Адаптироваться – принять на себя их свойства, их образ мыслей, их желания, решения, то есть быть таким, как они. Эти восемь сфирот представляют собой пример, которому я должен уподобиться, причем, полностью.

Восемь сфирот, эти восемь сил, включают в себя всю вселенную – духовную и нашу. И поэтому нет здесь ничего мелкого, маленького. В их сочетании происходит рождение, движение и смерть абсолютно всего. Так что это не просто какие-то маленькие свойства. Это огромные качества, категории мироздания. Из них все и состоит – из десяти свойств, восемь из которых даны нам для адаптации.

О «ГРЕШНОЙ ЗЕМЛЕ»

— Я возвращаюсь на грешную землю и хочу спросить: почему считается, что обрезание полезно для здоровья. Это просто совпадение?

— Нет, это не совпадение. Нет никаких совпадений. Ни одно духовное движение, действие, мысль не может не иметь последствий на нашем уровне. Потому что вся картина, вся эта система – аналоговая, она абсолютно замкнута с начала до конца и из конца в начало.

И поэтому естественно, что то, что на уровне духовном вредно, вредно и на уровне нашего мира – то, что полезно в духовном, полезно и в нашем мире. Наш мир является следствием, абсолютным следствием высшей духовной ступени. И поэтому не может быть такого, что на высшем уровне это было полезно для свойства отдачи, но не имело бы следствия нашем мире.

ГЛАВА «ИДИ СЕБЕ»

НОВОЕ ИМЯ – НОВЫЙ УРОВЕНЬ

– **Продолжим следующий отрывок:**
/15/ И СКАЗАЛ ВСЕСИЛЬНЫЙ АВРААМУ: «САРАЙ, ЖЕНУ ТВОЮ, НЕ НАЗЫВАЙ ЕЕ ИМЕНЕМ САРАЙ, НО САРА БУДЕТ ИМЯ ЕЕ».

Начинается изменение имен…

– Да. То есть Он показывает, что надо добавить Авраму букву *хэй*, – этим Авраам получает связь с Творцом. И убрать от имени Сарай последнюю букву *юд* и заменить ее буквой *хэй*, чтобы показать, что она уже не десятая сфира, а выше нее – Сара. Нам говорится о трансформации духовных свойств под воздействием того, что меняется в человеке.

– **Я снова заглянул в «Великий Комментарий». Там написано так: «Затем Творец сказал Аврааму о Сарай: До сегодняшнего дня твою жену звали Сарай, «моя принцесса», что означало, что она была принцессой в твоем доме. Отныне ее имя будет Сара – принцесса для всего мира».**

– Имеется в виду, что в душе человека, духовном парцуфе, – ни в коем случае это не женщины и не мужчины! – эти свойства олицетворяют собой получающую, женскую, и дающую, мужскую, части.

Были Аврам и Сарай – стали Авраам и Сара: до исправления – обрезания – и после. Человек работал со всеми своими свойствами – это был его предыдущий уровень. А сейчас, после того, как он уже адаптировал себя к духовному процессу и начинает духовный процесс, у него изменяются имена.

– **Можно сказать, что это состояние внутри человека сейчас выводит его в новый мир?**

– Открывается новый мир, открывается путь. Новое имя обозначает новый уровень, который он приобрел, новый духовный сосуд, с которым он уже идет вперед.

ПРАОТЦЫ И ПРАМАТЕРИ

– **Когда мы говорим об Аврааме и Саре: «праотцы и праматери», – речь идет о том, что из своей маленькой семьи они превращаются в семью для всего мира? Мы говорим о внутренних свойствах человека?**

– Да. Это и называется «праотцы» или «праматери».

– **Человечества?**

– Да. Под человечеством подразумевается только та часть, которая входит в контакт с Творцом, то есть пока что только они.

– **Но они уже работают на все человечество?**

– Конечно.

– **И человечество должно примкнуть к ним?**

– Да.

– **Если во всем есть духовные корни, то они есть и в именах, которые дает Творец. Что это означает, когда Творец называет людей?**

– Человек раскрывает в себе подобие Творцу. Он раскрывает в себе свой духовный корень, а не только меру подобия Творцу.

Глава «Иди себе»

Все человечество в работе относительно Творца разделяется на 12 духовных корней. И когда человек начинает определять, откуда он исходит, то есть приближается к познанию, то начинает понимать, откуда он – из какой части общей системы, созданной Творцом. Тогда он и начинает менять имя. Более того, это имя тоже трансформируется, меняется. Основное имя дается при обрезании, когда человек отрезает от себя все эгоистические намерения и начинает работу с альтруистическими.

– Это его первое имя?

– Его первое имя, когда он входит в духовное пространство.

После того, как человек родился в духовном мире и прошел все качества по первому разу в природном виде, с ним происходит очень интересная метаморфоза. Человек получает высший свет, который его буквально переворачивает. Свет кардинально меняет в нем представление о нашем мире. И человек начинает ощущать мир по-другому, начинает относиться к нему в ином ключе. Мы этого не понимаем до тех пор, пока не обретаем этого свойства.

ВСЕ НАЧИНАЕТСЯ С ТОЧКИ

– Это и называется, что он приобрел другое имя?

– Да. Скорее даже, он приобретает не имя, а точку, с которой начинает расти. Потом он будет приобретать множество дополнительных имен. Имя – это постижение Творца, мера слияния, свойства, стиль подобия Творцу.

У каждого он свой. Мы отличаемся друг от друга набором желаний и их количественно-качественным сочетанием. Этим отличаются все души.

Но та индивидуальность, которую он получает с первого раза, остается в нем навсегда. Это точка его рождения. Это его личная точка, с которой он находится внутри системы, называемой «Первый человек» (*Адáм аРишóн*).

– **В любом возрасте человек может ее начать ощущать?**

– Да. Не имеет абсолютно никакого значения ни время, ни место, ни пол.

РОЖДЕНИЕ ИЦХАКА

– **Далее написано так:**

/16/ И БЛАГОСЛОВЛЮ ЕЕ, И СЫНА ДАМ ТЕБЕ ОТ НЕЕ, ЦАРИ НАРОДОВ ПРОИЗОЙДУТ ОТ НЕЕ». /17/ И ПАЛ АВРААМ НИЦ, И ЗАСМЕЯЛСЯ, И СКАЗАЛ В СВОЕМ СЕРДЦЕ: «НЕУЖЕЛИ У СТОЛЕТНЕГО МОЖЕТ РОДИТЬСЯ, ИЛИ САРА – РАЗВЕ НА ДЕВЯНОСТОМ ГОДУ ЖИЗНИ СВОЕЙ РОДИТ?». /19/ ВСЕСИЛЬНЫЙ ЖЕ СКАЗАЛ: «ОДНАКО ЖЕ САРА, ЖЕНА ТВОЯ, РОДИТ ТЕБЕ СЫНА, И НАРЕЧЕШЬ ЕМУ ИМЯ ИЦХАК, И ЗАКЛЮЧУ Я СОЮЗ МОЙ С НИМ – СОЮЗ ВЕЧНЫЙ С НИМ И С ПОТОМСТВОМ ЕГО ПОСЛЕ НЕГО.

– У Авраама практически завершен жизненный потенциал – 100 полных сфирот. Он достиг своего полного исправления, состояния, называемого «*сфирá хэ́сэд*», то есть свойства бескорыстности, милосердия, отдачи. И поэтому ему неясно, каким образом он может родить что-то новое. Из свойств, которые построены на том, чтобы только отдавать и ничего не получать, ты ничего не можешь родить.

Рождением называется создание нового эгоистического тела, которое постепенно начинает работать альтруистически. Авраам должен присоединить к себе эгоизм, посторонние желания, то есть он должен начать новую ступень. Это значит – «получать ради отдачи». Не «отдача ради отдачи», а «получение ради отдачи». Он не видит в себе такой способности, такой необходимости.

– И смысла?

– И смысла! Он пребывает в состоянии, абсолютно независимом от эгоизма, он поднялся над своей природой, он находится на уровне милосердия. Что же еще ему необходимо?

Он себя как бы выработал, достиг максимума, и вдруг: «У вас будет сын».

– То есть ты «продолжишься ещё», сын – продолжение духовных действий?

– Да, «продолжишься». Его предыдущее свойство *ГАР дэ-Бина́* – отдающие желания, когда человек работает только от себя. А здесь надо ещё что-то родить новое. Для этого нужен дополнительный уровень желаний.

И тут Сара говорит: «Как я могу рожать? У меня даже нет того, что должно быть у женщин».

То есть у этой пары не задействована именно та часть, с которой рождают новое.

А *ЗАТ дэ-Бина́* – получающие желания. Человек, когда он достигает этого уровня, дальше уже не представляет, как пройти за его пределы. Здесь нужно просто такое же чудо, как то, что произошло, когда он входил в духовный мир.

– Написано еще, что цари народов произойдут от нее. Ты должен продолжиться, потому что должны появиться цари народов.

– То есть все силы, которые будут управлять.

– Это новая ступень?

– Да. Все силы внутри человека и внутри душ, которые будут управлять эгоизмом, чтобы привести его к свойству отдачи, к подобию Творцу.

– Что такое «цари народов», которые находятся внутри человека?

– Управляющие им. Всеми остальными его желаниями. Это та основа, тот путеводитель, который будет вести и управлять всеми частными 613 желаниями человека. Работа человека – выявить в себе царя, то есть эту силу, сделать ее управляющей и пытаться за ним идти.

– Это и называется «отменить себя перед этой силой»?

– Да.

СМЕХ, ДА И ТОЛЬКО!

– И ещё вопрос: имя сына, который родится, Ицхак. А до этого говорится: «ицха́к» Авраам, «ицха́к» Сара. «Цхок» в переводе означает смех, что это за состояние такое – «смех»?

Глава «Иди себе»

– В каббале существуют четкие научные определения.

Смех – это состояние, когда человек поднимается выше себя и не видит разумного, логичного продолжения, с одной стороны. С другой стороны, продолжение действительно к нему приходит.

Смех – реакция на разницу между реальностью, которую он видит, и той неожиданностью, которая перед ним проявляется. Смех – «*цхок*» (отсюда «Ицхак») – это подъём духа в человеке, приподнятость над его реальным состоянием. В данном случае, над тем духовным состоянием, в котором находится Авраам.

Он действительно начинает ощущать ту ступень, которая еще находится перед ним. Он видит продолжение своих действий, которые неожиданно перед ним раскрываются: Ицхак, Яаков, потом все поколения и все человечество, стоящее сегодня на пороге реализации каббалы. Все это раскрывается ему вплоть до периода полного исправления всего человечества. Он понимает, что возможно сделать со свойством милосердия, которое было в нем, но он его не ощущал. Теперь он видит, как оно становится той силой, с помощью которой можно исправить все творение.

– **Получается, смех – это высокое состояние?**

– Согласно каббале, смех – это возвышенное состояние, это следующий подъем духа.

– **А что означает сомнение Авраама относительно обещания Творца? Он что – не верит Творцу?**

– Не верит – это значит, что явно еще не воспринимает свою следующую ступень.

Если ко мне приходит следующая ступень, или она уже находится во мне, и я её вижу, это называется светом знания. Если же моя следующая ступень ещё не во мне, но уже светит мне свыше, это свет веры, уверенность, что увижу.

Есть знания – это то, во что облачается во мне свет и свет следующей ступени. Но я абсолютно точно знаю, что я еще не адаптировал себя к нему, – это называется светом веры. Это не значит – с закрытыми глазами. Это просто знания следующей ступени, которые я осознать пока не могу, работать с ними не могу, но я точно знаю, что это знание – это факт. Только для меня этот факт еще не является орудием работы с собой и с системой Высшего мира. Я уже знаю, что это так, но еще не понимаю, как это действует.

– **Выходит, чтобы почувствовать свет духовного знания, «увидеть», я сначала должен получить окружающий свет, свет веры, уверенности? Или, наоборот, только увидев, почувствовав, я обретаю настоящую веру, то есть связь с Искомым?**

– Да. Как сказано, «нет у судьи ничего, кроме его глаз». Это основной закон. Каббала – это наука, она оперирует только данными.

БЕЗ ОКРУЖЕНИЯ – НИКУДА!

– **А как же человек продвигается до того, как приходит в состояние «увидеть»? Что помогает ему двигаться? Ведь он не видит.**

– Он не может продвигаться вперед, если нет вокруг него группы, учителя, книг, которые не просто помогают, а как бы образуют ему следующую высшую ступень. Это не просто помощь – ведь перед ним ничего нет, он еще не находится в духовном состоянии.

И поэтому, если он не строит из учителя, группы, книг свою следующую ступень, следующее состояние, то он не двигается. Он может топтаться на одном месте годами, десятками лет и не продвигаться.

Необходимы определенные условия, все устроить, сконцентрировать так, чтобы перед человеком появилась явная следующая ступень, чтобы он понимал, что значит следующее духовное состояние.

Это же не видение, как в нашем мире: я конструирую какой-то агрегат, вижу его в работе, вижу его составные части. Потом я могу его модернизировать, добавить детали, использовать другие материалы.

В духовном я все делаю из своих свойств. Я примерно представляю себе свои свойства на порядок выше, свойства, к которым должен продвигаться. Но откуда я знаю, какие эти свойства? И вот здесь я нуждаюсь в книге, в группе, в учителе.

– **Они должны мне показать следующее свойство на пути к Творцу?**

– Да. Но только если я ставлю их выше себя. Если я пытаюсь делать из них нечто, что выше меня, то тогда то, что я строю, подобно Творцу. То есть между мной и Творцом возникает какое-то явное свойство, некая система, которая дает мне ощущение следующей духовной ступени.

Если я правильно концентрирую себя на ней, то получаю от нее возвышение, воодушевление, силы, энергию. Если я правильно представляю себя относительно них, то мне дается возможность убедиться в том, что я нахожусь на пути к духовному.

Знакомство с книгами каббалистов, участие в группе, учитель – они должны дать образ, помочь понять, к чему приближаться, к чему устремляться. Очень сложно создать для себя правильный образ из этих трех компонентов. Но в этом и заключается вся работа и весь успех. Это называется работой верой выше знания, потому что поначалу я ничего не чувствую. Наоборот, все это мне кажется отталкивающим, противным моей природе.

– **И это хорошо, что во мне возникает нечто, противное моей природе?**

– Ну, конечно, естественно. Именно таким образом я и строю.

Если бы я чувствовал в этой работе приятное, хорошее, притягивающее меня, то тогда я был бы в зависимости, во лжи. А когда я должен бороться и идти наперекор своему мнению и ощущению, убеждать себя, то тем самым я возвышаю в себе важность Творца. И по мере возвышения значимости Творца во мне усиливаются и средства: книга, группа, учитель. Они становятся всё более важными для меня, и я готов принять все их условия – ведь мы вместе движемся к Творцу.

– **Получается, что признак правильного продвижения – это внутренняя борьба, которая происходит в человеке?**

– Конечно.

– **А если это идет легко?**

– Не может идти легко. Ни в коем случае. Причем это не просто борьба. Должна быть борьба вплоть до момента, когда человек начинает понимать, что он не в состоянии соединить в себе учителя, книги, группу для того, чтобы идти к Творцу. Ему необходимо, чтобы Творец дал ему силы поставить эту связь.

– Значит, одна из подзадач – «загнать» человека в это состояние?

– Да. Он нуждается в том, чтобы быть связанным с тремя источниками продвижения и с Творцом в одно целое, и чтобы этой связкой управлял Творец, потому что нет у человека сил для этого. В той же мере, в которой он отталкивает, не любит, ненавидит учителя, источник, книгу и группу, он ненавидит и Творца. Он обнаруживает, что это абсолютно одно и то же. Здесь-то он и нуждается в высшей силе.

Но это работа, серьезная работа для тех, кто действительно движется вперед, кто прислушивается к тому, что советуют ему.

На этом пути есть множество препятствий. Эгоистические желания человека, его естество постоянно одергивает его, и в итоге, конечно, он запутывается. И очень немногие приходят к состоянию, когда они требуют помощи у Творца, чтобы просить сил остаться связанным с группой. Это необходимое условие. И очень тяжело человек приходит к нему, так как именно в этом условии заключается настоящий отрыв от нашей природы, подъем над ней. Это условие, при котором он становится подобным Аврааму.

ИШМАЭЛЬ – КРАЙНЕ ПРАВЫЙ!

– **Продолжим читать:**

/20/ И О ИШМАЭЛЕ УСЛЫШАЛ Я ТЕБЯ; УЖЕ Я БЛАГОСЛОВИЛ ЕГО, И РАСПЛОЖУ ЕГО, И УМНОЖУ ЕГО ЧРЕЗВЫЧАЙНО; ДВЕНАДЦАТЬ КНЯЗЕЙ ПРОИЗВЕДЕТ ОН, И Я СДЕЛАЮ ЕГО ВЕЛИКИМ НАРОДОМ. /21/ СОЮЗ ЖЕ МОЙ ЗАКЛЮЧУ Я С ИЦХАКОМ, КОТОРОГО РОДИТ ТЕБЕ САРА К ЭТОМУ ЖЕ ВРЕМЕНИ СЛЕДУЮЩЕГО ГОДА».

Здесь много действующих лиц: Ишмаэль, двенадцать князей, предсказание, что в следующем году родится Ицхак. Что это все означает – во мне?

– Это свойства, которые человек постепенно выбирает для того, чтобы двигаться к Творцу.

Ишмаэль – это наше очень серьезное свойство. Оно находится с правой стороны от Авраама. Очень большое, очень серьезное свойство.

– **Что такое – «с правой стороны от Авраама»?**

– Если Ицхак является левой линией, а Авраам – правой, то еще правее Авраама – Ишмаэль, а левее Ицхака – Эсаф. Яаков же является средней линией, и поэтому он замыкает всю эту систему, воплощает ее в себе и двигается вперед. Двенадцать князей произведет Ишмаэль, и в будущем будет 12 колен, естественно, у Яакова. В итоге все проявятся в конце мира.

– **Что это за свойство внутри человека – «Ишмаэль»?**

– «Ишмá Эль» – «да услышит меня Творец». Звучит красиво и соответствует действительности: у этой крайне правой линии существует предрасположенность к духовному возвышению. Но она ограничена отсутствием союза с левой линией.

— **В понятие «крайне правая», Вы вкладываете дополнительный смысл?**

— Да. Есть правая линия — Авраам и крайне правая — это Ишмаэль. Есть левая — это Ицхак, и крайне левая — это Эсаф.

— **Когда мы говорим о фанатизме, мы подразумеваем именно это крайнее состояние?**

— Да. Крайне правое и крайне левое. От этого идет все мировосприятие — даже ощущение времени, пространства, построение календаря. Мы уже говорили об этом: обновление, месяцы, считаются относительно Луны у сынов Ишмаэля и относительно Солнца у сынов Эсафа. У сынов Яакова месяц — относительно Луны, но в конце года учитывается и состояние Солнца.

— **То есть календарь соединенный?**

— Смешанный. Так как Яаков — средняя линия. Средней линией определяется устройство человека, его устремление вперед.

В принципе, здесь мы сталкиваемся с рядом других вопросов. Ведь мы видим, что и Адам и Авраам, а до него Ноах и все, что после Авраама — это силы, которые существуют в каждом из нас. Только они проявляются в ком-то больше, в ком-то меньше, в каких-то разных сочетаниях, величинах.

Поэтому мы не можем однозначно, как в нашем мире, говорить: «Это иудеи, это христиане, это мусульмане, это буддисты». Так как каждый человек, если он является вместилищем души – а мы говорим о его душе – включает в себя абсолютно полное собрание всех возможностей. И поэтому нет человека в нашем мире, в котором не было бы сочетания всех этих сил, всех этих свойств, и который с помощью работы над собой не достиг бы слияния с Творцом.

«ДВЕНАДЦАТЬ КНЯЗЕЙ ПРОИЗОЙУТ ОТ НЕГО»

– Говорится об Ишмаэле: «Двенадцать князей произойдут от него». О каких князьях идет речь?

– Мы говорим о силах, которые являются основополагающими в нашем духовном мире, духовном пространстве. И Ишмаэль, и Эсаф, и Авраам, Ицхак, Яаков – свойства, находящиеся в связи с Творцом.

Проявление Творца в каждом отдельном из четырех свойств происходит по трем линиям. Всего – четыре на три – двенадцать основополагающих сил. У любого духовного компонента, системы в целом, и в каждой ее части есть двенадцать частей.

Сочетание с Творцом, каким бы оно ни было, прямым или обратным, представляет собой абсолютную связь с Творцом. И Ишмаэль, и Эсаф, будучи даже крайне правыми и крайне левыми силами, все равно связаны с Творцом и достигают состояния, когда у них есть духовный парцуф, духовное тело. В нем они ощущают Творца.

И поэтому говорится, в частности, о 12 управляющих, министрах Ишмаэля, и в дальнейшем – о 12 «коленах Исраэля».

— **А почему Творец говорит, что заключит союз с Ицхаком, которого родит Сара? Не с Ишмаэлем, а с Ицхаком?**

— Потому что у Ицхака есть преимущество. Это сила в человеке, которая состоит из сочетания эгоизма с силой отдачи – свойства получения и свойства отдачи. Ицхак – это свойство получения, это *гвурá*, левая сила. Она противоположна Аврааму – *хэсэд* – так как использует свой эгоизм.

Авраам должен исправить Ицхака, как бы «убить», оторвать весомый кусок от эгоизма, то есть ограничить его, связать – на иврите *акедат Ицхак*. Это серьезное исправление, которое должен человек произвести над собой, чтобы кроме свойства Авраама, отдачи, работать и со свойством Ицхак – получения. Если человек «жертвует» часть от свойства получения – *макрúв курбáн* – то приближается к свойству Творца.

— **Авраам готов пожертвовать всем этим свойством «Ицхак» – сыном, результатом своих действий?**

— Да. Но сверху дают понять, что надо лишь включить одно в другое. Когда Авраам – свойство отдачи – управляет свойством получения, в итоге, происходит правильное ограничение этой левой силы, и из нее рождается уже следующая ступень духовного продвижения человека, называемая «Яаков».

ПОТОМКИ ИШМАЭЛЯ

— **Вернемся в наш материальный мир. А что происходит с потомками Ишмаэля в нашем мире?**

– То, что происходит в нашем мире, это, естественно, следствие духовных свойств. Ишмаэль существует на протяжении всех этих тысячелетий параллельно с Яаковом, в различных состояниях: терпимости, зависимости, некой дружбы, ненависти и так далее.

– **Ну, дружбы не так много, на самом деле.**

– На протяжении истории были различные состояния.

Мы должны понимать, что сегодня, как говорится в книге Зоар, происходит проявление всех основных свойств левой, правой и средней линий. И все они выходят на авансцену истории.

– **Последний бой?**

– Это не бой. Это явное проявление, выявление, анализ, исследование того, с чем мы пришли в итоге тысячелетней истории всего человечества. Со времен Вавилона и до наших дней прошло примерно четыре с половиной тысячи лет. Что мы за это время сделали? К чему мы пришли? Что мы должны сделать?

Здесь будут проявляться все три противоположных свойства. Будет действительно серьезная борьба. Борьба, я бы сказал, как выявление, как анализ того, что же является правильным сочетанием между этими тремя свойствами.

– **Здесь будут победители и побежденные?**

– В принципе, нет. Будет правильное понимание основополагающих, краеугольных свойств, заложенных в каждом из нас и во всех вместе, одновременно. Понимание того, как мы должны их употребить в правильном сочетании, ничего не уничтожая.

Все исходит из Творца. Все мы – сотворенные – Его дети. В каждом из нас находятся эти свойства в различных сочетаниях: в ком-то больше одного из них, в ком-то больше другого. Народы, племена, человечество, цивилизации – все является различными сочетаниями этих свойств.

– **Свойств внутри каждого человека?**

– Внутри человека! Мы только должны найти правильную формулу их соединения. Использования в каждом и соединения между всеми.

– **Это долгий процесс?**

– Все произойдет очень быстро, потому, что это делает свет.

В наших силах лишь дойти до состояния, когда чувствуешь, что дошел до истины, которую не в состоянии одолеть, и тогда ты «находишь» решение.

А решение – оно сверху. Оно заложено в самой природе, чтобы привести тебя к состоянию, когда есть два условия: необходимое и достаточное. Необходимое условие – только так и должно произойти. И достаточное – это не зависит от меня, а только если это произойдет свыше. И тогда это получается очень легко.

Первый раз в человеке это должно произойти в виде контакта с Творцом, если человек действительно нуждается в том, чтобы Творец создал в нем Его свойства – свойства Творца. Это называется воздействием высшего света.

Мы уже обсудили все три свойства, о которых говорится в главе «Лех леха». Прежде мы говорили об Аврааме. Сегодня – об Ицхаке и Ишмаэле.

Ишмаэль – это крайне правое свойство в человеке. В книге Зоар сказано, что в конце дней Ишмаэль восстанет против всех властей и сил мира, и он будет стремиться властвовать над ними. Он преуспеет намного в этом. Он захватит огромные территории, племена и народы.

Имеется в виду, что и внутри человека это свойство станет одним из самых сильных, проявленных. На протяжении многих веков оно было таким же тихим, как и арабские племена, которые существовали где-то там, у себя в Азии, и о них не было слышно. Хотя в древнем мире был какой-то всплеск, и тогда из их среды вышли великие ученые, врачи, философы, поэты.

Но именно сейчас они будут проявляться не в качестве своего свойства «хесед», хотя и эгоистически направленного. Поскольку и «хесед» – милосердие, если не ограничено левой линией, становится обратной стороной.

Они ощущают в себе абсолютную правду, истину. Считают, что могут всеми управлять и всех подавлять, потому что, якобы, этим несут милосердие миру. Поразительно, но в принципе, парадоксальность этого утверждения присуща и крайне левой линии – обратной стороне свойства «гвура». Со стороны Эсафа те же явления наблюдались в истории неоднократно.

ВОЙНА ЗА ИЕРУСАЛИМ

– **При изучении главы «Ноах» Вы говорили, что «воды» являются и живительными, и убивающими. Это похоже на проявления линии Ишмаэля?**

– Да. Поэтому мы и видим, что именно средняя линия (Яаков) должна проявиться к человечеству. Но она должна прийти и проявиться после столкновения крайних линий: правой и левой.

Глава «Иди себе»

– **Столкновения Ишмаэля с Эсафом?**

– Эсафа и Ишмаэля. И это будут войны. Очень сильные столкновения. Я надеюсь, что они будет лишь внутренними. То есть в каждом человеке и в человечестве в целом будет происходить внутренняя серьезная борьба, «разборка». И после этого, именно в результате серьезного внутреннего анализа, проявится свойство средней линии. Ибо только это свойство заключает, соединяет и интегрирует в себе два противоположных свойства. И только оно способно привести человека к подобию Творцу, к слиянию с Творцом.

Если мы будем отрицать наше желание получать, то нам не с чем будет работать, расти. И тогда зачем мы? Если же мы будем пытаться лишь сохранить свойство отдачи, то кто же мы? А правильное сочетание желания получать и намерения отдачи – это очень серьезная система.

Правая линия – это свойство Творца. А левая линия – это противоположное ему свойство, свойство творения. Это и есть свойство отдачи и свойство получения. А средняя линия, которую мы строим правильным включением левой в правую, является соединением, симбиозом этих двух сил.

Благодаря этому человечество может пойти мирным путем, а если нет – войной.

– **Правильно ли я помню, что говорится, будто все это произойдет в Эрец Исраэль: «в Иерусалиме сойдутся они»?**

– Верно. Это война за Иерусалим.

Имеется в виду, конечно, не этот город, который до сих пор не восстановлен духовно после своего духовного разрушения 2000 лет назад. Ни духовной силы, ни людей, олицетворяющих духовность, ни Санедрина – собрания мудрецов – в нем нет. Не достигли мы еще такого исправления.

Вся борьба духовная. И она происходит постоянно. Я надеюсь, что она и не выйдет из своего духовного уровня, где она может произойти быстро, конкретно проявив себя в силах. Это, безусловно, намного лучше, чем, если бы это проявилось в материи.

– **В нашем времени это могут быть мгновения, а не годы?**

– Даже если это будут годы, то это будут мирные годы решений, духовных поисков человечества. А в годы войны большинство человечества гибнет, оставшаяся часть мучается в конвульсиях радиации. Только маленькая толика человечества, перенеся ужасные страдания, решает этот вопрос и достигает полного исправления в душах.

В случае если мы переносим духовный поиск на более низкий телесный уровень, он приобретает страшнейшие проявления, потому что на каждом уровне он решается по-другому.

Сравни две возможности сделать одни и те же вычисления: электронным путем и механическим. Механические агрегаты огромны, а электронные – миниатюрны. То же соотношение во вселенной: неживая природа огромна, а растительная – существует только на поверхности земного шара, занимая 20-30% его площади, а животные – намного меньше, а человек – совсем мало.

Мы видим, насколько качество уровня природы влияет на количество. В той же мере перенесение и опускание духовных решений на материальный уровень приносит огромные страдания.

– А если мы решим их на духовном уровне?
– То это произойдет быстро, легко, просто.

ОПРЕДЕЛЕНИЕ ГРАНИЦ

– **Читаем дальше:**
/22/ И ОКОНЧИВ ГОВОРИТЬ С НИМ, ВСЕСИЛЬНЫЙ ОТОШЕЛ ОТ АВРААМА. /23/ И ВЗЯЛ АВРААМ СЫНА СВОЕГО, ИШМАЭЛЯ, И ВСЕХ, КТО РОДИЛСЯ В ДОМЕ ЕГО, И ВСЕХ, КУПЛЕННЫХ ИМ ЗА СЕРЕБРО, ВСЕХ МУЖЧИН ДОМА АВРААМА, И ОБРЕЗАЛ КРАЙНЮЮ ПЛОТЬ* ИХ В ТОТ САМЫЙ ДЕНЬ, КАК ГОВОРИЛ С НИМ ВСЕСИЛЬНЫЙ.

А в «Великом Комментарии» сказано так:
– КТО СДЕЛАЕТ МНЕ ОБРЕЗАНИЕ? – СПРОСИЛ АВРААМ ТВОРЦА.
– ТЫ САМ, – ПОСЛЕДОВАЛ ОТВЕТ.
Авраам взял меч и… испугался. Он был стар и руки его тряслись. Тогда Творец как бы взялся за меч вместе с Авраамом и держался за него, пока обрезание не было завершено.
В заключительной части главы произошел непосредственный, внутренний союз с силой отдачи, с Творцом?
– Здесь говорится о четком определении того уровня, той границы нашего эгоистического желания, которое мы можем использовать, и которое мы использовать не можем.
Существует абсолютно четкая величина, мера «толщины» нашего эгоистического желания, которой мы

управлять не можем, в которой мы все равно остаемся животными. Именно эту часть мы обязаны отрезать от себя, исключить из употребления. Это и есть обрезание – исследование человеком его границы, возможности работать на отдачу.

– Человек сам может это почувствовать?
– Это происходит с помощью высшего света.

– Свет помогает увидеть границу и обрезать крайнее проявление его я?
– Это не просто отсечение каких-то своих желаний, а клятвенное обязательство не использовать их. При этом человек проходит семь свойств – «сфирот». Он определяет, где точно заканчивается его возможность управлять собой, и там он себя ограничивает. Это целая система, изучаемая в науке каббала.

Такая работа присутствует в каждом движении, в каждом духовном решении, в любом действии.

Ты обязательно должен касаться этих выявлений, этого анализа. Желания человека постоянно растут и постоянно нуждаются в ограничении. Уже первое действие, которое ты делаешь в этом направлении, помогает тебе потом в дальнейшем. Все остальные действия растут на нем. Поэтому ты уже знаешь, каким образом это делать.

И обрезание тех желаний, с которыми невозможно работать, и выявление желаний, поддающихся обработке, должны пройти особую подготовку, группировку. С каждым их уровнем (они не равны по толщине) необходимо работать по-своему, в своем особом стиле. Есть желания более грубые. Есть желания более тонкие. И человек должен всему этому научиться.

Это не просто одноразовое действие, когда ты лучом света, как ножом, выбираешь определенные желания из своей души и только с ними работаешь, а все остальное отбрасываешь в сторону. Нет, это постоянный анализ, борьба. В дальнейшем есть возможность часть из тех желаний, которые ты раньше не мог употреблять, потому, что у тебя не было достаточно сил, силы воли, чтобы им сопротивляться, подтянуть обратно и использовать их.

– Так происходит продвижение человека?

– На каждой ступени. Один из законов каббалы звучит так: «Отходы высшей ступени являются питанием для низшей ступени». Поэтому то, что на сегодняшний день я использовать не могу, на следующей ступени я смогу использовать.

– **Мы заканчиваем главу «Лех леха» («Иди себе…»). В ней появился Авраам. Это глава о нем.**

– И в историческом отображении Авраам – основополагающая историческая фигура. Она еще раскроется во всей своей полноте. Мы еще не знаем, что заложил в нашем мире этот, по происхождению, древневавилонский жрец.

Изначально он был идеологом веры в идолов. Затем стал понимать, что это неверно, и стал просто продавать их. Затем он понял, что и это не правильно, и начал восставать против этой продажи. Он проходил довольно серьезную трансформацию, причем, против отца.

– **Терах, отец Авраама выдает своего сына Нимроду: «Сын мой сошел с ума».**

– Наступил такой период борьбы, когда он должен был уйти от своей семьи.

А до этого он расставлял свои «палатки»... Хотел таким образом исправлять людей: не сверху («сверху» ему запретили это сделать), а как бы «снизу» – идти в народ, что называется.

– И все это человек проходит в себе?

– С одной стороны, человек проходит это в себе. А с другой стороны, это все-таки историческая личность.

Его идеология, философия, отношение к жизни, система морали – все это находится внутри человечества. Трудно представить, но в духовном аспекте практически все человечество – это его дети и внуки. Ведь все вавилоняне, которые распространились по свету, так или иначе, были затронуты его идеей. Наложницы и сыновья, ученики, ушедшие на Восток... Эсаф – это вся западная цивилизация. Ишмаэль – цивилизация азиатская, арабская. Восток (Китай и Индия) – это его наложницы, Ктура и так далее...

– То есть, наступит время «икс», когда в каждом проявится это свойство – бескорыстное милосердие – Авраам?

– Мы увидим, что благодаря этому свойству, которое существует во всех нас, мы можем соединиться, исправиться, и достичь Творца.

МЕЖДУНАРОДНАЯ АКАДЕМИЯ КАББАЛЫ

под руководством профессора Михаэля Лайтмана

САЙТ МЕЖДУНАРОДНОЙ АКАДЕМИИ КАББАЛЫ
http://www.kabbalah.info/rus/

Крупнейший в мире учебно-образовательный интернет-ресурс, бесплатный и неограниченный источник получения достоверной информации о науке каббала.

КУРСЫ ОБУЧЕНИЯ
http://www.kabacademy.com/

Миллионы учеников во всем мире изучают науку каббала. Выберите удобный для вас способ обучения на сайте.

УГЛУБЛЕННОЕ ИЗУЧЕНИЕ КАББАЛЫ - ЕЖЕДНЕВНЫЙ УРОК
http://www.kab.tv/rus/

Каждое утро на сайте ведется прямая трансляция уроков каббалиста, профессора Михаэля Лайтмана для всех, кто занимается углубленным, ежедневным изучением науки каббала и исследованием каббалистических первоисточников. Занятия проводятся на иврите с синхронным переводом на 7 языков (русский, английский, немецкий, испанский, французский, итальянский, турецкий), есть возможность задавать вопросы в режиме реального времени.

ИНТЕРНЕТ-МАГАЗИН
КАББАЛИСТИЧЕСКОЙ КНИГИ
http://www.kab.co.il/books/rus/

Международная академия каббалы издает учебные пособия и другие книги, предназначенные для самостоятельного изучения каббалы. Все учебные материалы основаны на оригинальных текстах каббалистов, сопровождаемых комментариями руководителя академии, каббалиста, профессора Михаэля Лайтмана.

МЕДИА-АРХИВ
http://www.kabbalahmedia.info/

Медиа-архив сайта Международной академии каббалы содержит на сегодня более 10 000 видеозаписей лекций и передач, продублированных также в аудио и текстовом формате.

ВИДЕОПОРТАЛ ЗОАР.ТВ
http://www.zoar.tv/

Видеопортал Зоар.ТВ располагает уникальным контентом в виде бесплатных видео материалов, видеоклипов, ТВ онлайн, добрых фильмов онлайн, музыки.

www.ingramcontent.com/pod-product-compliance
Lightning Source LLC
LaVergne TN
LVHW021755060526
838201LV00058B/3102